D1872275

Schatten der Macht

4. Auflage März 2011

Copyright © 2011, 2008, 2005, 2003 bei
Kopp Verlag, Pfeiferstraße 52, D-72108 Rottenburg

Alle Rechte vorbehalten

Umschlaggestaltung: Angewandte Grafik/Peter Hofstätter
Satz und Layout: Agentur Pegasus, Zella-Mehlis
Druck und Bindung: CPI – Clausen & Bosse, Leck

ISBN 3-930219-68-9

FSC
www.fsc.org
MIX
Papier aus verantwortungsvollen Quellen
FSC® C083411

Gerne senden wir Ihnen unser Verlagsverzeichnis
Kopp Verlag
Pfeiferstraße 52
D-72108 Rottenburg
Email: info@kopp-verlag.de
Tel.: (0 74 72) 98 06-0
Fax: (0 74 72) 98 06-11

Unser Buchprogramm finden Sie auch im Internet unter:
www.kopp-verlag.de

VIKTOR FARKAS

SCHATTEN DER MACHT

Bedrohen geheime Langzeitpläne
unsere Zukunft?

KOPP VERLAG

Inhalt

Vorwort: Plädoyer für Verschwörungstheorien

»Schaut uns doch nur an. Alles läuft rückwärts, alles steht Kopf. Ärzte zerstören die Gesundheit, Rechtsanwälte zerstören die Gerechtigkeit, Universitäten zerstören Wissen, Regierungen zerstören die Freiheit, die großen Medien zerstören Information, und Religionen zerstören Spiritualität.«

Michael Ellner

Immer mehr Zeitgenossen teilen heute das Gefühl einer sich beschleunigenden negativen Entwicklung sowie die Überzeugung, daß dabei nicht alles mit rechten Dingen zugeht. Die aktuellen Ereignisse lassen mehr und mehr von ihnen zu der Ansicht kommen, daß geheime »Dunkelmächte«, wie Verschwörungstheoretiker sie zu nennen pflegen, schon seit langem dabei sind, die Welt nach ihren Vorstellungen umzugestalten, und daß dieser Prozeß in seine Endphase einzutreten scheint.

Was uns heute immer vehementer als große Freiheit schmackhaft gemacht werden soll, Millionen aber schon im Hals stecken geblieben ist, erweist sich für Kritische als die totale Verschmelzung von Politik und Big Business, Krieg und Öl, Rüstung und Geschäft, Großforschung und Großbürokratie, Massenproduktion und Massenkonsum, Tierelend und Menschenausbeutung, Massenunterhaltung und Massenmanipulation. Nur noch Naivlinge — oder Mitverschwörer, wie man oft hören kann — schwafeln angesichts der globalen Netzwerke des Finanzkapitals und der Riesenkonzerne frohgemut vom »freien Wettbewerb«. Geplagte Konsumenten merken hingegen schon lange, daß es keinen Wettbewerb gibt, wo Monopole herrschen, so nach dem Motto: »Du kaufst nicht bei mir? Dann kauf beim Nachbarn. Der gehört ebenfalls zu meinem Konzern. Warte nur ein Weilchen, dann gehört mir ohnedies alles — und du auch …«

Obwohl die Konzentration von immer mehr Macht in immer weniger Händen, die Auflösung der Nationalstaaten und die Degradierung der Politiker zu Statisten und Ausführungsgehilfen nicht beim Namen genannt, sondern unter dem Schlagwort »Globalisierung« sogar bejubelt wird, kann die Existenz einer übernationalen Machtelite wohl kaum geleugnet werden, die im Verhältnis zur Weltbevölkerung weitaus kleiner ist als jede herrschende Klasse früher, dafür aber ungleich mächtiger als alle Königshäuser oder Dynastien der Geschichte es je waren. Der Politik bleibt anscheinend außer Katzbuckeln kein Spielraum, wie manche Zyniker behaupten.

Ein ständig dichter werdendes Gestrüpp an eng verknüpften Seilschaften jenseits aller demokratischen Spielregeln, das Papst Johannes Paul II. als »Struktur der Sünde« bezeichnete, hat nach viel geäußerter Ansicht zu einer ungeheuren Macht von jenen geführt, die nach Meinung von Verschwörungsfreunden schon seit langer Zeit auf *ein* Ziel hinarbeiten: One World (der Mächtigen). Selbst wenn man weniger dramatische Gedankengänge verfolgt, so kann man dem gelegentlich geäußerten Gedanken einen gewissen Reiz nicht absprechen, die konsequente Verunglimpfung jeglichen Verschwörungsdenkens sei ihrerseits eine Verschwörung. Eine »Verschwörung«, die sich in einer seltsam einheitlichen öffentlichen Meinung manifestiert, gleichzeitig aber vitale Themen absolut ausklammert — seien es die Ungereimtheiten des 11. September oder die realen Bedrohungen durch Bevölkerungsexplosion, Wirtschaftswachstum und systematische Vernichtung der Ökosphäre. Die Zahl derer, die hinter unserer sogenannten Realität, ganz besonders aber hinter der immer schamloser werdenden Wirklichkeitssimulation durch eine fast schon völlig gleichgeschaltete politische Kaste und Medienlandschaft, geheime Drahtzieher und Interessen vermuten, wächst proportional zu den immer intensiveren Bemühungen, dem Bürger ein X für ein U vorzumachen.

Es ist eine verbreitete, jedoch falsche Vorstellung, Verschwörungstheoretiker wären Nichtswisser, die sich aus unzusammenhängenden Versatzstücken ein simples Weltbild basteln, fernab der komplexen Realität. Das Gegenteil ist der Fall. Verschwörungstheoretiker sind meist Informationssüchtige. Sie verbringen viel Zeit damit, Zeitungen und Zeitschriften, Gesetzestexte — und natürlich die Bibel — nach verborgenen oder verschlüsselten Informationsbrocken zu durchsuchen, die sie in ihr Puzzle einfügen können. Seit der Einführung des Internet ist diese Suche viel produktiver und auch unterhaltsamer geworden.

Man kann den Einfluß des Internet auf die Welt der Verschwörungsszenarien kaum überschätzen. Wenn es eine Aktivität gibt, für die das Internet wie geschaffen ist, dann ist es die Aussaat von Gerüchten und Theorien. Die elektronischen *Newsgroups*, *Pinboards* oder *Chatrooms*, die sich mit Verschwörungen befassen, gehören zu den lebhaftesten im Netz. Sie erhalten täglich Mitteilungen aus zahllosen Quellen rund um die Welt. Die Schnelligkeit der Verbreitung des Materials, die Leichtigkeit des Informationsaustausches, die Unmöglichkeit, das Internet wirksam zu kontrollieren, all das bietet ideale Möglichkeiten für die Lieferanten und Konsumenten von Verschwörungstheorien. Darüber hinaus wird immer öfter die Meinung laut, das Internet wäre in Zeiten der politischen Korrektheit, der zunehmenden Verfolgung von »Verhetzern«, »Rassisten« und »Sexisten«, der steigenden Zahl von Gesinnungsgesetzen und von ruinösen Anti-Diskriminierungsprozessen die einzige tatsächliche Demokratieplattform; letzte Bastion freier Meinungsäußerung, wie grotesk diese manchmal auch sein mag. Dr. Stephen O'Leary, ein Professor für Kommunikationswissenschaft an der Universität von Südkalifornien, sieht eine enge Analogie zwischen den ersten Computer-Netzwerken und der ersten Generation von Druckwerken. In beiden Fällen erwies sich das plötzliche Auftauchen eines neuen Mediums, das vollkommen unabhängig von staatlicher Kontrolle war, als ein Gottesgeschenk für diejenigen, die Ansichten veröffentlichen wollten, die der Staat zu unterdrücken wünschte. In unseren Tagen könnte dazu beispielsweise eine allzu heftige Kritik am absurden Dogma vom ewigen Wirtschaftswachstum zählen.

Wen wundert's, wenn viele instinktiv erkennen, daß es kein ewiges Wachstum (weder der Wirtschaft noch der Menschheit) geben *kann*, und daraus schlußfolgern, irgendwer würde der Welt ein »Chaosprogramm» aufzwingen. Der nächste, in sich logische Schritt ist da nicht weit: Wenn es so ist, daß geheime Mächte die Menschheit auf einen Kurs zwingen, der unweigerlich in den Abgrund führt, dann muß eine verborgene und absolut düstere Absicht dahinterstecken. Verschwörungsfreunde wissen auch welche: Weltherrschaft der »Dunkelmächte« durch und nach einem von ihnen inszenierten Weltbürgerkrieg. Anders ausgedrückt: Die Apokalypse ist nah und soll — nach dem Willen ihrer Verursacher — eine Überraschung für uns sein.

Der Gedanke an eine »große Verschwörung« ist nicht neu, auch wenn er sich heute dank des Internet mit Lichtgeschwindigkeit zu verbreiten scheint. Die Geschichte kennt eine aufeinanderfolgende Kette von Verschwörungstheorien mit jeweils wechselnden »Schurken». Gegen Ende des 18. Jahrhunderts war es die Geheimgesellschaft der Illuminaten, in den zwanziger und dreißiger Jahren des 19. Jahrhunderts waren es die Freimaurer, um die Mitte des 19. Jahrhunderts die Katholiken und gegen Ende des 19. Jahrhunderts die internationalen Goldspekulanten. In einem Manifest der Populisten von 1895 heißt es: »Jeder Schachzug des Verrats, jeder Winkelzug der Staatskunst, jedes Manöver, das den geheimen Kabalen des internationalen Goldrings bekannt ist, sie alle werden benutzt, um dem Wohlstand des Volkes und der finanziellen und wirtschaftlichen Unabhängigkeit unseres Landes einen Schlag zu versetzen.« Für den

»internationalen Goldring« könne man genausogut die Freimaurer (die ohnedies für alles herhalten müssen), den Vatikan oder auch die Wall Street einsetzen.

Das gegenwärtige »Angebot« an »Dunkelmächten« ist mehr als reichlich. Es umfaßt Bilderberger, Illuminaten, Freimaurer und andere Logenbrüder, Goldene Dämmerer, Vril-Anhänger, Mitglieder der Mont-Pelerin-Gesellschaft, Trilaterale, Thulebündler, Rosenkreuzer, Templer, Hermetiker, Theosophen, Ordensmannen der Strikten Observanz, Funktionäre des »Committee on the Present Danger« (C. P. D.), Odd Fellows, Gralsgefährten und noch eine Reihe anderer Kandidaten, die aufzuzählen den Rest des Buches in Anspruch nehmen würde. Die Auswahl der bevorzugten Drahtzieher oder das Hinzufügen neuer steht dem Leser frei.

Daß Verschwörungstheoretiker meist scheel betrachtet werden, hat damit zu tun, daß viele von ihnen in der Tat Wirrköpfe oder Radikalisten sind. Dessen ungeachtet sage ich es ganz ehrlich: In diesem Buch wird über Verschwörungstheorien geschrieben. Damit sollen keine neuen Verschwörungstheorien in die Welt gesetzt werden, davon gibt es nämlich schon genug, um selbst den verwöhntesten Paranoiker zufrieden zu stellen. Vielmehr soll so etwas wie ein »vernünftiges Verschwörungsdenken« als skeptische Wissenschaft salonfähig gemacht werden. Denn ohne angemessene Verschwörungstheorien läßt sich unsere hochgradig komplexe, zutiefst verkommene und laufend konspirativer werdende Welt nicht verstehen, davon sind heute immer mehr Mitmenschen überzeugt — und zwar nicht nur solche mit einer kleineren oder größeren Macke. Man braucht nur mit »den Leuten« zu reden und bekommt selbst von nüchternen und seriösen Naturen Heftiges zu hören. Viele sind mittlerweile der festen Ansicht, die sogenannte »Politische Korrektheit«, die Milde gegenüber Verbrechern oder der Niedergang der Bildungssysteme — um ein paar oft gehörte Beispiele zu nennen — wären keine natürlichen Vorgänge. All das könnte niemals aus sich heraus entstanden sein, sondern würde den widerstrebenden Normalbürgern von »irgendwem« aufgezwungen. Damit würden solche Entwicklungen alle Voraussetzungen einer Verschwörung erfüllen. Solche Thesen sind kein Grund zurückzuzucken. Verschwörungen waren und sind ebenso ein Teil unserer Wirklichkeit wie die wachsende Zahl derer, die ihnen auf die Schliche zu kommen trachten.

Die Gefahr, sich durch die Kakophonie der Verschwörungstheorien den Kopf zudröhnen und sich hysterisch machen zu lassen, liegt auf der Hand. Rationale Verschwörungstheoretiker empfehlen daher die Anwendung kühler Logik, um wieder festen Boden unter den schwankenden

Füßen zu bekommen. Zum Beispiel die elementare Frage »Cui bono?, Wem nützt es?« Oder die simple Schlußfolgerung »Wer Chaos erzeugt, will Kontrolle ausüben.« Bereits die Einsicht »hier will mir nur jemand Angst machen!« reicht ihrer Meinung nach oft, um die Angst zu beseitigen. Ist der Horror erst einmal entzaubert, so argumentieren sie, eröffnet sich dem kritischen Zeitgenossen der Blick hinter die Kulissen, und damit auf die Manipulationen, Tricks und Täuschungen, durch die anonyme Strippenzieher dafür sorgen wollen, daß jedermann vor Angst schlottert und glücklich ist, wenn irgendwer bereit ist, die Führung zu übernehmen. Eine Führung, gegen die die meisten Einwohner der Wohlstandsländer insgeheim nicht wirklich etwas zu haben scheinen. Und damit letztlich auch nichts gegen die immer wieder an die Wand gemalte Weltherrschaft von jenen, die vielleicht bereits seit langem darauf energisch hinarbeiten.

Da manche ernsthaft vermuten, die USA seien von Haus aus langfristig als »Instrument zur Weltbeherrschung« und als »neues Rom« konzipiert worden, wofür ihrer Ansicht nach bereits die Gründungsinstitutionen wie der »Senat« oder das »Capitol« deutlich Zeugnis ablegen (von den mittlerweile hinlänglich bekannten Symbolen und Sprüchen auf der Ein-Dollar-Note ganz zu schweigen), rücken die Vereinigten Staaten von Amerika fast zwangsläufig ins Rampenlicht meiner und von mir im vorliegenden Buch wiedergegebener Überlegungen. Tatsache ist jedenfalls: das »The Land of The Free« hat von Anfang an sein Territorium aggressiv vergrößert, im 20. Jahrhundert unzählige Kriege vom Zaun gebrochen und Interventionen durchgeführt und beansprucht im einundzwanzigsten Jahrhundert die globale Hegemonie. Nach dem 11. September 2001 sogar ganz unverhohlen, über welches Ereignis deshalb in einem Kapitel des ersten Teils auch ein paar Worte gesagt werden.

Manches, von dem Sie in diesem Buch lesen, kann Ihnen klar machen, daß Vorgänge, die Ihnen auf den ersten Blick als jüngste Entwicklung erscheinen, in Wirklichkeit schon vor langer Zeit zielgerichtet in die Wege geleitet wurden. Das gilt in großem Maße für die aktuellen und unmittelbar zu erwartenden Ereignisse auf der Weltbühne, die deshalb von mir gründlich durchleuchtet werden. Anderes wird Sie schockieren und denken lassen, daß solches einfach nicht möglich sein kann. Das behaupte ich auch gar nicht, wohl aber die Quellen, die ich zur Diskussion mit den Lesern herangezogen habe.

Meine Empfehlung an Sie, lieber Leser ist: Bilden Sie selbst eine Meinung jenseits von Schönfärbereien und Verzerrungen — unbeeinflußt von schwachen Theorien oder starken Worten.

Viktor Farkas

TEIL I:

WELTHERRSCHAFT ANTE PORTAS?

DIE GAR NICHT SO NEUE »NEUE WELTORDNUNG«

»Wir werden zu einer Weltregierung kommen, ob die Menschen es wollen oder nicht — durch Unterwerfung oder durch Übereinkunft.«
James Warburg

Endzeit ... »Dunkelmächte« ... Neue Weltordnung ...

Daß »Endzeitängste« an der Tagesordnung sind, dürfte wohl niemand bezweifeln. Wie manche Soziologen meinen, schlägt sich der allgemeine Glaube, daß die Menschheit den kritischsten Augenblick ihrer Geschichte erreicht hat, in einem schrankenlosen Materialismus nieder, der fast schon zu einer Religion geworden ist. Von Sorgen um den Arbeitsplatz geplagt, wälzen sich die Zivilisationsbürger im Hedonismus, schwören auf Sex, Unterhaltung und Verantwortungslosigkeit. Ideale, Wertvorstellungen und Visionen wurden abgeschafft — aber durch nichts ersetzt. Selbstverwirklicher machen sich in Scharen auf, um sich selbst zu suchen, obgleich es sich bei vielen von ihnen überhaupt nicht lohnt, daß sie sich finden. Jugendliche werden Satanisten. Kranke werfen sich in die Arme von Wunderheilern, und Großunternehmen treffen Entscheidungen nach dem Ratschlag ihres Firmenastrologen. Orientierungslosigkeit, »Mega-Frust« und die Gier nach immer extremeren »Kicks« kennzeichnen den Westen. Die sogenannte »Lebensqualität« in den reichen Ländern, von der die Politiker immer schwärmen, ist im Grunde bedrückend und nimmt zudem rapide ab. Verwirrung herrscht allenthalben. Manche blicken vertrauensvoll in die Vergangenheit, denn die Zukunft ist auch nicht mehr das, was sie einmal war, so lautet ein Sprichwort. Andere konzentrieren sich auf ihre persönlichen Interessen, jagen Vergnügungen nach, oder ziehen es vor, einfach nicht über die Realität nachzudenken. Ein derartiger Eskapismus erfordert heute aufgrund der doch nicht zu ignorierenden Fakten allerdings Kraft und Konsequenz.

Historiker und Soziologen sind der Meinung, Angst mache sich in der Gesellschaft immer dann breit, wenn sie von außen bedroht werde oder im Niedergang begriffen sei. Manche sind überzeugt, daß heute beides der Fall ist. Daran ändert auch nichts die hektisch ausufernde »Spaßgesellschaft«, deren Vertreter durch die ausgefallensten Events, selbstmörderische Freizeitvergnügungen oder mittels an Schwerarbeit grenzender Sexualexzesse die grenzenlose Leere und panische Angst vor dem Morgen vergessen wollen, die sie insgeheim umtreiben. Das ist an sich kein neues Phänomen.

Von Alexander dem Großen bis zum Untergang des Römischen Reiches fühlten sich Menschen von der Vorstellung ihrer Auslöschung im Tode so sehr bedroht, daß sie ihre Zuflucht im Glauben an die unsterblichen Helden des Altertums suchten. Am Ende des Mittelalters kreisten die Angstvorstellungen um Schuld und um den »göttlichen Zorn«, der Hölle und Verdammnis brachte. Durch Pilgerfahrten, Verehrung von Reliquien, Teilnahme an Messen und übersteigerte Buße sollte diese Furcht gelindert werden. Die Wurzeln der Angst waren damals wie heute gesellschaftlicher Art. Nachdem in unseren Tagen so ziemlich alle tradierten Werte und Ideale als unzeitgemäß, wenn nicht gar als faschistoid gebrandmarkt und durch »Fun and Games« ersetzt wurden, greift neben der realen Angst vor den absehbaren Menschheitskatastrophen die Angst vor Leere und Sinnlosigkeit um sich.

Was Soziologen und Psychologen besonders beschäftigt, ist die Wechselbeziehung von individueller und kollektiver Angst. Die erstere ist potentiell in jedem Menschen vorhanden. Zur allgemeinen Angst wird sie, wenn die gewohnten Strukturen von Sinn, Macht, Glauben und Ordnung zerfallen. Das ist fast das Gleiche, was Historiker und Sozialwissenschaftler über den apokalyptischen und millenaristischen (Endzeit-)Glauben sagen: daß er blüht, wenn soziale oder geistige Strukturen zusammenbrechen und die Menschen die Orientierung verlieren. Er ist eine Reaktion auf Veränderung, besonders aber auf die *Schnelligkeit* der Veränderung, die für viele das Ende einer Epoche signalisiert.

Schon Oswald Spengler beschrieb in seinem zweibändigen erschrekkend aktuellen Werk »Der Untergang des Abendlandes« (das wie ein unmittelbarer Vorläufer zu Pat Buchanans Bestseller von 2002 »The Death of the West« wirkt) ein »zweites Wikingertum«, das: »um sich greift, nachdem die hohe Geschichte sich schlafen gelegt hat. Mitten im Lande liegen die alten Weltstädte, leere Gehäuse einer erloschenen Seele, in die sich geschichtslose Menschheit langsam einnistet.« Klingt das nach einem Werk, von dem der erste Teil im Ersten Weltkrieg entstanden ist (1917) und der zweite kurz danach (1922), oder nicht vielmehr nach einem Report von heute?

In der Tat werden seit den 1980er Jahren Teile vieler Großstädte — auch im Westen — laufend zu einer Art von exterritorialen Zonen, in denen Drogenbarone und Banden die einzige Autorität verkörpern. Nationalität wird durch Tribalismus (Stammesstrukturen) ersetzt. Für manche Historiker sind dort die Bedingungen des 15. Jahrhunderts mit seinen Raubrittern und konkurrierenden Bünden wieder eingekehrt. Migration in noch nie dagewesenem Maße führt selbst in entlegensten Winkeln der Welt zu engem Kontakt zwischen den verschiedenen Kulturen und damit zu Spannungen aller Art, nicht zuletzt durch kulturelle Verschiedenheit, auch wenn das nicht gerne zugegeben wird. Damit sind Konflikte wahrscheinlicher geworden als in der Vergangenheit. Zu viele Menschen, zu wenig Platz und vor allem zu wenig *Wasser*.

Krieg und Frieden ändern ihre Natur. Schon Anfang der 1990er Jahre prophezeite der Militärhistoriker Martin van Creveld, Autor des Buches »The Transformation of War« (Die Verwandlung des Krieges), der Krieg würde wieder zu einem früheren Muster zurückkehren, welches den Konflikten zwischen Staaten vorausgegangen ist. Die Dreiteilung der Gesellschaft in Regierung, Armee und Gesellschaft existiert nämlich nicht mehr, wie schon der Bosnienkonflikt auf deutliche Weise gezeigt hat. Der Unterschied zwischen Krieg, Terrorbekämpfung, Interventionismus und — was besonders wichtig ist — Kriminalität verwischt sich zusehends.

Hier setzen die Verschwörungstheoretiker an und behaupten: »Genau das ist es, was ›Dunkelmächte‹ seit Jahrzehnten, vielleicht sogar Jahrhunderten planen: Chaos!« Da es selbst Paranoikern an den Kragen gehen kann, sollte man an die Wand gemalte Teufel nicht auf die leichte Schulter nehmen.

Ein erschreckend wirklichkeitsnahes Beispiel ist etwa ein Essay von Robert D. Kaplan, der 1994 unter dem Titel »The Coming Anarchy« in der berühmten Zeitschrift »Atlantic Monthly« erschienen ist. Er entwirft ein Gemälde des 21. Jahrhunderts, das fast zu schrecklich zum Ansehen ist. Nicht zuletzt weil es beinahe schon vertraut erscheint. Kaplan beschreibt die Fahrt in einer jener klimatisierten Großraumlimousinen, in denen die gebildete Mittelklasse der Zukunft durch eine Mondlandschaft reist, wo die Mehrheit der Bevölkerung dann leben wird. Es wird gefährlich sein, den Wagen zu verlassen. Das Draußen wird nämlich ein heruntergewirtschafteter, ökologisch verwüsteter und übervölkerter Planet voll »Skinhead-Kosaken« und »Ecstasy-Kriegern« sein, die — aufgewachsen unter dem Einfluß des schlimmsten Abfalls der westlichen Popkultur und angetrieben von uralten Stammesfeindschaften — sich um winzige Stücke ausgelaugten Ackerbodens streiten werden. Und das in Guerillakriegen, die über Kontinente hinweg toben.

Nach der Lektüre dieses Essays, der auf Kaplans ausgedehnten Erfahrungen im Mittleren Osten und in Westafrika beruht, fällt es schwer, die Überzeugung des Autors nicht zu teilen, daß der Nationalstaat am Zusammenbrechen ist, der sich über Jahrhunderte im Westen herausgebildet hat, um seine Bevölkerung vor genau den Entwicklungen zu schützen, die derzeit im Gange sind und die durchaus in Kaplans Szenario münden können. All das nicht zuletzt mit eifriger Unterstützung der eigenen Regierungen, die nichts dabei finden, mit Steuergeld finanzierte Infrastrukturen an ausländische Konzerne zu verscherbeln, die dann damit entsprechend »wirtschaften« (man denke an die fast schon täglichen Massenentlassungen, an die Zustände der privatisierten *British Railway* oder an die Unerschwinglichkeit von Wasser oder Strom, dort wo derartige Güter privat gemanagt werden). In allen hochentwickelten Staaten vernichten Globalisierung, Privatisierung, Freß-Kapitalismus und Automatisierung die Arbeitsplätze der lokalen Facharbeiter und zerstören ihre Selbstachtung, ganz zu schweigen von der Befindlichkeit der »Unterklasse«, die überhaupt nicht auf Arbeitsplätze vermittelbar ist.

Der Eindruck, am Rande eines allgemeinen Chaos zu leben, ist zum Lebensgefühl der 1990er Jahre geworden. Der Kontrast zwischen optimistischen und pessimistischen Szenarien weist seit dem letzten Drittel des zwanzigsten Jahrhunderts eine nie gekannte Größe und Schärfe auf. Keine nationale Politik, die für die meisten ohnedies am Gängelband der Wirtschaft und der Hochfinanz hängt, ist mehr in der Lage, den verlorenen Status quo wieder herzustellen oder Stabilität auf irgendeiner Ebene zu garantieren.

Nur noch Computerenthusiasten glauben, die Entstehung einer isolationistischen »virtuellen Gemeinschaft« würde es ihnen ermöglichen, das anbrandende Chaos auszuschließen, in etwa so, wie es die mittelalterlichen Mönche in ihren Klöstern getan haben. Der kleine Unterschied besteht allerdings darin, daß die Klöster autonom, also selbsterhaltend waren, was man von einer Computergesellschaft nicht sagen kann, in der jeder vor dem Bildschirm hockt und keiner Getreide anbaut oder auch nur löchrig werdende Dächer repariert. Von den ungeheuren und komplexen *praktischen*, um nicht zu sagen handwerklichen, Leistungen einmal ganz abgesehen, die notwendig sind, um eine »virtuelle Gesellschaft« mit Lebenssaft zu versorgen.

Wenn wir auf das vergangene zwanzigste Jahrhundert zurückblicken, sind wir durch die anscheinend immer rascher und drastischer ablaufenden Veränderungen auf der ganzen Welt frappiert und verunsichert. Diese subjektive Beobachtung bricht bei vielen den Widerstand gegenüber Verschwörungstheorien. Daran ändert selbst die Tatsache nichts, daß Hunderte Millionen Menschen einen materiellen Wohlstand genießen, der in der Geschichte ohne Beispiel ist. Trotzdem hat fast niemand Vertrauen in die Zukunft. Im Gegenteil, es scheint, als sei die individuelle Angst kollektiv geworden. Gerade in den reichen Industrieländern verzeichnen Psychiater und Psychologen einen ungeheuren Zulauf von Gestörten aller Art (in den anderen Ländern kann man sich eine solche Therapie ohnedies nicht leisten).

Ein Gefühl von Angst und Entwurzelung macht sich im angebrochenen ersten Jahrhundert des dritten Jahrtausends allenthalben breit und ruft nach neuen Strukturen, die in der Lage sind, diesen Gefühlen Rechnung zu tragen. Solche Strukturen sind in der Tat im Entstehen. Sie haben allerdings keine Ähnlichkeit mit den harmonischen lokalen Gemeinschaften, von denen die meisten Multikulturisten und andere Schwarmgeister träumten. Statt dessen werden die neuen Gemeinschaften von der gemeinsamen Loyalität gegenüber der Religion, dem Stamm, dem Clan, der Volkszugehörigkeit zusammengeschmiedet. Und sie reichen in ihren Größenverhältnissen von winzigen Kommunen bis zu landesweiten Theokratien. Parallel mit den wachsenden Bedrohungsszenarien verbreitet sich nämlich religiöser Fanatismus jeglicher Ausprägung, Hand in Hand mit dem Anwachsen der New-Age-Bewegung.

Bei der Unterhaltung mit immer mehr Leuten erkennt man ein tiefsitzendes Bedürfnis, dem heranrollenden Horror etwas entgegenzusetzen, der in den kommenden Jahren noch ganz andere Dimensionen annehmen dürfte. Befördert wird dieser Wunsch von der menschlichen Natur, die sich nach einer Schlacht mit einem Feind, nach der Bestrafung der Bösen und nach einer ewigen Belohnung für die Gerechten sehnt. Die Einteilung der Welt in Gute und Böse, in Erlöste und Verdammte, schreitet seit einiger Zeit im »aufgeklärten Westen« fast noch schneller voran als in jenen Teilen der Welt, die man herablassend als »fundamentalistisch« bezeichnet. Christliche Fanatiker, die Ärzte vor Abtreibungskliniken erschießen, unterscheiden sich wohl kaum sehr von den Kreuzfahrern vergangener Tage oder von den Ausrufern des Jihad (Heiligen Krieges) in unserer Zeit. Der islamische wie der christliche Fundamentalismus, wie auch andere Bewegungen, profitieren enorm von der Fragmentierung der herkömmlichen Gesellschaften, weil sie etwas bieten, was politische Ideologien nicht mehr vermögen: Sie können die Menschen davon überzeugen, daß die Welt doch noch auf wunderbare Weise verändert werden kann.

Die *Utopisten* schwärmen von einem »Goldenen Zeitalter«, das nach einer »Reinigung der Erde« eintreten wird. Weniger poetisch ausgedrückt: Nach ungeheuren Katastrophen, die Mensch und Tier an den Rand des Abgrundes befördern werden — vielleicht sogar darüber hinaus. Damit stoßen sie in dasselbe Horn wie die *Apokalyptiker*, zu denen viele Realisten zunehmend werden, weil sie kommende Greuel für unabwendbar halten. Gemeinsam haben zahlreiche Vertreter beider Fraktionen die Vorstellung, der unaufhaltsame Marsch ins globale Chaos sei keine naturgegebene Entwicklung, sondern *eine schon lange ausgemachte* Sache. Aber von wem ausgemacht? Und zu welchem Endziel?

Esoteriker und Vertreter des New Age sprechen bevorzugt von »Dunkelmächten«, Verschwörungstheoretiker von »unsichtbaren Drahtziehern« oder Ähnlichem. Meinen tun sie im Prinzip dasselbe: Eine unbekannte Macht wäre seit Jahrhunderten dabei, die Völker zu entwurzeln, durchzumischen und zu orientierungslosen Einzelindividuen zu machen, die nur noch von einer einzigen Triebfeder beherrscht werden: *Egoismus*. Damit wären sie so einfach zu berechnen wie Gasmoleküle und zu lenken wie eine Hammelherde. Der Etablierung einer Weltregierung, »Neuen Ordnung« oder wie immer man ein solches Einweltsystem nennen will, stünde nichts mehr im Wege.

Ein untrügliches Zeichen für die immer schneller werdende Machtübernahme durch Agenten einer »Neuen Weltordnung« ist für viele die Tatsache, daß irreversible kulturelle, gesellschaftliche und wirtschaftliche Veränderungen dabei sind, uralte religiöse Monopole zu brechen und Bewährtes durch »Zeitgemäßes« zu ersetzen, das der Mehrzahl der Bürger zutiefst zuwider ist, während gleichzeitig die Globalisierung Beschäftigungsstrukturen und Lebenszusammenhänge zerstört. Diese Vorstellung findet laufend mehr Anhänger, seit Präsident George Bush sen. nach dem Kollaps der UdSSR am 11. September 1990 (nicht 2001) vor großem Publikum die Floskel »Neue Weltordnung« gebraucht hat. Bezeichnend für die Stimmung in den USA (und in der Welt) ist beispielsweise das Buch des christlichen Fundamentalisten Pat Robertson mit dem Titel »The New World Order«. Darin liest man unter anderem:

»Kann es sein, daß der Ausdruck ›die neue Weltordnung‹ für den inneren Kreis einer Geheimgesellschaft etwas völlig anderes bedeutet als für einen normalen Menschen? Es ist in der Tat möglich, daß Menschen guten Willens, die aufrichtig eine größere Gemeinschaft von Nationen wollen, die miteinander im Frieden leben, in Wirklichkeit, ohne es zu wissen, eine Mission ausführen, die von einer eng geknüpften Kabale ausgeht, deren Ziel nichts Geringeres ist, als eine neue Ordnung für das Menschengeschlecht unter der Herrschaft Luzifers und seiner Anhänger.«

Diese etwas bombastischen Formulierungen könnten durchaus so etwas wie einen neuen Zeitgeist widerspiegeln.

Dieselbe Technologie, die seit einiger Zeit das soziale Gewebe aufzulösen droht, erlaubt es paradoxerweise vielen Menschen, ihre Zuflucht in Verschwörungsphantasien zu suchen. Damit gemeint ist in erster Linie die Computertechnologie, durch die selbst die abstrusesten Gedankenkonstruktionen mit rasender Geschwindigkeit verbreitet werden können. Mit dem Internet ist es kinderleicht, durch das kultische Milieu zu »surfen«, immer neue Theorien kennenzulernen und dabei die künstliche Intimität zu erleben, die so wichtig für die Aufrechterhaltung unangepaßter Überzeugungen ist. Obwohl sich Verschwörungsgläubige von der Welt zurückziehen oder sich heftig gegen sie wenden, bilden sie bereits einen merkbaren gesellschaftlichen Faktor. Manche, die das Ohr der Öffentlichkeit suchen und oft auch finden, verstehen es sehr gut, ihren Vorstellungen von einer »Bankiersverschwörung« oder von einem »Krieg der Regierenden gegen das eigene Volk« Glaubwürdigkeit zu verleihen. Nicht zuletzt weil viele Zeitgenossen in ihrem tiefsten Inneren ohnedies genau das vermuten, es lediglich nicht zu artikulieren wagen. Man läuft bei ihnen sozusagen offene Türen ein.

Eine »entlarvte« Konferenz

Naheliegenderweise entsteht Verschwörungsdenken — die alte »Kunst der Argwöhnischen« — überall dort, wo die vertraute Ordnung bedroht ist. Verschwörerische Gruppen gedeihen seit Jahren nicht zuletzt deshalb so prächtig, weil sie die Ängste ansprechen, die vielen Menschen von den globalen Entwicklungen eingeflößt werden, die in jedes einzelne Leben eingreifen. Kritische Geister stellen sich der Wahrheit — oder was manche von ihnen dafür halten — und erheben ihre Stimme. Nicht immer mit Maß und Ziel allerdings, wie folgende skurrile Ereignisse beispielhaft zeigen.

Im Juli 1995 berichtete die »New York Times« auf der Titelseite über die mysteriöse Absage einer Veranstaltung namens »Conference of the States«. Diese Konferenz, geplant für Oktober in Philadelphia, sollte EIN Forum bieten, auf dem Politiker der amerikanischen Bundesstaaten ihre Beziehungen zu Washington diskutieren konnten. Alle erwarteten, einer Veranstaltung beizuwohnen, die etwa so aufregend und kontrovers sein würde wie die Jahresversammlung eines Kleintierzüchterverbandes. Daher war die Verwunderung groß, als eine Kampagne dagegen begann. Schließlich zog zum Erstaunen der Organisatoren ein Bundesstaat nach dem anderen seine Zusage zur Teilnahme zurück, bis schließlich nur vierzehn von fünfzig übriggeblieben waren. Der schließlich offiziell genannte Grund für das Abbröckeln der meisten Staaten war laut »New York Times« der Protest von »Rechtsextremisten«. Diese hätten die Konferenz als eine geheime konstituierende Versammlung angesehen, die grundlegende Rechte der Einzelstaaten abschaffen könnte — möglicherweise als Teil einer finsteren Verschwörung zur Errichtung einer totalitären Weltregierung. Gezählte sechsunddreißig US-Bundesstaaten hatten vor der Welle von Anschuldigungen kapituliert, die gegen die Abhaltung der Konferenz aufgebrandet war. Eine Welle, deren Wortführer vermutlich die besagten »Rechtsextremisten« gewesen sein dürften. Die Basis der Welle aber war offenbar die Mehrheit der Bevölkerung.

Es kann gar nicht stark genug betont werden, daß es keine einfache Formel gibt, mit der sich die Anziehungskraft solcher Vorstellungen messen und vorhersagen läßt. Sie können einen allumfassenden Charakter annehmen und das Leben von Menschen total durchdringen, die davon überzeugt sind, sie und alle anderen »einfachen Leute« auf der ganzen Welt seien nichts anderes als Manövriermasse für geheime »Global Player«, bzw. »Dunkelmächte«. Eine solche Weltsicht kann die Beziehung zur übrigen Menschheit vollkommen umkrempeln und dramatische Persönlichkeitsveränderungen bewirken. Bei den hartnäckigsten Verschwörungstheoretikern, die täglich mehr werden, ist das in der Regel auch so. Unter bestimmten Umständen kann jeder zum wildblickenden Verschwörungsfanatiker werden. Und diese Umstände scheinen für eine steigende Anzahl von Zeitgenossen unaufhörlich mehr und mehr zu werden. Die Entwicklung, die in den ersten Jahren des 21. Jahrhunderts vehement eingesetzt hat, macht es für viele täglich klarer: der Zug in Richtung »Neue Weltordnung« ist unter Volldampf unterwegs und legt immer mehr an Fahrt zu. Manche fragen sich, *seit wann* er wohl unterwegs sein mag …

Ein »Fahrplan« zur »Neuen Weltordnung«?

»Alles wird anders sein. Viele werden leiden.
Eine ›Neue Weltordnung‹ wird hervortreten.
Es wird eine viel bessere Welt für die, die überleben werden.
Auf lange Sicht hin wird das Leben besser werden.
Die Welt, wie wir sie uns gewünscht haben, wird Realität.«
Henry A. Kissinger

Von wem, glauben Sie, stammt folgendes Zitat: »Seit den Tagen von Spartakus Weishaupt bis zu jenen von Karl Marx und bis hinunter zu Trotzki (Rußland), Béla Kun (Ungarn), Rosa Luxemburg (Deutschland) und Emma Goldman (USA) ist diese weltweite Verschwörung zum Sturz der Zivilisation und Neugestaltung der Gesellschaft aufgrund aufgehaltener Entwicklungen, neidischer Mißgunst und unmöglicher Gleichheit im Wachsen begriffen. Diese Bewegung war die Triebfeder hinter jeder subversiven Bewegung des 19. Jahrhunderts, und jetzt hat diese Bande von außerordentlichen Persönlichkeiten aus der Umwelt der großen Städte Europas und Amerikas das russische Volk am Kragen gepackt und ist praktisch unangefochtener Herr eines gewaltigen Reiches geworden.«

Solches kann doch wohl nur aus den Reihen russischer Ultranationalisten unserer Tage kommen, geäußert von Verschwörungsfanatikern, die nach dem Niedergang des Sowjetimperiums ihr verbliebenes »Mütterchen Rußland« in den Klauen fremder, kapitalistischer und internationalistischer Mächte wähnen, oder?

Leider falsch.

Das Zitat ist viel älter. Es stammt aus dem Munde eines Mannes, dem man solches eigentlich nicht zutrauen würde. Dieser Mann ist Sir Winston Churchill. In einem seiner frühen Aufsätze im »Illustrated Sunday Herald« vom 8. Februar 1920 soll er unter dem Titel »Intervention und Konterrevolution im russischen Bürgerkrieg: November 1918 bis März 1920« das Obige geäußert haben. Es könnte aber noch weit ältere Quellen geben.

Verschwörungsfreunden hat es seit langem die Weihnachtsnummer von 1890 des englischen Wochenmagazins »Truth« angetan (Auflage: eine Million, herausgegeben vom englischen Staatsmann und Maurerbruder Henry Labouchére). In diesem Magazin fand übrigens 1921 eine heftige Diskussion über die berühmten Cottingley-Elfenfotos statt, worüber ich ausführlich in meinem Buch »Neue UNERKLÄRLICHE PHÄNOMENE« (Michaels-Verlag, ISBN 3-89539-073-9) berichte. Zurück zu weniger Feenhaftem.

In »Truth« soll zu einem politischen Gedicht, das als »hellsichtige Vision« deklariert wurde, eine gezeichnete Landkarte abgedruckt worden sein, die Frankreichs Ostgrenze an den Rhein verlängert, die dänische Grenze nach Süden ausdehnt, Ostpreußen durch einen polnischen Korridor abtrennt, Polen, die Tschechoslowakei und Finnland als selbständige Republiken und das Deutsche Reich in mehrere Republiken geteilt zeigt — in etwa die tatsächliche politische Geographie des Jahres 1918. Waren hier echte Hellseher, visionäre Geopolitiker, geheime Weltenlenker oder schlicht und einfach der Zufall am Werke? Selbst nüchterne Zeitgenossen kommen bei solchen scheinbaren Anachronismen ins Grübeln. Manche vermeinen sogar, in der Aussage eines der »Weltverschwörer« aus dem zweiten Teil des Akte-X-Dreiteilers »Anasazi/Das Ritual/Verschwörung des Schweigens« »Der beste Weg, die Zukunft vorherzusehen, ist sie zu gestalten« eine geheime Wahrheit zu erkennen.

Die Auswahl an mehr oder weniger überzeugenden Indizien für eine globale Langzeitverschwörung besagter »Dunkelmächte« ist jedenfalls ebenso groß wie die von Daten, an denen »das alles« seinen (verhängnisvollen, unheiligen, etc.) Anfang genommen haben soll. Es liegt auf der Hand, daß bei einem solch mühsamen und langwierigen Unterfangen, wie es die geheime Erlangung der Weltherrschaft wohl sein muß, immer wieder störende Einwirkungen aus dem Weg geräumt werden müssen — beispielsweise durch kleinere oder größere Kriege. Als die Veto-Schlacht in der Irak-Krise Anfang 2003 auf dem Höhepunkt war, schrieb ein Kolumnist der größten österreichischen Tageszeitung, dem niemand Verschwörungsphantasien nachsagen würde: »Aufbau einer ›neuen Weltordnung‹ auf den Ruinen des Alten ist das Konzept der Zertrümmerungs-Ideologen.«

Gehen wir es am besten gleich richtig an, und nehmen wir — sozusagen im Geist der zitierten Akte-X-Aussage — die extremsten Vorstellungen unter die Lupe. Führen wir uns den sogenannten »langfristig angelegten Fahrplan zur Etablierung der Weltherrschaft« völlig wertfrei zu Gemüte, der angeblich bereits in der Mitte des 18. Jahrhunderts seinen

Anfang genommen haben soll. Hier ist er, chronologisch geordnet, ganz genau so, wie methodische Verschwörungsfreude ihn ausgearbeitet haben, versehen mit der einen oder anderen kritischen Anmerkung:

Im Jahre 1743 wurde in Frankfurt am Main ein Mann namens Mayer Amchel Bauer geboren. Sein Wappen war eine rote Flagge, die später die Siegesflagge der russischen Revolution werden sollte. Bauer änderte seinen Namen in Rothschild. Dieser Mann soll nach Ansicht von Hardcore-Verschwörungsfans die Pläne zur Gründung der Illuminaten entworfen und den Ex-Jesuiten, Professor der Kanoniker Adam Weishaupt, der später Gnostiker wurde, mit deren Aufbau und Weiterentwicklung beauftragt haben. Was von der skurrilen Theorie zu halten ist, Weishaupt wäre nicht 1830 in Gotha gestorben, sondern hätte sich schon weit früher in die USA begeben, dort George Washington beseitigt und an seiner Stelle die Präsidentschaft bis zum offiziellen Tode Washingtons (Weishaupts?) 1799 inne gehabt, brauchen wir wohl nicht zu diskutieren. Diskutieren könnte man, wenn auch mit wenig Chance auf ein Ergebnis, eine kryptische Bemerkung in Washingtons Abschiedsrede, über die herumgerätselt wird. Was hatte er damit gemeint, die größte Gefahr für die neue Demokratie sei eine »leidenschaftliche Beziehung« des einflußreichen Amerika zu einem anderen Land, welches dann die Außenpolitik der Vereinigten Staaten lenken würde? An Israel, wie Extremspekulierer vermuten, kann der erste Präsident der jungen USA kaum gedacht haben, denn das würde Weiterungen von nachgerade kosmischen Dimensionen bedeuten. Genug des Phantastischen, zurück zu den Tatsachen.

Fakt ist, daß Weishaupt am 1. Mai (unserem heutigen Tag der Arbeit) 1776 in Ingolstadt den bayerischen Illuminatenorden gegründet hat, der ursprünglich *Orden der Perfektibilisten* hieß. Die Satzung wurde von Weishaupt gemeinsam mit dem Studenten Massenhausen ausgearbeitet. Ob mit dem erklärten Ziel der Errichtung eines *Novus Ordo Saeculorum*, einer neuen Weltordnung als Vorbereitung für den sogenannten »einen Herrscher«, steht allerdings auf einem anderen Blatt. Was diese behauptete »Neue Weltordnung« uns bringen soll, wollen Aufdecker in den Schriften Weishaupts entdeckt haben, sowie in deren angeblichen späteren Plagiaten wie dem kommunistischen Manifest, den angeblichen und unsäglich mißbrauchten »Protokollen der Weisen von Zion« und einem angeblichen internen Bilderberg-Papier vom Mai 1979. Damit wieder zu den behaupteten Wurzeln des »Fahrplans« und zu seinem weiteren Verlauf.

Am 15. August 1871 schrieb der Großmeister der Freimaurer in den USA, Albert Pike (1809–1895), der 1867 in Nashville den *Orden der*

Ritter des Ku Klux Klan gegründet hatte und dessen »Großdrache« war, dem aber trotzdem in Washington ein Denkmal gewidmet wurde, einen Brief an den ernannten Revolutionsführer der bayerischen Illuminaten, Guiseppe Mazzini. Darin soll er einen ausführlichen Plan der künftigen geschichtlichen Entwicklung dargelegt haben, drei Weltkriege eingeschlossen. Manche finden es beunruhigend, daß das dort skizzierte Szenario von Weltkrieg Eins und Zwei deckungsgleich mit den tatsächlichen Abläufen ist, während sich Weltkrieg Drei aus dem eskalierenden Nahostkonflikt entwickeln soll. Bekannt ist auch ein Brief Pikes, in dem sich Formulierungen finden, die für manche erschreckend präzise den gegenwärtigen Zustand der westlichen Gesellschaft zu beschreiben scheinen. Beispielsweise diese: »Die Mehrheit der Menschen wird, gottgläubig wie sie ist, nach der Enttäuschung durch das Christentum und daher ohne Orientierung, besorgt nach einem neuen Ideal Ausschau halten, ohne jedoch zu wissen, wen oder was sie anbeten soll ...«

In diesen Pamphleten und in einer Reihe weiterer, die in schöner Regelmäßigkeit »enthüllt« werden, sollen die »geheimen Verschwörer« zum Ausdruck bringen, daß die Medien fest in ihren Hände wären, daß sie die Aristokratie und alle alten Werte zerstört und die Kirche sturmreif gemacht hätten, daß alle westlichen Staaten von ihnen erobert worden wären und daß sie die Menschenrechte als Köder benutzten, um die Massen für sich zu gewinnen. Und daß sie nur wenige Schritte von ihrem Endziel entfernt sind ...

Starker Tobak. Und wie soll das alles konkret über die Weltbühne gegangen sein, beziehungsweise noch gehen? Auch darauf geben gewiefte Verschwörungstheoretiker Antwort:

Die ersten Schritte zur Errichtung einer neuen Weltordnung sollen mit der französischen Revolution (1789) stattgefunden haben. Unter dem Deckmantel der berühmten Maxime von »Freiheit, Gleichheit und Brüderlichkeit« wurde die Vorbereitung zur Abschaffung der Monarchien getroffen. Etwa zur gleichen Zeit, 1789, wurde der Gedanke zur sogenannten »Rassenhygiene« geboren. Nachfolgende »Rassenhygieniker« wie Darwin, Galton, Gobineau und Chamberlain legten den Grundstein zur praktischen Umsetzung, die in der ersten Hälfte des zwanzigsten Jahrhunderts ebenso verhängnisvoll wie primitiv stattfinden sollte, um viele Jahre später unter dem Mäntelchen der Gentechnologie auf Katzenpfoten wieder daherzukommen (zumindest sehen das manche Zeitgenossen so).

Zurück zum Zeitablauf der Verschwörungsfreunde, der erst am Beginn des 19. Jahrhunderts angelangt ist.

1812 wurde Nathan Oberhaupt des Hauses Rothschild. Den Rothschilds wird eine unbegrenzte, fast übernatürliche Fähigkeit bescheinigt, die Zukunft vorauszusehen und vollen Nutzen daraus zu ziehen. Wie Jahrhunderte vor ihm Jakob Fugger (der Reiche), soll sich Rothschild als unsichtbarer Herrscher Europas etabliert haben, indem er Machtgruppierungen von nahezu gleicher Stärke finanzierte, Königshäuser gegeneinander ausspielte und gleichzeitig eine dritte Partei stützte, die für einen kontinentalen Ausgleich ohne Vorherrschaft einer Nation sorgte. Diese »ausgleichende« Macht war England, bekannt für seine Politik des »Balance of Power«.

Ende der 20er und Anfang der 30er Jahre des 19. Jahrhunderts streckte Rothschild seine Fühler in die »neue Welt« Amerika aus. Seine Ideen wurden unter anderem vom wenig bekannten »Proto-Kommunisten« und Weishaupt-Schüler Clinton Roosevelt propagiert, einem direkten Vorfahren von Franklin Delano Roosevelt, der US-Präsident wurde. Die amerikanischen Illuminaten machten sich stark für eine Bewegung, die später als Kommunismus hervortreten würde, mit Clinton Roosevelt als Vertreter der Arbeiterklasse.

Mitte des 19. Jahrhunderts trat ein obskurer Intellektueller mit Namen Mordechai Marx Levi alias Karl Marx dem »Bund der Gerechten« bei, einer der Zweigorganisationen der Illuminaten. 1847 erhielt er den Auftrag, ein Werk zu schreiben, das später unter dem Titel »Das Kommunistische Manifest« bekannt wurde. Für Konspirationsfans — und mittlerweile nicht nur für diese, nimmt man sich einige unglaublich aktuelle Passagen vor — handelt es sich dabei um eine politische Niederlegung der Gesamtplanung für die Zukunft. Marx spielte dabei anscheinend eine so untergeordnete Rolle, daß sein Name zwanzig Jahre lang auf dem Manifest gar nicht erschienen ist. Manche Historiker sind zu der Ansicht gelangt, daß das kommunistische Manifest nichts Neues oder Ursprüngliches enthielt. Für sie ist es nichts weiter als ein wieder aufgewärmtes Plagiat der Schriften Adam Weishaupts und seines Schülers Clinton Roosevelt.

Parallel dazu begann die »Neuzeit« der Abstammungslehre und des Rassismus. Graf Arthur de Gobineau (1816–1882) publizierte 1855 sein Buch »Über die Ungleichheit menschlicher Rassen«. 1874 schrieb er den Roman »Das Siebengestirn (Les Plejades)«, in dem sich erstaunliche Feststellungen finden. So wird auf Seite 128 festgestellt, »daß die Zeit der Staaten vorbei ist, vollständig vorbei, und daß die Zukunft den großen Interessenvereinigungen gehört«. Fast noch frappanter, um nicht zu sagen anachronistischer sind folgende Passagen: »Sie planen eine Organisation, in der die Völker eine große unermeßliche Viehherde bilden, die nach allen Regeln der Wissenschaft unterhalten und gemästet wird, und wo sie von oben her durch allmächtige Hirten gelenkt werden, die sterbliche Götter geworden sind; denen man nicht wird antworten können, denen zu widersprechen unerhört sein wird, die alle Rechte haben und die alle Arten der Zucht anwenden werden ... Die Staatsmänner werden nichts weiter als recht erfolglose Krankenpfleger sein.« Manche sind mittlerweile der Ansicht, daß es genauso gekommen ist.

Charles Darwin entwickelte seine Theorien über die Evolution und absorbierte die Ideen von Malthus. Das philosophische Grundkonzept besteht darin, daß der Wert des Menschen durch seine genetische Abstammung bestimmt ist. Interessant in dem Zusammenhang scheint vielen, daß Karl Marx seinem Freund und »Genossen« Friedrich Engels am 19. Dezember 1860 über Darwins Buch »Der Stamm der Arten« folgendes geschrieben hat: »Ja, genau das ist es, was dem naturgeschichtlichen Fundament unserer Ansicht entspricht.« Darwin selbst legte mit seiner Behauptung, der weiße Mensch sei im Evolutionsprozeß fortschrittlicher als der schwarze, unwissentlich eine Grundlage für den Rassismus, der furchtbare Blüten treiben sollte.

Der englische Gelehrte und Forschungsreisende Sir Francis Galton (1822–1911) entwickelte das Gebiet der Eugenik, fest entschlossen, die menschliche Rasse durch gezielte Zucht, mit Hilfe einer »sozialen Intervention« zu verbessern. Die ersten, die diesen Gedankengang geradezu fanatisch verfochten, der durch die Nazis später völlig diskreditiert wurde, waren interessanterweise die Amerikaner und Engländer zum Anfang des zwanzigsten Jahrhunderts.

Der englische Schriftsteller mit deutscher Nationalität und Wagner-Verehrer Houston Steward Chamberlain (1855–1927), der seit seiner Hochzeit mit der Wagner-Tochter Eva von Bülow in Bayreuth im Kreis der Familie Wagner lebte, war einer der Ideengeber Hitlers, der ihn persönlich oft konsultierte. Chamberlain stellte die deutsche Rasse als die reinste Form des »Ariertums« hin und verdammte seiner Ansicht nach minderwertige Rassen wie Juden oder Schwarze als degeneriert. Seine Werke fanden damals höchste Akzeptanz. Zu seinen Bewunderern zählte auch Kaiser Wilhelm II., der ihn wiederholt an den kaiserlichen Hof einlud.

In dem Zusammenhang finden es manche bemerkenswert, daß kapitalistische US-Dynastien wie Rockefeller und Carnegie für die Verbreitung des Darwinismus finanzielle und propagandistische Unterstützung leisten sollen. Die von diesen beiden Dynastien gegründeten Stiftungen, die

Rockefeller- und die *Carnegie-Foundation,* lassen angeblich den Forschungen auf dem Gebiet Evolution bis heute die größten finanziellen Hilfen zukommen. Das wiederum, so meinen Konspirationsfreunde, hätte langfristige Auswirkungen auf das gesamte spätere Erziehungssystem des Westens gehabt, hauptsächlich auf das der Vereinigten Staaten — nicht zuletzt, weil die Entwicklung enormen Schwung bekommen haben soll, nachdem John D. Rockefeller ins Ölgeschäft einstieg.

Mit Hilfe der Rothschild-Finanzierung, über Warburg und Schiff, konnte Rockefeller sein *Standard-Oil*-Imperium erheblich ausbauen. 1883 kontrolliert er mehr als 95 Prozent der nationalen Ölproduktion in den Vereinigten Staaten. Über Stiftungen floß sein Geld unter anderem in die Ausbildung von Lehrern, die aus späteren Generationen »sozial angepaßte« Mitglieder der Gesellschaft zu machen versuchten. John Dewey (1859–1952), der Begründer des amerikanischen Schul- und Erziehungssystems, soll in diesem Sinne eine neue Gesellschaft vorbereitet haben, die sein Schüler Rugg so beschrieb: »Durch die Schulen der Welt werden wir ein neues Konzept einer Staatsform verbreiten — eines, das sämtliche Aktivitäten der Menschen umfassen wird, eines, das nach wissenschaftlicher Kontrolle und Handhabung der ökonomischen Belange im Interesse aller Menschen verlangt«.

Damit sind wir auch schon beim zwanzigsten Jahrhundert angelangt, in dem die Neue Weltordnung angeblich endlich Gestalt annehmen sollte. Allerdings nicht ganz ohne gewaltige Aderlässe für das »gemeine Volk« hüben und drüben.

Wie schon angedeutet, soll bereits im Jahr 1871, 43 Jahre vor dem ersten Weltkrieg, von Albert Pike, dem souveränen Großmeister des »Altertümlichen und Anerkannten Schottischen Ritus der Freimaurerei« und obersten Illuminaten in Amerika, in einem Brief an den Illuminaten Giuseppe Mazzini dargelegt worden sein, ein Weltkrieg müsse zusammengebraut werden, um das zaristische Rußland zu zerstören und das riesige Land mit seinen unermeßlichen Naturschätzen und seinen Menschenmassen unter Kontrolle zu bringen. Das »neue«, sowjetische Rußland sollte dann als Buhmann benutzt werden, um die bekannten Ziele weltweit zu fördern. Besagte Ziele könnte Senator Beveridge auf dem Capitol Hill in Washington bei der Eröffnung des »amerikanischen Jahrhunderts« am 9. Januar 1900 mit folgenden Worten klar definiert haben: »Gott hat uns zur Organisation der Welt bestimmt ... Und innerhalb der Menschheit hat Gott das amerikanische Volk gekennzeichnet als sein erwähltes Volk, das bei der Erneuerung der Welt die führende Rolle spielen sollte.«

In der Tat sollte im zwanzigsten Jahrhundert kein alter Stein auf dem anderen bleiben. Die Umbauarbeiten wurden von den unterschiedlichsten Gruppierungen vorgenommen, hinter denen manche allerdings ein und dieselben Drahtzieher vermuten — selbst hinter der so gar nicht von Kapitalisten gelenkt anmutenden Russischen Revolution.

Mit dem sogenannten »kommunistischen Illuminatenplan« von Karl Marx in der Tasche reisten im April 1917 Lenin und eine Gruppe von 32 russischen Revolutionären per Bahn von der Schweiz über Deutschland und Schweden nach Petrograd (früher Petersburg, später Leningrad) in Rußland, um sich mit Trotzki zu treffen und die Revolution zu Ende zu führen. Es wird heute so ziemlich als erwiesen angesehen, daß die Revolutionäre nicht nur von der deutschen Reichsregierung finanziert wurden, sondern von den Rothschildbankiers und anderen Geldgebern aus westlichen Ländern. Ausführliches über diese wenig ausposaunten Hintergründe der sogenannten »Oktoberrevolution« findet sich in meinem Buch »VERTUSCHT. Wer die Welt beherrscht«, erschienen im Argo-Verlag (siehe meine Homepage www.farkas.at).

England war politisch und wirtschaftlich zu schwach geworden, um seine Führungsrolle weiter spielen zu können. Amerika war auf dem Weg zur Weltmacht. Innerhalb Europas prallten unterschiedliche Interessen und Machtansprüche aufeinander, die letztlich im Ersten Weltkrieg (1914–1918) eskalierten. Ein Krieg kann aber nur finanziert werden, wenn ausreichend Gelder für Militärausgaben zur Verfügung stehen. Die Regeln des damals weltweit gültigen Goldstandards — über den noch ausführlich zu sprechen sein wird, da er nach oftmals geäußerter Meinung einer der Schlüssel zu Weltherrschaft und »Neuer Ordnung« ist — hätten dies jedoch nicht zugelassen. Die logische Folge war für viele demzufolge die Abschaffung des Goldstandards. Dazu wurden folgende Maßnahmen angewendet:

- Aufhebung des freien Verkehrs von Waren, Kapital und Gold.
- Aufhebung der Goldeinlösepflicht der Notenbanken.
- Aufweichung der Deckungsvorschriften. Neben Gold wurden auch Schatzwechsel als »Deckung« zugelassen.

Unser heutiges Geld hat schon lange keinen konkreten Schuldinhalt mehr und ist deshalb beliebig vermehrbar. Anders herum: um es beliebig vermehrbar zu machen, mußte Gold als Schuldinhalt abgeschafft werden. Mit diesem Schritt war es den jeweiligen Staaten möglich, durch das Anwerfen der nationalen Notenpresse Geld (ohne Deckung) aus dem Nichts zu erzeugen und so den Ersten Weltkrieg und folgende Kriege zu finanzieren und die Staatsverschuldung in ungeahnte Höhen zu treiben. Beispielsweise ist die deutsche Geldmenge von 1914 bis 1918 von 9 Milliarden auf 52 Milliarden Reichsmark angewachsen. Ohne die Abschaffung des Goldstandards hätten die einzelnen Länder schon nach wenigen Kriegstagen ihre Verpflichtungen nicht erfüllen können, weil das Geld verbraucht gewesen wäre. Sie hätten sich für bankrott erklären müssen und der Krieg wäre vorbei gewesen.

Der Erste Weltkrieg produzierte in den beteiligten Ländern eine Staatsverschuldung von astronomischer Höhe und bewirkte in Europa einen beispiellosen gesellschaftlichen Umbruch, der die Bühne für eine weltweite soziale Revolution vorbereitete.

Verschwörungstheoretiker gehen davon aus, daß unmittelbar nach Weltkrieg Nummer Eins der Grundstein für den nächsten gelegt werden sollte. Dieser besteht ihrer Meinung nach in den Verträgen von Versailles, Trianon, usw. Zitate westlicher Staatsmänner in dieser Richtung sind jedenfalls dokumentiert. Der britische Außenminister Lord Curzon erklärte, der in Versailles erreichte Vertrag sei kein Friedensvertrag, sondern einfach eine Unterbrechung der Kriegshandlungen. Später soll der englische Ministerpräsident David Lloyd George dazu bemerkt haben: »Wir haben ein schriftliches Dokument, das uns Krieg in zwanzig Jahren garantiert. Wenn Sie einem Volk (Deutschland) Bedingungen auferlegen, die es unmöglich erfüllen kann, dann zwingen Sie es dazu, entweder den Vertrag zu brechen oder Krieg zu führen.«

Philip Snowden, späteres Mitglied des englischen Parlaments, wurde noch deutlicher: »Der Vertrag dürfte Briganten, Imperialisten und Militaristen zufriedenstellen. Er ist ein Todesstoß für alle diejenigen, die gehofft hatten, das Ende des Krieges werde den Frieden bringen. Es ist kein Friedensvertrag, sondern eine Erklärung für einen weiteren Krieg. Es ist der Verrat an der Demokratie und an den Gefallenen des Krieges. Der Vertrag bringt die wahren Ziele der Verbündeten an den Tag.« Für manche diente diesen Zielen wohl auch die sofort nach dem Krieg errichtete undurchdringliche Blockade der englischen Regierung gegen Deutschland. Dadurch starben dort in den neun Monaten nach dem Waffenstillstand von 1918 geschätzte 800 000 bis eine Million Menschen an Hunger und Krankheit.

Nach dem Ersten Weltkrieg waren englische, amerikanische und holländische Ölkonzerne daran interessiert, die Konkursmasse des zerbrochenen türkischen Reiches unter möglichst vielen kleinen, abhängigen Staaten und Scheichtümern aufzuteilen. Auf diese Weise entstand als englisches Mandatsgebiet der Irak, wobei Kuwait abgetrennt wurde, während Syrien, verkleinert um den Libanon, französisches Protektorat wurde. Schon im November 1917 war den Juden durch die sogenannte »Balfour Declaration« die Unterstützung bei der Gründung einer nationalen Heimstatt in Palästina zugesichert worden. Damit war der Friede in der Region, der durch die türkische Herrschaft in einer Mischung aus Toleranz und Härte jahrhundertelang garantiert worden war, unwiderruflich zu Ende.

Aus dem zweiten Großgemetzel des bluttriefenden zwanzigsten Jahrhunderts würden, so der Plan angeblich weiter, zwei neue Supermächte hervorgehen (wir kennen sie), von denen am Schluß nur noch eine das Erdenrund beherrschen sollte (die kennen wir ebenfalls). Auch die Gründung eines Staates Israel in Palästina soll sozusagen »vorher berechnet« gewesen sein. Die Welt wurde in Ost und in West aufgeteilt, mit dem ewig schwelenden Unruheherd des Nahen Ostens. Dieser soll der Katalysator des (noch) hypothetischen Dritten Weltkriegs sein, der sich — dem »Plan« zufolge — aus dem unlösbaren, kontinuierlich eskalierenden Nahostkonflikt ergeben wird.

Schon im Vorwort habe ich angedeutet, daß in den letzten Jahren die USA immer mehr in den Verdacht geraten, der wesentliche »Global Player« beim Etablieren der besagten nicht ganz so neuen, »Neuen Weltordnung« zu sein, an der »Dunkelmächte« seit Jahrhunderten angeblich werkeln. Das muß nicht unbedingt verwundern. Allein einige Auszüge aus der in der Österreichischen »KRONEN ZEITUNG« am 17. und 18. November 2002 erschienenen Doppelfolge »Heute Amerika — morgen die ganze Welt. Die USA als Nachfolger des Römischen Reiches« vom Krone-New-York-Korrespondenten Hans Janitschek sprechen für sich:

Schon den Gründern der Vereinigten Staaten schwebte das alte Rom vor, als sie ihre Hauptstadt ganz nach dem Muster des römischen Machtzentrums bauten: Sie nannten ihr Kongreßgebäude nicht nur Kapitol, sondern bildeten es auch dem antiken Vorbild fast haargenau nach. Sie folgten auch dem Beispiel der Römer, als sie sich einen allmächtigen Senat schufen und einen Konsul (sprich: Präsident) samt Pro-Konsul (Vizepräsident) mehr oder weniger demokratisch erwählten.

Vor allem: Sie machten in ihrer Unabhängigkeitserklärung ein für alle Mal klar, daß sie eine »Neue Ordnung für Jahrhunderte« errichten wollten. Das schreibt jedenfalls der angesehene Historiker Arthur Schlesinger, einst Chefberater des wohl wagemutigsten unter den amerikanischen Präsidenten, John F. Kennedy.

Die Pläne für das amerikanische Imperium liegen schon seit Jahren hinter Stahltüren im Pentagon. Im Gegensatz zur vorherrschenden Meinung handeln die Amerikaner vielleicht kurzfristig, aber sie denken über lange Zeiträume voraus. Als etwa Präsident Roosevelt im Jahre 1945 Europa mit Generalissimo Stalin aufteilte, bestand er auf einer Geheimklausel, die diese Teilung auf 50 Jahre beschränkte. Aber bis Präsident Gorbatschow 40 Jahre später mit der Demontage der Sowjetunion begann, duldeten die Amerikaner und ihre Verbündeten alle Exzesse des sowjetischen Imperialismus in Osteuropa. Im Jahre 1995 freilich standen bereits Ungarn, Tschechien und Polen auf der Mitgliederliste der NATO, und noch in diesem Jahr treten zusätzlich Rumänien, die Slowakei, die baltischen Staaten und Slowenien bei. »Kein Zufall, so war es geplant«, verkündete erst dieser Tage einer der Propagandisten des amerikanischen Weltreiches, Paul Wolfowitz.

Aber schon zu Zeiten des Ersten Weltkrieges hatte US-Präsident Wilson, der als der große Friedensengel galt, die Zerschlagung der großen Imperien Türkei, Österreich-Ungarn und Deutschland im Visier, um Amerikas Vormachtstellung zu fördern. Selbst das »besondere Verhältnis« zum einstigen Unterdrücker der amerikanischen Kolonien, nämlich Großbritannien, hielt die Amerikaner nicht davon ab, systematisch die Zerschlagung der britischen Herrschaft über die Meere zu betreiben. Sie unterstützten die Unabhängigkeitsbewegungen in Indien und Afrika, und als England 1956 gemeinsam mit Frankreich und Israel die Verstaatlichung des Suez-Kanals durch Ägypten verhindern wollte, machte ihnen Präsident Eisenhower einen Strich durch die Rechnung, und sie mußten unverrichteter Dinge wieder abziehen. England hatte seine Weltmachtstellung verloren, und Frankreich mußte in den nächsten zwölf Jahren seine Kolonien in Nordafrika und Südostasien aufgeben.

»Amerika über alles!« betitelte die »New York Post«, die der amerikanische Imperialist Alexander Hamilton vor 200 Jahren gründete, kürzlich einen detaillierten Bericht über die US-Pläne zur »Zivilisierung des Mittleren Ostens«. Genaue Details über diesen nächsten großen Fischzug der Amerikaner veröffentlichte die angesehene Monatszeitschrift »Atlantic Monthly« in ihrer November-Ausgabe mit brutaler Offenheit: »Zuerst müssen wir den Irak zu unserer militärischen Ausgangsbasis für die Neuordnung der arabischen Welt machen — ähnlich wie das besiegte Deutschland nach dem Zweiten Weltkrieg zu unserem wichtigsten Militärstützpunkt in Europa wurde«, heißt es. Und dann enthüllt das Blatt Details, die bisher in der Öffentlichkeit nicht bekannt waren:

- Nach der Besetzung des Irak kommt es zu einer militärischen Allianz des Iran mit Israel, der Türkei und Eritrea unter amerikanischer Patronanz.

- Als Nächstes werden die arabischen Ölstaaten unter den »Schutz« dieses Bündnisses gestellt, also vor allem Saudi-Arabien, die Golfstaaten und Kuwait.
- Gleichzeitig erhalten die bereits pro-westlichen Regimes in Ägypten, Jordanien, Jemen und Afghanistan massive wirtschaftliche und militärische Hilfe seitens der USA, um den Umsturz durch radikale Islamisten zu verhindern.
- Schließlich kommt es zur Gründung eines unabhängigen Palästinenserstaates, der dann selbstredend weder für Israel noch Jordanien eine Bedrohung darstellt.

Kostenpunkt dieser Strategie nach jüngsten Berechnungen des Pentagons: 100 Milliarden Dollar über die nächsten fünf Jahre.

»Auf diese Weise landet die größte Energiequelle der Welt endlich im Hafen jener Macht, die 40 Prozent der gesamten Erdölproduktion der Welt verbraucht, den USA«, prophezeit der Mittelost-Korrespondent des »Atlantic Monthly«, Robert D. Kaplan. »Eine Investition, die sich lohnt.« Freilich: Er gibt im selben Atemzug zu, daß dieses Konzept nur zu verwirklichen ist, »wenn die amerikanische Bevölkerung mit derselben Begeisterung mittut wie bei der Eroberung Deutschlands und Japans im Zweiten Weltkrieg«.

Aber nicht nur das amerikanische Volk muß für dieses Konzept gewonnen werden, auch die zweitgrößte Atommacht der Welt, Rußland, und der Riese China müssen davon profitieren können.

Dafür haben die amerikanischen Strategen eine kluge Antwort bereit: Beide Staaten haben zur Zeit keinen imperialen Ehrgeiz. Ihnen geht es in erster Linie um wirtschaftlichen Aufschwung, mit einem Wort, um das große Geschäft mit dem Rest der Welt, um massive Investitionen aus dem Westen und Entwicklung ihrer eigenen, riesigen Bodenschätze …

»Es geht darum, keine Zweifel darüber entstehen zu lassen, daß die USA die Welt auf eine Art zu beherrschen gedenkt, die sowohl ihren materiellen Interessen als auch ihren Idealen entspricht«, heißt es in dem Konzept.

Die für eine solche Politik erforderlichen gigantischen Mittel werden natürlich nicht allein von den amerikanischen Steuerzahlern aufgebracht werden können, deshalb streben die USA nach diesem Plan auch die Oberherrschaft über die großen Energiequellen, insbesondere des Mittleren Ostens, an. Ganz im Ernst sprechen die neokonservativen Imperialisten davon, etwa das irakische Öl zur Finanzierung des amerikanischen Imperiums zu verwenden.

Aber auch aus anderen Quellen sollen die Geldmittel für den Unterhalt von Millionen amerikanischer Soldaten in aller Welt, die Instandhaltung ihrer Superwaffen und die Transportkosten fließen: Nach dem Muster des Römischen Weltreiches werden die Vasallen- und Satellitenstaaten entsprechende Beiträge zu leisten haben. Und im Kriegsfall werden sie auch aufgerufen sein, selbst Truppen und Waffen zu mobilisieren. Hier wird natürlich die astronomische Verschuldung der USA — von japanischen Banken allein wurden insgesamt drei Trillionen Dollar geborgt — eine wichtige Rolle spielen.

»Ein Teil dieser Schulden wird ganz einfach im gemeinsamen Interesse aufgelassen werden«, prophezeite der prominente Neokonservative Richard Perle.

Freilich: Läßt sich dieser Weltmachttraum der USA im Alleingang verwirklichen? Diese Frage stellte dieser Tage Professor Sherle Schwenninger vom angesehenen *World Policy Institute* in New York. Niemand überraschte es, als er »massiven Widerstand« nicht nur in Europa, sondern auch in Asien vorhersagte. Er ging so weit, von einer »Spaltung des Westens« zu sprechen, sollten die USA dem Beispiel Roms folgen und den Rest der Welt in »abhängige Provinzen« verwandeln wollen. »Europa wird sich dagegen wehren«, erklärte er, »und sich militärisch selbstständig machen.« In Asien und im Mittleren Osten wird es seiner Meinung nach zu einer Radikalisierung der Menschen und Aufständen gegen die fremde Besatzungsmacht kommen. »Genauso wie in Palästina!«

»Wir stehen vor einer schicksalsschweren Entscheidung«, warnte vor kurzem der ehemalige Sicherheitsberater General Brent Scowcroft. »Entweder wir konzentrieren uns auf das, was wir sind und haben, oder wir lassen uns auf ein Abenteuer ein, das bisher in der Geschichte immer schiefgegangen ist. Die Ruinen von Rom und Athen sollten uns ein abschreckendes Beispiel sein!« (Zitate-Ende. Dazu noch eine Anmerkung des Autors: Die möglichen Ruinen eines Amerikanischen Imperiums könnten allerdings von einem anderen Zuschnitt sein, als die von Athen und Rom: nämlich radioaktiv und rings um den gesamten Globus ...).

In dem Zusammenhang ein Hinweis: In meinem Buch »GEHEIMSACHE ZUKUNFT. Von Atlantis zur hohlen Erde« erwähne ich das 1626 erschienene »Nova Atlantis« (Das neue Atlantis) des Philosophen und Staatsmannes Sir Francis Bacon. Wenig bekannt ist, daß dieses Werk der Auslöser für das Rosenkreuzermanifest gewesen sein soll, und — vielleicht noch bedeutender —, daß es als »Blaupause« für das kommende Amerika verstanden wurde. Auch von Bacon selbst. Bei einer Rede im britischen Parlament erklärte er, sein Buch wäre die Vorlage für die Schaffung einer »Neuen Welt«. Er nannte Amerika das »Neue Atlantis« und bezeichnete die im Jahr 1606 erfolgte Gründung der ersten englischen Kolonie Virginia sowohl als einen politischen als auch einen spirituellen Akt. Damit wieder zurück in die Gegenwart.

Immer mehr Kritiker einer möglichen neuen Weltordnung »Made in USA« betrachten den Dollar als internationale Reservewährung und Zahlungsmittel sowie die stetige Bereitschaft der Militärmacht der USA, dem Rest der Welt den Herrn zu zeigen, als die beiden Hebel zur Erreichung dieses Ziels. Für sie dienen die zunehmenden »humanitären Interventionen« und die fortwährende »Verteidigung der Zivilisation« in Wirklichkeit zur Vernichtung zweier der wertvollsten zivilisatorischen Errungenschaften: des internationalen Völkerrechts und der Bürgerrechte im Inneren der Demokratien, an erster Stelle in den USA selbst.

Wie die jüngste, um nicht zu sagen die aktuelle, Geschichte zu zeigen scheint, wird der Druck zur Teilnahme an der neuen Weltordnung nach US-Bedingungen mittlerweile auch auf Verbündete, wie solche in der NATO und Japan, ausgeübt. Bereits im Golfkrieg von 1991 zahlten die anderen Staaten die Aufwendungen der USA, so daß für diese dabei noch ein Nettogewinn heraussprang. Im Krieg der USA gegen Jugoslawien, in den die NATO-Mitgliedsstaaten zur Teilnahme »hineingeschmeichelt« wurden, wie auch im Krieg gegen Afghanistan als Teil des »War against Terrorism«, glauben manche bereits etwas zu erkennen, das der US-Historiker Paul Kennedy als »Imperial Overstretch« (Imperiale Überdehnung) und als Vorstufe zum Untergang großer Reiche bezeichnet hat.

Die Wandlung, die in den Vereinigten Staaten seit dem 11.9.2001 abläuft, ist für viele eine Bestätigung ihrer schlimmsten Befürchtungen. Sie erblicken in der aggressiven Außen- und Weltpolitik sowie im Anziehen der »internen Repressionsschraube« klare Vorzeichen des kommenden Niedergangs. Ihrer Ansicht nach steht die *Dollarsäule* unmittelbar vor dem Einsturz, wie einstmals schon nach dem Vietnamkrieg, auch wenn sie seither über drei Jahrzehnte lang den Ausbesserungsarbeiten standgehalten hat. Wie befürchtet wird, gehen den USA nun die Stützmaßnahmen zur Aufrechterhaltung der Dollarsäule aus. Einziger Notbehelf wäre kurzfristiges Schuldenmachen und das Drucken von immer mehr US-Dollars zur Bedienung der Schulden, womit eine bedrohliche Inflation erzeugt würde. Diese würde die Standfestigkeit der Geldsäule unterhöhlen und so viele Risse entstehen lassen, daß die Unterstützung, die für diese Säule erzwungen wird, noch mehr geschwächt würde. Um aus diesem Teufelskreis zu entkommen, könnten nach vielfach geäußerter

Ansicht die USA dazu übergehen (müssen), sich *nur noch* auf die *Militärsäule* zu stützen. Damit sind wir in der *unmittelbaren* Gegenwart angelangt.

Mit der unbeantwortbaren Frage, ob die »Neue Weltordnung made in USA« in ihre erfolgreiche Endphase getreten ist oder ob sie vielmehr bereits zu Ende geht, wollen wir es gut, beziehungsweise nicht gut sein lassen. Was uns jetzt interessiert, ist die Frage, ob ein solcher monströser Langzeitplan, bei dem auch die amerikanische Bevölkerung immer wieder gehörig malträtiert wird, überhaupt durchführbar sein könnte, und wenn ja, *wie*. Verschwörungstheoretiker geben darauf seit längerer Zeit eine provokante Antwort. Sie lautet »Der Feind sitzt im eigenen Lager, und zwar ganz oben.«

Unfähige Regierung, oder was ...?

Wie sich zeigt, überschreitet der Argwohn, die Regierung sei zum Feind der Freiheit geworden, mittlerweile sämtliche ideologische Linien, und hat speziell in den USA teilweise extreme Formen angenommen. Die abgesagte Bundesstaaten-Konferenz in Philadelphia ist ein gutes Beispiel. Fachleute nennen dieses Phänomen den »paranoiden Stil in der amerikanischen Politik«. Die Charakteristika dieses Stils sollen denen der klinischen Paranoia ähnlich sein. Sowohl der Paranoiker als auch der Vertreter des paranoiden »Stils« neigen zu aggressivem, argwöhnischem, großspurigem und apokalyptischem Verhalten. Der Unterschied zwischen beiden liegt darin, daß der Paranoiker glaubt, eine feindselige Welt habe sich speziell gegen ihn allein verschworen, während der Vertreter des paranoiden Stils das Gefühl hat, dunkle Mächte würden gegen eine Nation, eine Kultur, eine Art zu leben konspirieren, und damit gegen Millionen andere, die sind wie er selbst. Manche sehen darin eine Neuauflage des apokalyptischen Glaubens früherer Tage. Für sie sind Zeitgenossen, die Gruselgeschichten über Katholiken, Freimaurer, Illuminaten, Kommunisten oder Neue Ordnungs-Globalisten erzählen, in Wirklichkeit Endzeitgläubige.

Es gibt eine Anzahl von Faktoren, die darauf hinweist, daß die USA in ein neues Zeitalter der Angst eintreten, einer Angst, die zum Teil auf einer Wiederentdeckung der Vergangenheit beruht. Der erste dieser Faktoren ist die Annäherung der fundamentalistischen Christen an den *»mainstream«* des amerikanischen Lebens, die in den letzten Jahrzehnten stattgefunden hat. Der bisher überzeugendste Beleg dafür ist der Erfolg der religiösen

Rechten in der politischen Arena. In diesem Prozeß hat sich auch der apokalyptische Glaube näher zur amerikanischen Mitte hin bewegt, als man es vor ein paar Jahren noch für möglich gehalten hätte. Denn das wichtigste Kennzeichen des Fundamentalismus, das ihn von anderen christlichen Bekenntnissen unterscheidet, ist seine apokalyptische Orientierung, die aus der Überzeugung resultiert, daß die Wiederkunft Christi nahe bevorsteht. Und da der Wiederkunft Christi die Herrschaft des Antichrist vorausgeht, erklärt das die bei isolationistischen weißen Gruppen, wie auch Milizen, oftmals zu beobachtende Verschränkung von christlichem Fundamentalismus mit der Überzeugung, der Antichrist wäre bereits in Amt und Würde, und zwar im Weißen Haus.

Die Geschichte von Konflikten zwischen militanten Gruppen und dem Staat ist kompliziert, aber sie lehrt eine einfache Lektion: Dramatische Machtdemonstrationen der Behörden schüchtern nicht ein, sondern ermuntern den Widerstand. Haß gegen die Regierung löste 1995 den bis zum Anschlag vom 11. September 2001 schlimmsten Akt des Terrorismus in der amerikanischen Geschichte aus: das Bombenattentat von Oklahoma, von dem noch die Rede sein wird.

Es war dieser Anschlag, der der Öffentlichkeit die Augen dafür öffnete, daß es in nicht weniger als achtunddreißig der fünfzig Staaten der USA bewaffnete Milizen gab. Diese Gruppen beriefen sich alle auf den Zweiten Verfassungszusatz (*second amendment*), in dem es heißt: »Da eine wohlregulierte Miliz für die Sicherheit eines freien Staates nötig ist, soll das Recht der Menschen, Waffen zu halten und zu tragen, nicht verletzt werden.«

Die entweder höhnischen, betroffenheitstriefenden oder herablassenden Kommentare der wichtigsten Zeitungen an der Ostküste, der großen Fernsehanstalten und besonders der ausländischen Medien, demonstrierten unisono ein Nichtbegreifen dessen, was im Inneren des »kleinen Mannes« in den USA vor sich gehen dürfte. Der Londoner »Daily Telegraph« veröffentlichte einen ganzseitigen Steckbrief unter dem Titel »Der amerikanische Fundamentalist« mit der Zeichnung eines affenähnlichen Wesens, das eine Bazooka (Panzerfaust) umklammert. Der Text dazu lautete, nicht unähnlich der Beschreibung eines exotischen Tieres: »Er ist frustriert und verbittert, wahrscheinlich bewaffnet und potentiell sehr gefährlich. Er hält die Zentralregierung für von Natur aus korrupt und ihre Polizeibeamten für staatlich geförderte Terroristen. Er schuldet seiner Regierung keinerlei Loyalität, weil er an höhere Werte und universale Wahrheiten glaubt. Er betrachtet sich als tiefreligiös, kann aber durchaus ein rabiater Rassist und Antisemit sein … Er ist antisozial und trifft sich nur mit seinesgleichen, denn er verabscheut die dekadente Welt, in der er lebt. Er ist der moderne amerikanische Fundamentalist.« Dabei waren einige Milizen nach den Worten eines angesehenen Kommentators nicht mehr als »Selbstverteidigungsgruppen aus normalen Menschen, die ihre verfassungsmäßigen Rechte gegen das zu schützen suchten, was sie als Machtmißbrauch durch Washington ansahen«.

Als der durchaus nicht rassistische Sprecher der Montana-Miliz, Bob Fletcher, 1995 von einer Rockmusik-Zeitschrift interviewt wurde, legte er einen ungeheuren Abscheu gegen die Bundesregierung in Washington an den Tag, den er auch zu begründen suchte. Unter anderem mit folgenden Worten: »Wir wollen eins wissen: Warum richtet die amerikanische Armee zivile Gefangenenlager innerhalb von US-Basen ein? ... In Michigan sind sie schon in die Abwässerkanäle runtergegangen und haben dort Sensoren eingebaut zur Vorsorge, falls sich die Patrioten dort verbergen wollen.«

1992 hatte es einen schockierenden Vorfall gegeben, der die Behörden in finsterem Licht zeigte. US-Marshalls hatten die Hütte eines Separatisten namens Randy Weaver in Ruby Ridge, Idaho, gestürmt, der sich keines Verbrechens schuldig gemacht hatte. Dabei wurden Weavers Frau, Kind und Hund kaltblütig erschossen. Alle skandalösen Details dieses Falles, der heute in der offiziellen Berichterstattung immer noch als »irrtümlicher Tod eines üblen Rechtsextremisten« (der Weaver nicht war), heruntergespielt wird, finden sich in meinem Buch »VERTUSCHT. Wer die Welt beherrscht« (Argo-Verlag).

Ein Ereignis von immenser Bedeutung für die Milizen und ihre Unterstützer ist zweifellos die Waco-Tragödie von 1993. Dieses Ereignis sollte den über die Jahre der Rezession hinweg gewachsenen Argwohn von Millionen normalerweise nicht leicht erregbaren Bürgern gegenüber der Regierung in nie zuvor dagewesenem Maße steigern. Es bezieht seine symbolische Kraft bis heute aus vielen verschiedenen Aspekten des Dramas: dem schrecklichen Tod der Opfer, dem unvergeßlichen visuellen Eindruck des brennenden Lagers, dem ungeklärten Ursprung des Feuers und vor allem der unerklärlichen Dummheit, mit der die Regierung vorging, einer Dummheit, die zu Verschwörungstheorien geradezu herausfordert. Es besteht weitgehende Übereinstimmung darüber, daß ohne Waco die inneramerikanischen Konflikte einen wesentlich geringeren Umfang angenommen hätten. Darum lohnt es sich, diesen Vorfall gründlich unter die Lupe zu nehmen.

Der »Feind im eigenen Haus«

Seit dem Bombenanschlag auf das *Alfred P. Murrah Building* der Bundesbehörden in Oklahoma City am 19. April 1995, bei dem eine 2000-Kilo-Bombe 168 Tote forderte, grassiert in den USA extrem vermehrt die Vorstellung, der Feind säße im eigenen Land. Und zwar ganz oben. Das brachte auch der Oklahoma-Attentäter und hochdekorierte Golfkriegsveteran Timothy McVeigh zum Ausdruck, der am 11. Juni 2001 hingerichtet wurde. Er und die seinen hatten darum den zweiten Jahrestag der blutigen Erstürmung des Davidianer-Zentrums in Waco bewußt für ihr Oklahoma-Attentat gewählt.

Schon vor diesem Datum waren Gerüchte über düstere Komplotte so laut geworden, daß sie begannen, in die offizielle Politik und die Regierung einzudringen und in einigen Fällen deren Handlungen zu beeinflussen. 1994 äußerten die Vertreter eines US-Bundesstaates als erste ausdrücklich Furcht vor einer Weltverschwörung und verabschiedeten deshalb eine Entschließung, in welcher sie den Kongreß der Vereinigten Staaten aufforderten, »jede Unterstützung für die Errichtung einer ›neuen Weltordnung‹ oder irgendeiner Form von Weltregierung einzustellen«. Die Vertreter stammten ironischerweise aus Oklahoma ... Der Grundstein für solche Exzesse war ein Jahr früher von der »Obrigkeit« selbst in Waco, Texas, gelegt worden. Ob mit voller Absicht oder aus akkumulierter Unfähigkeit und Ignoranz, darüber streiten sich nach wie vor die Geister.

Als am 19. April 1993 eine Ansammlung von Blockhütten namens »Mount Carmel«, die außerhalb von Waco lag, von einer Polizeistreitmacht nach siebenwöchiger Belagerung plattgewalzt wurde, in Flammen aufging und 86 tote Belagerte hinterließ, darunter 17 Kinder, scheint der Deckel einer Büchse der Pandora aufgesprungen zu sein, in der es schon vorher gewaltig gebrodelt hatte. Das Ausmaß der Tragödie von Waco ist ohne Vorbild in der amerikanischen Geschichte. Es unterscheidet die Davidianer völlig von den anderen millenaristischen Gemeinschaften in den USA, denen sie in vieler Hinsicht sehr glichen. Sie erinnern eher an die Gruppen aus dem Mittelalter und aus dem 16. Jahrhundert, deren Erwartung eines blutigen Endes in dem Moment zur selbst sich erfüllenden Prophezeiung wurde, als sich die überlegenen Truppen der Obrigkeit auf sie warfen.

Besagte Hütten waren von einer wenig bekannten fundamentalistischen Sekte, den *Branch Davidians*, erbaut worden. Am 28. Februar 1993 drangen bewaffnete Bundespolizisten in den »Berg Carmel« ein, um ihn nach illegalen Waffen zu durchsuchen. Vier von ihnen wurden getötet. Das löste eine einundfünfzigtägige Belagerung aus, die abrupt endete, als die Regierung die Geduld verlor, Panzer schickte und CS-Gas einsetzte. Ein mysteriöses Feuer brach aus, und innerhalb von Minuten starben über achtzig Apokalypse-Gläubige in den Flammen.

Die Erklärung der Bundesregierung, die Anhänger von David Koresh hätten Waffen gehortet, Minderjährige mißbraucht und schließlich im Stil von Jonestown Massenselbstmord begangen, traf auf einen Widerstand, den man nicht einfach nur als die Weigerung, irgendetwas zu glauben, das von den Behörden kommt, interpretieren kann. Die Sympathie großer Teile der Öffentlichkeit für die toten Davidianer ging weit über das Mitgefühl hinaus, das man Opfern einer Verfolgung durch die Bundesbehörden bisher gezollt hatte. Waco rief bei einfachen Leuten heftige Reaktionen hervor. Millionen von Amerikanern, die nicht eine einzige Überzeugung hätten nennen können, die sie mit den Davidianern teilten, fanden zu ihrer eigenen Überraschung, daß sie sich die Frage stellten: »Auf welcher Seite stehe ich?«

Interessantes über wenig erörterte Hintergründe von Waco, äußert der US-Bestsellerautor Dean R. Koontz, den ich in meinem Buch »VERTUSCHT. Wer die Welt beherrscht« zu geheimen Vorgängen in den USA ausführlich zu Wort kommen lasse. Was Waco betrifft, so meint Koontz in seinem Buch »Dunkle Flüsse des Herzens«:

»Es ist eine Tatsache, daß David Koresh das Anwesen regelmäßig verließ und auf herkömmliche Art und Weise hätte festgenommen werden können. Nach der Belagerung durch Bundesbehörden stellte sich heraus, daß die Sektenmitglieder pro Kopf nur halb so schwer bewaffnet waren wie der Durchschnitt der texanischen Bevölkerung. Es ist ebenfalls eine Tatsache, daß die Jugendschutzbehörde des Staates Texas, die *Texas Child Protective Services*, vor dem Angriff Vorwürfen wegen Kindesmißbrauch nachgegangen war und sie als unbegründet befunden hatte … Paramilitärische Angriffe gegen Bürger sind in unserer Zeit eine Tatsache.« (Zitat-Ende)

Die fast völlige Zerstörung einer religiösen Gemeinschaft durch Bundesbehörden ist ohne Vorbild in der US-Historie. Die amerikanische Geschichte kennt eine lange Folge von abgekapselten millenaristischen Gruppen, die aus ihren Befestigungen auf eine von den Mächten des Bösen beherrschte Außenwelt gestarrt hatten, ohne von den jeweiligen Regierungen deswegen bekämpft zu werden. Die »apokalyptischen Radikalen« aus dem England des 17. Jahrhunderts fanden Zuflucht und Eigenstaatlichkeit in Rhode Island. Die Mormonen, deren Gebräuche weitaus exotischer waren als die der Davidianer, blieben in Utah völlig unbehelligt. Die Behörden ließen die »Shakers« — düstere Spiritualisten, die allen sexuellen Beziehungen abgeschworen hatten — in Frieden, bis sie durch das Praktizieren freiwilligen Zölibates ausstarben. Tatsache ist, daß alle diese früheren amerikanischen Gruppen im Gegensatz zu den Davidianern entweder bis heute überlebt haben oder von selbst verschwunden sind.

Waco war etwa Neues. Das geben selbst jene zu, die das Vorgehen der Regierung bei dieser Belagerung gutheißen. Kritiker des FBI werden nicht müde zu betonen, daß niemand hätte sterben müssen, wenn die Behörden nicht wie der sprichwörtliche Elefant im Porzellanladen vorgegangen wären. Ganz Mißtrauische sind überzeugt, daß es sich dabei keineswegs um Stümperei gehandelt haben kann, sondern um Absicht. Mit einem Wort: »Die Regierung, dein Feind!«

In den Monaten vor dem Desaster hatten sich Agenten des ATF (*Bureau of Alcohol, Tobacco and Firearms*), die als Studenten auftraten, so auffällig um das Lager herumgetrieben, daß Koresh gewarnt werden mußte. Es ist kaum ein Wunder, daß bei dem ersten Angriff der ATF-Behörde auf »Mount Carmel« am 28. Februar 1993 sowohl Bundespolizisten als auch Davidianer starben. Am Morgen der Durchsuchungsaktion selbst hatten die Davidianer zufällig entdeckt, was im Gange war. Obwohl die Beamten das wußten, zogen sie die Aktion durch, was vier von ihnen das Leben kosten sollte. Um der Stümperei (oder der Provokation?) die Krone aufzusetzen, war die Aktion noch dazu von zweifelhafter Legalität. Der Durchsuchungsbefehl gab den Behörden nämlich keineswegs das Recht, sich mit Gewalt Zugang zu verschaffen. Versuche, die Belagerten nach dem Angriff vom 28. Februar durch Einschüchterungstaktiken wie Flutlicht und Geräuschbombardement mürbe machen zu wollen, schienen vielen schon damals ebenso lächerlich wie kontraproduktiv. Manche meinten sogar, man wolle einen gewaltsamen Konflikt provozieren.

Das Ausmaß, in dem die Regierung entweder herumpfuschte oder eine Gewaltlösung herbeizuführen trachtete, wurde schon während der Belagerung bekannt. Im März 1993 schrieben James Dunn vom *Gemeinsamen Komitee der Baptisten* und Dean Kelley vom *Nationalrat der Kirchen* an Präsident Clinton und baten ihn, den Konflikt in Waco zu entmilitarisieren. Sie verwendeten in ihren Briefen unter anderem folgende Formulierungen: »Rachedrohungen und der Aufmarsch von Truppen und Panzern sind für die Gläubigen nichts als Beweis dafür, daß die Mächte dieser Welt gegen sie aufmarschiert sind. Ihr Engagement gegenüber ihrem Glauben ist höher als das, was andere Menschen für irgendeine Sache aufbringen. In ein solches Energiezentrum einzudringen, ist wie einen Finger in einen Dynamo zu stecken.«

Darüber hinaus versäumte es das FBI konsequent, auf Warnungen einzugehen. Noch schlimmer ist es für viele, daß es einen vorgeschlagenen Plan zur friedlichen Beilegung des Konfliktes ignorierte. Dr. James Tabor, Professor an der Universität von North Carolina, und Dr. J. Philipp Arnold, ehemaliger Professor an der Theologischen Hochschule von Houston, waren zu dem Schluß gekommen, daß man die Davidianer zur Kooperation bewegen könnte, indem man sie glauben machte, das sei der Wille Gottes. Da sie Koreshs Obsession für die sieben Siegel in der Offenbarung kannten, waren sie überzeugt, der Schlüssel zur Lösung der Affäre würde in der Stelle über das fünfte Siegel liegen. Dort wird den erschlagenen Märtyrern gesagt, »sie sollten noch kurze Zeit warten, bis die volle Zahl erreicht sei durch den Tod ihrer Mitknechte und Brüder, die noch sterben müßten wie sie«. Laut Tabor und Arnold wurde der Überfall durch das ATF vom 28. Februar von den Davidianern als die Tötung der ersten Märtyrer aufgefaßt und sogar begrüßt. Der Rest der Siegel-Prophezeiung konnte in ihren Augen erst erfüllt sein, wenn alle Gläubigen in »Mount Carmel« getötet worden waren. Danach würde Gott in seinem apokalyptischen Zorn intervenieren. Wenn man Koresh jedoch überzeugen konnte, Gott hätte mit der »kurzen Zeit« die Tage bis zum Ende der Belagerung gemeint, wonach er — Koresh — als Bezwinger der Krise sein geistliches Amt wieder aufnehmen könnte, wäre die Sache unblutig ausgestanden. Es wird nicht an die große Glocke gehängt, daß Koresh — nachdem er sich ein Tonband mit Tabors und Arnolds spezieller Interpretation des fünften Siegels angehört hatte — ein Dokument unterzeichnete, in dem er versprach, »Mount Carmel« zu verlassen, wenn er seine ausführliche schriftliche Erläuterung der sieben Siegel beendigt habe. Tatsächlich begann Koresh an dieser Abhandlung über die Siegel zu arbeiten. Er war gerade mit dem ersten Siegel fertig, als die Regierung die Panzer anrücken ließ.

Die Frage, wie die anschließende Feuersbrunst entstand, wird wahrscheinlich nie geklärt werden können. Vielen scheint die Theorie nicht allzuweit hergeholt, daß sie vom FBI verursacht wurde, wobei darüber gestritten wird, ob absichtlich oder unabsichtlich. Wie auch immer, die in das Lager geschossenen CS-Gas-Kanister enthielten Methylenchlorid, eine chemische Verbindung, die, wenn sie in großen Mengen verwendet wird, leicht entzündliche Gas-Luft-Gemische erzeugt und in geschlossenen Räumen als Explosionsrisiko gilt. Es erscheint unglaublich, daß die Behörden sich nicht bewußt waren, was für eine Anziehungskraft ein feuriger Märtyrertod auf gläubige Millenaristen ausübt. Die Möglichkeit, »Mount Carmel« könnte in Flammen aufgehen, wurde in den Verhandlungen mit den Davidianern mehrmals erörtert. Es überläuft den Leser kalt, wenn er im Transkript der Verhandlungen erfährt, was Koreshs Stellvertreter Steve Schneider den FBI-Beamten geraten haben soll: »Wenn Sie die Einschüsse an der Tür beseitigen wollten, die beweisen, daß es ATF-Leute waren, von denen die ersten Schüsse am 28. Februar abgefeuert wurden, dann sollten Sie doch den ganzen Ort niederbrennen, die Leute alle umbringen.« Später schlug er vor: »Wenn Sie die Belagerung beenden wollten, dann sollten Sie ein Streichholz an das Gebäude werfen, dann müssen die Leute rauskommen ... Wenn Sie mal die Gelegenheit haben, dann lesen Sie doch mal Jesaia 3.3 über Leute, die im Feuer leben und durch Feuer gehen und lebend wieder herauskommen.«

Ebenso klar mußte den Leitern des Sturmangriffs vom 19. April sein, daß ein gewaltsames Vorgehen den eschatologischen Erwartungen der Davidianer entgegenkam. Und last not least konnte überhaupt kein Zweifel daran bestehen, daß eine solche Aktion Wasser auf die Mühlen *aller* regierungskritischen Elemente und Verschwörungsfreunde sein *mußte*. Besagte Verschwörungsfreunde und Regierungsfeinde werden auch nicht müde, daran zu erinnern, daß nicht alle Toten durch Feuer gestorben sind. Etwa zwei Dutzend Menschen, unter ihnen Koresh, wurden erschossen. Andere wurden durch die Trümmer zerquetscht. Sechs Frauen starben an Rauchvergiftung, wenige Fuß von einem unterirdischen Notausgang entfernt, der durch einen Tank blockiert worden war.

Es fällt schwer, Eldridge Cleaver nicht zuzustimmen, der nach der Belagerung von Waco schrieb: »Der lautstarke Protestchor der Verteidiger bürgerlicher Freiheiten, dessen Jammern und Schreien bis zum Mars zu hören gewesen wäre, hätte sich dieses Ereignis unter Reagan oder Bush abgespielt, ist merkwürdig still geblieben. Das läßt sich nur durch ihre positive Voreingenommenheit für Clinton erklären und durch ihr Geschleime über die Tatsache, daß Janet Reno die erste Frau an der Spitze des Justizministeriums ist.«

Für den Durchschnittsamerikaner war die Kommune auf dem Berg Carmel allerdings weit weniger exotisch und viel amerikanischer als die Behörden den Bürgern weismachen wollte. Der exzentrische Eindruck, den der gitarrespielende »Messias« von »Mount Carmel«, Vernon Howell (wie David Koresh eigentlich hieß), hinterließ, hat dem Umstand verdunkelt, daß seine Anhänger, die *Branch Davidians*, einen kleinen und verkümmerten Zweig eines Baums repräsentierten, der tief im amerikanischen Boden wurzelt. Die größeren »Äste« sind die blühenden millenaristischen Sekten der USA: die Mormonen, Jehovas Zeugen und die gemäßigten Sieben-Tage-Adventisten. Weiter unten am Stamm finden sich Dutzende von kleinen abgestorbenen Zweigen, die einmal kleine millenaristische Kommunen waren. Darunter übrigens auch die sogenannten »Koreshianer«, die sich gegen Ende des 19. Jahrhunderts wenige Meilen südlich von Fort Myers in Florida niederließen, wo sie das Städtchen Estero gründeten, und mittlerweile ausgestorben sind. Lediglich ihre Wohnstätte wird als historisches Monument für sie und für ihren Gründer Cyrus Teed aufbewahrt. Auf diesen US-Bürger, der 1870 den Namen Koresh (Althebräisch für Cyrus) annahm, geht die originelle Idee zurück, wir würden auf der Innenseite einer riesigen Hohlkugel leben.

Anfang 1993 gehörten zu den Bewohnern von »Mount Carmel« Briten und Australier, Leute von karibischen Inseln und aus Hawaii sowie Festlandamerikaner; ein Millionär, diverse Arme, Menschen asiatischer, afrikanischer, indioamerikanischer und europäischer Abstammung, frühere Säufer und frühere Abstinenzler, ein argentinisch-israelischer Jude und ein Paar erwachsener Zwillinge. Ein echtes Spiegelbild des amerikanischen Schmelztiegels, auf den man lange Zeit so stolz war, auch wenn er heute nicht mehr so beliebt scheint. Obwohl sie sonst wenig gemeinsam hatten, gab es außer bei sieben Bewohnern bei allen anderen Beziehungen zu den Sieben-Tage-Adventisten, einer Glaubensgemeinschaft von acht Millionen Mitgliedern, deren biblischer Fundamentalismus von zahlreichen eigenwilligen Vorstellungen über die Rolle Christi und die Struktur der Geschichte überlagert wird.

All das hat sehr viel mit den Ursprüngen des Adventismus zu tun, der in der Nacht der »Großen Enttäuschung« vom 22. auf den 23. Oktober 1844 entstand, als der auferstandene Christus nicht, wie erhofft, den Jüngern William Millers erschien. Einer von ihnen, ein Bauer namens Hiram Edson, verließ die nächtliche Wache, um in einer Scheune zu beten. Dort hatte er eine Vision, die erklärte, warum der Herr nicht wiedergekommen war: Es hatte tatsächlich ein großes Ereignis stattgefunden, allerdings nicht auf Erden, sondern im Himmel, wo Jesus mit dem »Untersuchungsverfahren bei den Toten« begonnen hatte, und zwar zur Vorbereitung für seine Wiederkunft, bei der er Gericht über die Lebendigen halten würde. Edsons Vision wurde durch die streng blickende Hausfrau Ellen G. White weiterentwickelt, die zur Zeit der Großen Enttäuschung noch ein kränklicher Teenager gewesen war. »Schwester White« verschmolz das »Untersuchungsverfahren« mit dem unorthodoxen »Sabbatarianismus« eines Kapitäns aus Boston namens Joseph Bates. Dieser lehrte, daß auch die Christen den jüdischen Sabbat beachten müßten. Zu dieser Mischung fügte sie noch ein gewaltige Prise an neuen Lehren hinzu, von denen sich viele mit Diät und Gesundheit beschäftigten. Mrs. White betrachtete jeden Fleischgenuß mit Entsetzen und bekämpfte heroisch ihre eigene Sucht nach in Südstaatenmanier gebratenen Hähnchen. Sie war auch leidenschaftlich gegen Selbstbefriedigung. Zum Zeitpunkt ihres Todes mit achtundachtzig Jahren hatte sie 300 Visionen erlebt und mehr veröffentlicht als irgendeine andere Frau in der Menschheitsgeschichte. Damit erhielt der Sieben-Tage-Adventismus ein *Magisterium* von labyrinthischer Komplexität, wovon zwei Ideen für die Geschichte von Waco von großer Bedeutung sind.

Die erste von ihnen impfte den Sieben-Tage-Adventisten ein tiefes Mißtrauen gegen jedwede weltliche Autorität ein, das alle Bewohner von »Mount Carmel« sozusagen erbten. Ellen White lehrte, das Millennium werde nicht auf amerikanischem Boden stattfinden, weil die Nation mit dem Teufel im Bunde sei. Wahre Sabbatbeobachter könnten nichts anderes als Verfolgung von einer Regierung erwarten, die sie zwingen würde, zwischen den Gesetzen Gottes und denen der Menschen zu wählen. Einmal sah Mrs. White im Zustand der Trance voraus: »Wir alle flohen aus den Städten und Dörfern, aber wir wurden von den Bösen verfolgt, die mit einem Schwert in die Häuser der Heiligen eindrangen. Sie erhoben das Schwert, um uns zu töten, aber es zerbrach und fiel zu Boden, so kraftlos wie Stroh.« Während der Belagerung von »Mount Carmel« glaubten Koreshs Anhänger, diese Prophezeiung sei dabei, sich zu erfüllen, womit sie sich gründlich irren sollten.

Die zweite Lehre, die für die Waco-Episode wichtig ist, besagt, daß Gottes Wille sich allmählich in der Geschichte verwirklicht. Im Adventismus sind Jesu Lehren in keinem Sinn das letzte Wort. Sie werden vielmehr erläutert und sogar überlagert durch die Aussprüche späterer Propheten wie William Miller und Ellen White. Aber der Verwirklichung steht die Entartung der Welt gegenüber, deren Bewohner immer mehr verkommen, da sie sich dem Satan in die Arme werfen.

Es ist nicht schwierig, den Keim vieler Gedanken von David Koresh in diesen Lehren zu finden. Der Adventismus verschärft das traditionelle Mißtrauen gegen die Regierung durch seine Einstellung, es liege in der Natur aller Regierungen, die Gläubigen zu verfolgen. Die Vorstellung von einer prophetischen Kette, die sich »von Ewigkeit her in die Zukunft« erstreckt, läßt Raum für künftige Propheten, deren Aufgabe es ist, die Lehre weiter zu entwickeln, indem sie Teile der Bibel entschlüsseln, deren Bedeutung bisher dunkel geblieben ist. Genau das versuchte David Koresh mit der Öffnung der sieben Siegel im Buch der Offenbarung. Er tat das als selbsternannter »sündiger Messias«. Seine Sündigkeit war kein Widerspruch, da sie ja mit der Abwärtskurve der menschlichen Moral zusammenfiel, die auch völlig nüchternen Nicht-Eiferern in unseren Tagen nicht verborgen geblieben ist.

Mount Carmel war von Victor Houteff gegründet worden, einem in Bulgarien geborenen Waschmaschinenvertreter, der sich den Sieben-Tage-Adventisten 1918 angeschlossen hatte weil er sich von ihrer Sauberkeit und ihrer wörtlichen Auslegung der Bibel angezogen fühlte. Er wurde Lehrer an einer Schule der Sieben-Tage-Adventisten in Los Angeles und begann über die Endzeit zu meditieren. Houteff glaubte, ein großer Teil der Bibel sei in einem Geheimcode geschrieben, den nur er entziffern könne. Er beschäftigte sich auch ständig mit den Schrecken der Apokalypse und der bevorstehenden Wiederkunft Christi, Themen, von denen er glaubte, sie würden von der adventistischen Kirchenführung nicht genügend gewürdigt. Um 1930 hatte er sein eigenes Glaubensbekenntnis ausgearbeitet. Als er Änderungen in der Lehre der Sieben-Tage-Adventisten verlangte, wurde er zwangsweise von den Kirchentreffen ausgeschlossen.

1935 verließ er Kalifornien mit einem Dutzend Familien und siedelte sich mit ihnen auf einem Grundstück an, das er bei Waco in Texas gekauft hatte. Er nannte die Ansiedlung »Mount Carmel«, in Erinnerung an den Karmelberg, auf dem Elias mit Baal gekämpft hatte. Ein Besucher von 1937 schrieb: »Eines der bemerkenswertesten Dinge hier ist die frohgemute Haltung bei praktisch allen, Jungen wie Alten, gegenüber den Widrigkeiten, die mit der Pionierarbeit verknüpft sind … Man sollte sich ständig vergegenwärtigen, daß schon der Name des Ortes ›Mount Carmel‹ einen Platz bezeichnet, wo wir ernsthaft geprüft werden, ob wir Gott oder dem Baal dienen.« Wie Generationen von gläubigen Millenaristen vor ihm, beschäftigte auch Houteff die Aussicht auf die Rückkehr der Juden nach Palästina. Überzeugt davon, daß die königliche Herrschaft Davids wieder aufgerichtet werde, benannte er seine Gruppe in »Davidianer« um.

1957, zwei Jahre nach Houteffs Tod, waren die unter Geldsorgen leidenden Davidianer gezwungen, an eine andere Stelle umzuziehen, zu eben dem Gelände, das durch die Belagerung berühmt werden sollte. In den nächsten Jahren kam es zur Gründung von Splittergruppen. Die wichtigste dieser Absplitterungen war die von Ben Roden geführte, die er *Branch Davidians* nannte. Nach seinem Tod 1978 übernahm seine Witwe Lois die Führung und fügte eine eigene Note zur Theologie der Sekte hinzu: Der Heilige Geist, so kündigte sie an, sei die weibliche Komponente in der Dreifaltigkeit. Als sie 1986 starb, ging die Führung kurz an ihren Sohn George, ein inkompetentes, verwirrtes Individuum, das nur wenige Bewunderer fand. Aber zu diesem Zeitpunkt war bereits eine kraftvolle Gestalt präsent: Vernon Howell alias David Koresh, ein Rock-Gitarrist mit einer phantastisch ins Detail gehenden Kenntnis der Bibel und einem überwältigenden Drang, ihre Geheimnisse zu enthüllen.

Vernon Howell, so ein Sprichwort, »blies Sauerstoff — oder vielleicht Ammoniak — in die Nasenlöcher einer im Ersticken begriffenen Sekte.« Er war eine in jeder Hinsicht sehr ungewöhnliche Persönlichkeit. Die von vielen Kommentatoren benutzte Floskel »charismatisch« trifft die Sache nicht ganz: Er konnte stundenlang aus dem Stegreif predigen, aber in einem umgangssprachlichen, mit Slang durchsetzten Stil, den man normalerweise nicht von einem selbsternannten Messias erwartet.

Besucher in »Mount Carmel«, die einen wildblickenden Propheten erwartet hatten, waren oft von seiner lässigen Art überrascht. Er stand Stunden später auf als alle anderen und trommelte sie dann im Vortragssaal zusammen, damit seine Jünger seine Predigt hörten, die bis in den frühen Morgen hinein dauerte. Während er sprach, aß er vielleicht ein Eis am Stiel oder sonst irgendeine Leckerei, die den Gläubigen verboten war. Diese mußten eine vegetarische Diät einhalten, deren Zusammensetzung häufig geändert wurde. Aber das schien ihnen nichts auszumachen.

Howell/Koresh richtete die Aufmerksamkeit der Davidianer auf die Unvermeidbarkeit eines titanischen apokalyptischen Kampfes zwischen den Kräften des Guten und des Bösen (das klingt irgendwie vertraut, wenn man auf die Töne lauscht, die seit dem 11. September 2001 in »God's Own Country« erklingen). Er glaubte, daß die Prophezeiungen der »Sieben Siegel«, die im Buch der Offenbarung nacheinander geöffnet werden, sich jetzt erfüllen würden. Sein Verständnis der Mächte der Finsternis, wie sie in der Offenbarung und anderen biblischen Texten dargestellt sind, war sehr viel eindeutiger als das früherer davidianischer Führer. Der Gedanke, daß die Getreuen einem Entscheidungskampf auf Leben und Tod darüber entgegensahen, ob sie dem Willen Gottes gehorchen wollten oder dem der Menschen, gehörte sozusagen zum Gerüst des Lebens in »Mount Carmel«. Aber erst unter der Führung von Koresh wurde dieser Kampf ausschließlich unter dem Aspekt des Kampfes mit den Bundesbehörden gesehen.

Hinter dieser Identifikation der Regierung mit den Kräften der Zerstörung und der Entschlossenheit, ihnen eisern zu widerstehen, steckt eine zutiefst amerikanische Mentalität. Sie speist sich aus dem Mythos, »wahre Gläubige« — ob sie nun an die Bibel glauben oder an den amerikanischen Weg — müßten gegen eine Gesellschaft stehen, die durch die

Mächte des Bösen vereinnahmt worden ist. Dieser Mythos ist jedem *Redneck* in Texas vertraut, wie man die ländlichen armen Weißen im Süden nennt, die regelmäßig Waffenschauen besuchen.

Interessant ist die Aussage von Graeme Craddock, einem überlebenden Jünger von Koresh, vor dem Schwurgericht: »Wir hatten den Eindruck, daß wir von den Behörden unter die Lupe genommen werden sollten. Unser Verständnis der biblischen Prophezeiungen war, daß uns eine lange Belagerung bevorstand.« Genau das brachte unmittelbar nach der Belagerung Professor Michael Barkun, eine in der ganzen Welt anerkannte Autorität in Sachen Endzeitsekten, mit klaren Worten auf den Punkt: »Die Aktionen der Regierung vergrößerten fast mit Sicherheit die Entschlossenheit der im Lager Befindlichen, schüchterten die Zweifler ein und erhöhten Koreshs Ansehen, indem sie seine Voraussagen bestätigten.«

Eine Tatsache bleibt bestehen: Obwohl Koresh und seine Anhänger die Geduld eines jeden Staates auf eine harte Probe gestellt hätten, begann die Belagerung von »Mount Carmel« nicht mit einer staatsfeindlichen Aktion der Davidianer, sondern mit einer bewaffneten Intervention der Bundesbehörden.

Verschwörungstheorien zu Waco, die von einer Reihe von unbeantwortet gebliebenen Fragen ausgingen, fanden in den Vorstädten ebenso aufnahmebereite Zuhörer wie in den rechten separatistischen Kommunen im eher pazifistischen Nordwesten. Die Unruhe in der Öffentlichkeit, die auf Waco folgte, war komplexer und ging tiefer, als es zunächst aussah. Ihr Hauptmerkmal war eine gesteigerte Feindseligkeit gegenüber den Bundesbehörden. Sie läßt sich teilweise auf die äußerst stümperhafte Behandlung der Angelegenheit durch diese zurückführen, sie wurzelt aber auch in untergründigen Ängsten, die seit dem amerikanischen Bürgerkrieg niemals aufgehört haben (mehr zu den seltsamen Umtrieben im Zusammenhang mit dem Sezessionskrieg in meinem Buch »VERTUSCHT. Wer die Welt beherrscht«, erschienen im Argo-Verlag).

Die Tragödie von Waco hat die neue Stimmung nicht geschaffen, wohl aber dazu beigetragen, die Haltung der Konservativen auf dem Land zu verhärten, die sich ohnehin bedroht fühlen und in ihren Freizeitmilizen das perfekte Ventil für ihre Aggressionen gefunden haben. Obwohl es keine wirklich verläßlichen Schätzungen gibt, gilt es als wahrscheinlich, daß sich die meisten der etwa 100 000 (offiziellen) Milizangehörigen den Milizen in den Jahren zwischen Waco und Oklahoma angeschlossen haben.

Ruby Ridge, Waco und Oklahoma kann man als Scharmützel in einem langandauernden Konflikt sehen oder als Erdbeben entlang einem Grabenbruch, der sich durch die ganze Nation zieht. Die Metapher ist unwichtig; wichtig ist es, diese Geschehnisse in dem Kontext einer sich verbreiternden Kluft zwischen Weltanschauungen zu sehen. In keiner anderen Nation ist diese Kluft so ausgeprägt; aber schließlich verdankt auch keine andere Nation ihre Entstehung der Vorstellung eines immerwährenden Kampfes zwischen Gut und Böse.

Im Sommer 1995 reiste John Weir, der für das New Yorker Großstadtmagazin »Details« schreibt, auf den Spuren religiösen Eiferertums von Arizona nach Oklahoma. Nachdem ihn Dutzende von Rednecks vor der heimlichen Präsenz des »Tiers der Offenbarung« (666, das kennen wir ja) gewarnt hatten (in Gestalt des Präsidenten Clinton, des FBI, der Vereinten Nationen und der Juden), kam er zu dem Schluß: »Es gibt in der Tat einen Kampf um die Seele dieses Landes, einen Kampf, der so konfus und aufregend ist, wie er aussieht, und es sind die Paranoiker, die ihn gewinnen.«

Der Kampf, auf den Weir sich bezog, wird oft mit geographischen Metaphern beschrieben: als der einer Elite in den Küstenstädten gegen die Landbewohner der amerikanischen Mitte. Das Bombenattentat von Oklahoma, die 353 Milizen, die wiederentdeckte Leidenschaft für die Rechte der Einzelstaaten und der Triumph der christlichen Rechten in den Zwischenwahlen von 1994, all das paßt in die Landschaft. Es ist allerdings nicht ganz einfach, die genaue Beziehung dieser Phänomene untereinander zu beschreiben, wie ein prägnantes Beispiel zeigt.

Die »Straßenschilder-Verschwörung«

Eine der gängigsten Theorien ist die bevorstehende Übernahme der USA durch ausländische Streitkräfte im Solde der Vereinten Nationen. Diese Vorstellung war stark genug, um die Verkehrsbehörde in Indiana zur Änderung der Straßenschilder zu zwingen. Nach Meinung lokaler Protestler waren Zahlen, die auf der Rückseite der Schilder standen, in Wirklichkeit geheime Signale für besagte Invasionsarmeen. Eine Sprecherin der dortigen Verkehrsbehörden zu den skurrilen Vorgängen: »Leute riefen an und sagten, wir (die Verkehrsbehörden) würden zu dem Plan einer Machtübernahme durch die UN gehören. Und dann sagten sie, daß sie die Zeichen jetzt übermalen würden. Es ging so weit, daß wir es nicht mehr ignorieren konnten.«

Schließlich wurden die Straßenschilder offiziell ausgewechselt, um

»diejenigen unter den Autofahrern zu beruhigen, die einen solchen Verdacht hegten.« Die »New York Times« berichtete all das in dem verständnislosen und indignierten Tonfall, in dem die liberalen Medien alles kommentieren, was in der konservativen Mitte der USA vor sich geht. Genau der Ton, in dem »progressive« Schreiber in den 1980er Jahren den Aufstieg der religiösen Rechten zu kommentieren pflegten. Besagte Aufsteiger sind mittlerweile so mächtig geworden, daß sich den herablassenden Kommentatoren die sprichwörtlichen Grausbirnen aufstellen. Dabei hätte gerade den Redakteuren der »New York Times« die Tatsache zu denken geben sollen, daß sie sich mit diesem Phänomen seit Jahrzehnten in steigendem Maße auseinandersetzen mußten. So bietet ein Artikel in besagter Zeitung vom Juni 1963 eine repräsentative Auswahl damals gängiger Verschwörungstheorien, die mittlerweile in unglaublicher Weise zugenommen haben. Bereits in diesen Tagen wurden Behauptungen wie die folgenden todernst genommen:

- 35 000 bewaffnete Rotchinesen, die zur Täuschung pulverblau gefärbte Uniformen tragen, stehen an der mexikanischen Grenze bereit, um in San Diego einzumarschieren.
- Die USA haben (oder sind gerade dabei, es zu tun) ihre Armee, Marine und Luftwaffe dem Befehl eines russischen Obersten bei den Vereinten Nationen unterstellt.
- Fast jeder bekannte politische Führer der USA oder der Freien Welt ist in Wirklichkeit ein kommunistischer Spitzenagent.
- Ein von der US-Armee durchgeführtes Partisanenkriegsmanöver in Georgia ist in Wirklichkeit eine Militäroperation der Vereinten Nationen, mit der die UN ihre Machtübernahme in den USA vorbereiten.

Klingt das nicht irgendwie vertraut, lediglich erweitert um UFO-Verschwörungen und ähnliches?

Mittlerweile hat das traditionelle Mißtrauen vieler Amerikaner gegen die eigene Regierung eine neue Dimension gewonnen. Der Historiker Garry Wills, einer der wenigen Experten, die wirklich etwas von der Mentalität der Fundamentalisten verstehen, meinte, es wäre etwas grundsätzlich Neues an den Gruppen, die nach dem Bombenattentat von Oklahoma entstanden sind. In seinen Kommentaren findet sich folgende Analyse: »Wie weit auch immer diese Gruppen voneinander entfernt sind — einige bejahen Gewalt, andere nicht, einige sind religiös, andere säkular, einige millenaristisch, andere pragmatisch —, sie alle sind sich einig in ihrer Furcht vor der Regierung, und sie haben eine komplizierte Analyse des Repressionsapparates der Regierung erstellt, eine Analyse, die auch viele Nichtextremisten in dem einen oder anderen Punkt teilen.«

Mittlerweile dringen Angst und Ablehnung gegenüber der Regierung auch in die gemäßigte Politik ein. Allein in einem Jahr der 1990er haben laut »New York Times« fünfzehn US-Bundesstaaten Resolutionen verabschiedet, die den zehnten Zusatz (*tenth amendment*) zur amerikanischen Verfassung bekräftigten. Dieser behält den Einzelstaaten alle Rechte vor, deren Ausübung ihnen nicht ausdrücklich durch die Verfassung der USA untersagt ist oder die nicht durch diese an die Bundesregierung delegiert sind. Eine tatsächliche Subsidiarität, von der EU-Bürger lediglich träumen können, auch wenn sie ihnen versprochen worden ist. Ein Faktum, das nicht nur EU-Kritiker seit Jahren beklagen.

1991 analysierte James Davison Hunter, Professor an der Universität von Virginia, in seinem Buch »Culture Wars: The Struggle to Define America« (Krieg der Kulturen: Der Kampf um eine Definition Amerikas) das Entstehen einer Spaltung im gesamten öffentlichen Leben der USA im Verlauf des 20. Jahrhunderts, die politische Parteien, akademische Berufe und religiöse Institutionen betrifft. Entlang dieser Trennlinie wird der »Krieg der Kulturen« um die Kontrolle über die säkulare amerikanische Kultur ausgefochten. Auf der einen Seite finden sich christliche Fundamentalisten, traditionalistische Katholiken, orthodoxe Juden, konservative Republikaner und Demokraten; auf der anderen progressive Protestanten, Katholiken, Juden und das »liberale Establishment« in Politik, Rechtswesen und Universitäten. Hunter konstatierte, daß die Moralbegriffe, die man auf der jeweiligen Seite dieses Grabens antrifft, mehr Gemeinsamkeiten aufweisen als diejenigen, die Angehörige der gleichen Partei oder Konfession verbinden. Ein liberaler Jude hat demnach mehr mit einem nicht-religiösen Humanisten gemeinsam als mit einem orthodoxen Juden, und ein fundamentalistischer Baptist wie Patrick Buchanan fühlt sich in der Gesellschaft eines konservativen Katholiken wohler als in der eines liberalen Baptisten wie Bill Clinton. Das ist nicht neu. Schon die europäische Ritterklasse hat sich mit den Edelleuten anderer Nationen weit mehr verbunden gefühlt als mit der eigenen Bauernschaft. So konnte es geschehen, daß miteinander Krieg führende Ritterheere Frankreichs und Englands das Gemetzel unterbrachen, um sich gegen die Bauern zu verbünden, die geglaubt hatten, der Zeitpunkt für einen Aufstand sei günstig. Nach der »Erledigung« der Bauern widmeten sich die Ritter dann wieder mit neuer Kraft der gegenseitigen Bekriegung, so, als sei nichts geschehen. Und selbst noch im Ersten Weltkrieg pflegten etwa die Flieger der im Kampf miteinander stehenden

Nationen in den Pausen zwischen den Luftkämpfen gesellschaftliche Kontakte voll gegenseitiger Hochachtung. Für die »gemeinen Infanteristen« ihrer jeweils eigenen Nationen hatten sie nur gemeinsame Verachtung übrig.

Zurück zum kommenden oder schon in voller Blüte stehenden amerikanischen »Krieg der Kulturen«, der sich mittlerweile den Weg in den öffentlichen Diskurs gebahnt hat. Die brandende Diskussion beleuchtet nicht nur die Kämpfe, die über Abtreibung, Familie, Erziehung und Recht ausgefochten werden, sondern wirft auch ein Licht auf die Angstgefühle, die viele Amerikaner in den letzten Jahren überfallen haben. Diese Angst ist nicht entstanden, weil eine Vision der Zukunft fehlte; sie entsteht aus der Tatsache, daß es im Grunde zwei verschiedene Visionen der USA und ihrer Zukunft gibt: eine liberale und eine traditionalistische — und es gibt sehr wenig Gemeinsamkeiten zwischen beiden.

Die liberale Seite versucht seit Jahren, die amerikanischen Bürger zu neuen Verhaltensmustern zu zwingen, und zwar durch das Recht auf Abtreibung oder die Aufnahme von Homosexuellen in die Armee sowie durch umfassende Sprachregelungen, die der *political correctness* entsprechen. Für die Millionen von Amerikanern, die »good old America« nachtrauern, in dem ein Facharbeiter ein Haus bauen und eine mehrköpfige Familie ernähren konnte, die von seiner daheim befindlichen Frau liebevoll gepflegt und bekocht wurde, ist genau das ein Grund zur Aggression.

Die Davidianer und die Bundesbehörden sind vielleicht nicht gerade überzeugende Repräsentanten der konservativen und der liberalen Seite, aber sie gehören zu den gegnerischen Lagern im Krieg der Kulturen zwischen dem Traditionellen und dem Weltlichen. Die absolute Ignoranz, die nach Ansicht vieler Experten jeder in der für Waco verantwortlichen Bundesregierung (von der Innenministerin Janet Reno abwärts) in der Frage apokalyptischer Glaubensüberzeugungen bewies, ist charakteristisch für das liberale Establishment, das von immer mehr US-Bürgern als »der Feind« angesehen wird.

Die weit verbreitete Furcht vor einer neuen Weltordnung, deren »Werkzeug« die jeweilige Regierung ist, wird von den amerikanischen Medien in der Mitte des Spektrums zwar nicht geteilt, aber häufig von ihnen als Indiz dafür zitiert, daß die USA in ein neues Zeitalter der Angst eingetreten sind. Der Angst, in einer Endzeit zu leben, deren Vorboten — beispielsweise Börsencrashs — bereits da sind …

Kuriose Typen und Allianzen

Millionen von fundamentalistischen Christen in Amerika glauben, daß die Entscheidungsschlacht zwischen den Streitkräften Gottes und des Satans noch zu ihren Lebzeiten beginnen wird. Obwohl viele von ihnen hoffen, daß sie zum Himmel entrückt werden, ehe der Kampf beginnt, macht sie die Aussicht wütend, die »wahren Christen« könnten von einer Regierung entwaffnet werden, die möglicherweise unter der Kontrolle des bösen Feindes steht. Diese Denkweise erklärt die starke Unterstützung der Fundamentalisten für die Milizbewegung, die in ihren Augen den doppelten Zweck erfüllt: die Amerikaner wieder in Kontakt mit ihren historischen Wurzeln zu bringen und sie gleichzeitig auf die kommende apokalyptische Schlacht vorzubereiten. Sie erklärt auch, warum sich Millionen bibelgläubiger Christen so stark mit den Davidianern identifizierten, obwohl deren Theologie Lichtjahre von jener der fundamentalistischen Orthodoxie entfernt war. Was an die tiefsten Instinkte der Sympathisanten appellierte, war die Entschlossenheit der Davidianer bis zum Letzten gegen einen übermächtigen Feind zu kämpfen.

Konservative Evangelikale haben gemerkt, daß sie am effektivsten auf lokaler Ebene agieren. Seit ihrem mißlungenen Versuch von 1988, mit der Präsidentschaftskampagne des Sektenführers Pat Robertson die Mitte zu erobern, haben sie Schritt für Schritt eine Machtbasis von Stadtverordneten, Elternbeiräten und anderen Funktionären in den Regierungen der einzelnen Bundesstaaten aufgebaut. So kommt es, daß Anhänger von Verschwörungstheorien Eingang in die offizielle Politik finden, wenn auch bisher nur auf der Ebene der Bundesstaaten und darunter. Als Beispiel wird der Senator von Colorado, Charles Duke, genannt, der laut »New York Times« von Juli 1995 von der Regierung in Washington gesagt haben soll: »Sie hatte das Motiv, die Mittel und die Gelegenheit, die Bombe von Oklahoma zu legen.«

Aufdecker aller Art profitieren von den emotionalen Wechselbädern, denen der Durchschnittsamerikaner in den vergangenen Jahrzehnten ausgesetzt war. Einen Mangel an Wechselbädern hat es wahrlich nicht gegeben: zuerst die Desillusionierung durch Vietnam, die die Hippiebewegung ins Leben gerufen hat, dann das nationale Hochgefühl nach dem Golfkrieg von 1991 und ein Jahrzehnt später die nationale Depression nach dem 11. September 2001 mit ihrem darauf folgenden Patriotismusschub. Weiteres dürfte noch zu erwarten sein.

Der damit verbundene neue Fundamentalismus floriert in für Europäer unvorstellbarem Maße. Da er ein anderes Gesicht trägt als in den 1960ern, in denen Bibelfanatiker geschniegelt oder rustikal dahergekommen sind, wird er von den Medien der Alten Welt meist gar nicht als solcher erkannt. Reist man durch Texas oder Oklahoma, kann man feststellen, daß die knallharten »Redneck-Frömmler« heute so aussehen wie die einstmaligen langhaarigen Motorrad-Hippies, die von genau den knallharten Redneck-Frömmlern in Filmen wie »Easy Rider« umgebracht wurden. Manche Alt-Hippies aus den 1960er Jahren haben sich in christliche Fundamentalisten verwandelt, die an »das Tier 666« glauben. Diese kulturelle Vermischung gilt mit ziemlicher Sicherheit für jemanden wie David Koresh und auch für die rechtsextremen Überlebens-Kommunen, die in Idaho oder Washington neben echten Hippies hausen. Dem Mythos des gottesfürchtigen Außenseiters, des »echten Amerikaners«, der in der Wildnis lebt, wird von wiedergeborenen Christen in den Vorstädten ungeheurer Respekt gezollt. Viele von ihnen sind begeisterte Anhänger der Waffenlobby.

Die Vernichtung der beiden Türme des World Trade Centers führte für gewisse Zeit zu einem Schließen der Risse in der amerikanischen Gesellschaft. Ob Milizionär, christlicher Fundamentalist, progressiver Liberaler oder was auch immer, sie alle versammelten sich hinter der Fahne und starrten gemeinsam voll Unverständnis in den unheimlichen »Rest der Welt«, aus dem die monströsen Attentäter offenbar gekommen waren. Wie zum Ausgleich erblühten dafür in besagtem »Rest der Welt« die unglaublichsten Verschwörungstheorien. Sie wurden sogar von Leuten diskutiert, die früher keinen Gedanken an derartiges verschwendet hätten und grassieren mittlerweile auch in den USA selbst, auch wenn sie offiziell keiner Zeile und keines Wortes gewürdigt werden.

Das Jahrhundertattentat vom 11. September

»Die Geschichte ist die Lüge,
auf die sich alle geeinigt haben.«
Napoleon Bonaparte

Die nach dem 11. September auch in Amerika aufgeworfene Frage, wieso es rings um die Welt größere Menschengruppen geben kann, die in den USA nicht ein beklagenswertes Opfer sehen, sondern einen Aggressor, scheint mittlerweile als »frevelhafte Verschwörungstheorie« zu gelten, wie Präsident George W. Bush solche Äußerungen vor der UN-Hauptversammlung am 10. November 2001 genannt hat. In der Zwischenzeit muß jeder mit dem nicht ungefährlichen Vorwurf des »Anti-Amerikanismus« rechnen, der in den Vereinigten Staaten von Amerika nicht die moralische Leitfackel der freien wie auch der noch nicht freien Welt erblickt. Mittlerweile werden nämlich sogar in Deutschland Lehrer wegen »Anti-Amerikanismus« suspendiert, wenn sie den Schülern Tatsachen berichteten — beispielsweise, daß die USA mit der Zahlung ihrer UNO-Beiträge im Rückstand sind.

Uneinsichtige lassen sich trotzdem nicht völlig von dem Gedanken abbringen, die jahrzehntelange offizielle, ganz besonders aber die *inoffizielle* US-Außenpolitik könne vielleicht doch da und dort zu leichten Verstimmungen geführt haben. Von manchen wird in dem Zusammenhang auf den US-Senator Tom Church als Leiter des Untersuchungsausschusses über »Angebliche Mordpläne an ausländischen Politikern« verwiesen, der 1976 die Veröffentlichung des 350seitigen Untersuchungsberichtes mit einigen Worten zum »Sumpf der amerikanischen Außenpolitik« einleitete. O-Ton Church:

»Wir beseitigten die Regierung von Guatemala, als uns ihre linke Richtung mißfiel; wir versuchten einen Bürgerkrieg gegen Sukarno in Indonesien anzuzetteln; wir intervenierten, um den Schah wieder auf den Thron in Iran zu bringen, nachdem (der gewählte Ministerpräsident) Mossadegh die Monopolherrschaft von *British Petroleum* über das iranische Erdöl gebrochen hatte; wir versuchten in der Schweinebucht eine Konterrevolution in Kuba zu starten; wir führten sogar einen geheimen Krieg in Laos und bezahlten Angehörige des Meo-Stamms und thailändische Söldner, daß sie da für uns kämpften.

Alle diese Einsätze wurden ohne Wissen und Einverständnis des Kongresses begonnen. Kein Land war zu klein, kein Staatsmann zu unbedeutend, um unserer Aufmerksamkeit zu entgehen.

Wir schickten Gift mit der Absicht in den Kongo, Lumumba mit einer tödlichen Krankheit zu infizieren; wir bewaffneten Dissidenten in der Dominikanischen Republik, obwohl wir ihre Absicht kannten, (den Staatschef) Trujillo umzubringen; wir waren Teil eines militärischen Staatsstreichs in Südvietnam, mit dem dieselbe Regierung gestürzt wurde, die wir versprochen hatten zu verteidigen …

Jahrelang versuchten wir, Fidel Castro und andere kubanische Staatsmänner zu ermorden. Die verschiedenen Anschläge verteilten sich auf drei US-Regierungen und schlossen eine ausgedehnte Zusammenarbeit zwischen CIA und Mafia ein.«

Angesichts dieses haarsträubenden Sündenregisters in besagtem Senatsbericht erließ der damalige US-Präsident Gerald Ford ein offizielles

Verbot solcher Auftragsmorde. Trotz dieses Verbotes haben die USA in den vergangenen Jahrzehnten in Nicaragua, Grenada, El Salvador, Panama, Irak und Afghanistan so manchen Kollateralschaden verursacht, wie man heute das Liquidieren von unschuldigen Zivilisten in kleinen Gruppen oder massenweise schönfärberisch zu nennen pflegt. Dazu eine kurze Chronologie: Korea (1950 bis 1953), Guatemala (1954, 1967 bis 1969), Indonesien (1958), Kuba (1959 bis 1961), Belgisch-Kongo (1965), Vietnam (1961 bis 1973), Laos (1964 bis 1973), Kambodscha (1969 bis 1970), Grenada (1983), Iran (via Irak, 1980 bis 1988), Lybien (1986), Panama (1989), El Salvador (achtziger Jahre), Nicaragua (achtziger Jahre), Irak (permanent seit 1991), Bosnien (1995), Sudan (1998), Serbien (1999), Afghanistan (2001/2002).

Klingen die folgenden Zeilen nicht irgendwie vertraut? Hat man ähnliche Formulierungen nicht auch schon von besonders radikalen Verschwörungstheoretikern gehört?

»Ein ökonomisch fundierter Imperialismus wird natürlich einen Zustand der Erde herbeizuführen suchen, in welchem er seine wirtschaftlichen Machtmittel wie Kreditsperre, Rohstoffsperre, Zerstörung der fremden Währung usw. ungehindert anwenden kann und mit ihnen auskommt. Er wird es als ›außerökonomische Gewalt‹ betrachten, wenn ein Volk oder eine andere Menschengruppe sich der Wirkung dieser ›friedlichen‹ Methoden zu entziehen sucht. Er wird auch schärfere, aber immer noch ›wirtschaftliche‹ und daher (nach dieser Terminologie) unpolitische, essentiell friedliche Zwangsmittel gebrauchen, wie die Unterbindung von Nahrungsmittelzufuhr an die Zivilbevölkerung und Hungerblockade.

Schließlich verfügt er noch über technische Mittel gewaltsamer physischer Tötung, über technisch vollkommene moderne Waffen, die mit einem Aufgebot an Kapital und Intelligenz so unerhört brauchbar gemacht worden sind, damit sie nötigenfalls auch wirklich gebraucht werden. Für die Anwendung solcher Mittel bildet sich allerdings ein neues, essentiell pazifistisches Vokabularium heraus, das den Krieg nicht mehr kennt, sondern nur noch Sanktionen, Strafexpeditionen, internationale Polizei, Maßnahmen zur Sicherung des Friedens. Der Gegner heißt nicht mehr Feind, aber dafür wird er als Friedensbrecher, Friedensstörer und hors l'humanité gesetzt, und ein zur Wahrung oder Erweiterung ökonomischer Machtpositionen geführter Krieg muß mit einem Aufgebot von Propaganda zum ›Kreuzzug‹ und zum ›letzten Krieg der Menschheit‹ gemacht werden.«

Tatsächlich sind diese erstaunlich modernen Ausführungen mehr als siebzig Jahre alt. Sie stammen aus der Schrift »Der Begriff des Politischen«, verfaßt 1932 vom Jusprofessor Carl Schmitt, dem führenden Rechtsgelehrten des Dritten Reiches.

Auch wenn es offiziell streng verboten ist, derartiges auch nur zu denken, vom Aussprechen ganz zu schweigen, so wird immer wieder hinter vorgehaltener Hand gemunkelt, der WTC-Anschlag erinnere fatal an das zynische Sprichwort: »Bereite zuerst die Lösung vor, dann schaffe das Problem.« Besonders Unkorrekte weisen auf den »Silk Road Strategy Act« hin, der etwa ein halbes Jahr vor dem Attentat vom US-Kongreß verabschiedet wurde und mit dem das strategische Interesse der USA an der Ölförderung und der Pipelinehoheit in dieser Region angemeldet wird.

Unmittelbar nach dem WTC-Anschlag war lautstark die Rede von einem »zweiten Pearl Harbor«. Ein Vergleich, der alsbald aus der Polemik verschwand, anscheinend in allgemeinem Konsens. Verschwörungsfans glauben zu wissen, warum. Sie empfehlen einen eingehenden Blick auf die Vorgeschichte wie auch auf die Vorgänge rings um den japanischen »Überraschungsangriff« vom 7. Dezember 1941. Tun wir diesen Blick und sehen wir, ob der Vergleich wirklich sicher macht, wie es in der Werbung so treffend heißt:

Schon 1932 und 1938 war Pearl Harbor zweimal bei Marinemanövern übungshalber »überfallen« worden. Jedes Mal erwies sich die Verteidigung als völlig überfordert. Deshalb galt der Stützpunkt als besonders verwundbarer Marinehafen. Als Präsident Roosevelt befahl, die Flotte von der Westküste in diese Gefahrenregion zu verlegen, protestierte der regierende Admiral Richardson vehement dagegen und weigerte sich schließlich sogar, den Befehl auszuführen. Er wurde durch Admiral Kimmel ersetzt, der sich dann nach dem japanischen Angriff wegen Nachlässigkeit vor einem Untersuchungsausschuß verantworten mußte. Kimmel wurde freigesprochen, als herauskam, daß man ihm alle Informationen aus entschlüsselten japanischen Nachrichten vorenthalten hatte. Ein Marinebericht von 1946 enthielt den Hinweis auf 188 entschlüsselte Nachrichten, die eindeutig auf den bevorstehenden Angriff samt Datum und Uhrzeit hinwiesen. Darüber hinaus hatten holländische, britische und russische Nachrichtendienste die USA vor einem bevorstehenden japanischen Angriff gewarnt, doch auch diese Meldungen waren in Washington zurückgehalten worden. Es ist in dem Zusammenhang interessant, daß alle Informationen über den geknackten japanischen Code immer noch geheim sind und frühestens 2027 freigegeben werden sollen. (Etwa zur selben Zeit, wenn eine halbe Million Verschlußseiten zum JFK-Attentat endlich öffentlich werden sollen. Das nur am Rande).

Als die Professoren Charles Beard und Harry Elmer Barnes — zwei der in den 1920er und 30er Jahren angesehensten Historiker der USA — die offizielle Regierungsversion zu Pearl Harbor ablehnten, wurden sie denunziert und aus dem Lehrbetrieb entfernt.

Am 25. November 1941 notierte der US-Verteidigungsminister Henry Stimson (1888–1950), Mitglied des ominösen *Skull & Bones*-Ordens, dem auch der Bush-Clan angehören soll und der Minister unter sieben US-Präsidenten war, nach einer Unterhaltung mit Präsident F. D. Roosevelt über die Japaner in sein Tagebuch: »Die Frage war, wie man sie in eine Position manövrieren könnte, in der sie den ersten Schuß abgeben würden, ohne daß uns allzuviel passiert ... Es war wünschenswert, sicherzustellen, daß die Japaner dies wären (die den ersten Schuß abgeben), so daß niemand auch nur den geringsten Zweifel haben könnte, wer der Aggressor war.« Keine zwei Wochen später war es dann soweit.

Der »Überraschungsangriff«, dem etwa viertausend Marines in 13 Schiffen aus dem Ersten Weltkrieg zum Opfer fielen, nicht aber die sechs Flugzeugträger, die sich am Angriffstag »zufällig« auf Manövern auf See befanden, steht seitdem in jedem Lexikon. Und das, obwohl mittlerweile ganz offiziell zugegeben wird, was wirklich gespielt wurde, beispielsweise in der BBC-Dokumentation »Pearl Harbor. Der Köder zum Krieg«, die am 16.9.2001 bei »Phönix« ausgestrahlt wurde, oder im Buch des Ex-CIA Chefs William Casey »The Secret War Against Hitler.«

Der Buchautor und ehemalige »taz«-Redakteur Mathias Bröckers schreibt im Vorwort zu seinem im Herbst 2002 erschienenen Buch »Verschwörungen, Verschwörungstheorien und die Geheimnisse des 11.9.«:

»Der Anschlag auf das WTC war ein Jahrtausendereignis, das noch Generationen von Historikern und Forschern beschäftigen wird. Noch weniger als am ersten Tag glaube ich heute, daß es sich dabei um einen ›normalen‹ Terrorakt gehandelt hat. ›Ob es tatsächlich ein Motiv für das Unvorstellbare, eine inszenierte Katastrophe wie in Pearl Harbor gibt, werden die nächsten Aktionen der Weltordnungsmacht bald zeigen‹, hatte ich am 12. September notiert.

Mittlerweile sind die Motive so deutlich geworden, daß ich mir das Unvorstellbare gut vorstellen kann. Das Nullergebnis der vermutlich größten Polizeiermittlung der Geschichte, die Nichtuntersuchung des Versagens der Geheimdienste und Terrorabwehr, die mit Kriegsgedröhn und Panikmache in Trance versetzte Öffentlichkeit, kurz: die gesamte Inszenierung einer al-quaidisch-ladinistischen Weltverschwörung und des Kampfes gegen den Terrorismus, läßt kaum einen anderen Schluß zu, als daß es sich bei der Katastrophe vom 11. September um einen sorgsam geplanten Plot gehandelt hat. Wirklich gerichtsfeste Beweise auf die Hintermänner gibt es bis dato so wenige wie auf Bin Laden, doch reichten die Verdachtsmomente, Indizien und Motive der Verdächtigen allemal, um von einem unabhängigen Tribunal untersucht zu werden. Für den Anfang würde schon die Frage genügen: Wenn die CIA nicht involviert war, was hat sie eigentlich statt dessen getan?«

Und an anderer Stelle:

»Die Panik, die mit dem WTC-Anschlag erzeugt werden sollte, die Angst, die geschürt und gestreut wird, durch Briefe mit Anthrax (Milzbrand, Anmerkung des Autors), durch Dutzende explodierender Briefkastenbomben in ländlichen US-Gebieten, die Hysterie, die erzeugt wird durch Warnungen vor ›Schläfern‹ und nahezu tägliche Ankündigungen neuer Anschläge: Wenn die Terroristen irgend etwas erreichen wollten, dann diese Angst; und wenn den Operatoren der Massenbeeinflussung und Propaganda an irgend etwas gelegen ist, dann an verängstigten, paralysierten Herdentieren, die ihren individuellen Verstand ausgeschaltet haben.«

Und wie man aus der Werbung weiß, geht nichts über eine gute einfache Story nach der bewährten Texterregel KISS (Keep it simple and stupid). Eine Story wie die von Barbara Olson — das zumindest vermuten einige Rechercheure.

Der Fall Barbara Olson und das von ihr geführte Telefonat mit ihrem Ehemann Ted, dem amtierenden Generalstaatsanwalt der USA, ist für den investigativen Internet-Reporter Joe Vialls die »Mutter aller Lügen über den 11.9.«. Bei CNN hieß es am 12. September in der ersten Meldung:

»Barbara Olson, konservative Kommentatorin und Anwältin, warnte ihren Ehemann, Solicitor General Ted Olson, am Dienstagmorgen, daß das Flugzeug, in dem sie sich befand, gekidnappt worden sei, sagt Ted Olson CNN. Kurz darauf stürzte Flug 77 ins Pentagon ... Ted Olson sagte CNN, seine Frau hätte gesagt, alle Passagiere und das Flugpersonal einschließlich der Piloten seien im hinteren Teil des Flugzeugs von bewaffneten Hijackern zusammengetrieben worden. Die einzigen Waffen, die sie erwähnte, waren Messer und Teppichmesser. Sie hatte das Gefühl, niemand sei verantwortlich, und forderte ihren Mann auf, dem Piloten zu sagen, was zu tun sei.«

Auf dieser Meldung wurde, so Vialls: »die gesamte falsche Hijacker-Geschichte aufgebaut. Ohne die prominente Barbara Olson und ihre angeblichen aufgeregten Anrufe wäre kein einziger Beleg dafür da gewesen, daß irgendwelche Hijacker bei der Entführung und Zerstörung der vier Flugzeuge beteiligt waren. Ähnliche Behauptungen tauchten einige Tage später über den Passagier Tood Beamer und andere auf, doch es ist hier daran zu erinnern, daß die Barbara Olson-Geschichte am 11. und 12. September die einzige war. Es war außer Frage, der (künstliche?) Samen, der den Medienschneeball dann den Berg herunterrollen ließ.«

Ted Olson, der in der CNN-Meldung nur in indirekter Rede zitiert wurde, äußerte sich erst sechs Monate später zu dem Fall. Doch die Details, die er über die Telefonate offenbarte, machen sie nur dubioser. Demnach hätte seine Frau nicht vom Handy, sondern vom Sitztelefon angerufen und — weil sie Kreditkarten nicht zur Hand gehabt hätte — einen »collect call« geführt. Ohne Setup des Telefons mit einer Kreditkarte aber, so Vialls, ist es in den Boeings-757 der *American Airlines* nicht möglich, zu telefonieren. Insofern schließt Vialls: »So leid es mir tut: Der Beweis der Olson-Telefonate ist nicht wahr. Jeder amerikanische Untersuchungsbeamte, der daran zweifelt, braucht nur die Aufzeichnungen der Telefongesellschaft und des Justizministeriums zu vergleichen. Er wird keine vom *American-Airlines*-Flug 77 stammende Berechnung an den Generalstaatsanwalt finden.«

Abgesehen von den überlieferten Anrufen der »Helden« aus dem in Pennsylvania unter dubiosen Bedingungen abgestürzten (abgeschossenen?) Flug 93 wurde mit der Olson-Geschichte der Grundstein für die Teppichmesser-Legende gelegt. Eine Flugbegleiterin, die aus einer der WTC-Maschinen mit der Bodenstation telefonierte, hatte noch von einem Entführer mit einer Bombe gesprochen. Nähere Recherchen ergaben, daß die für die Rekonstruktion der Ereignisse entscheidenden Hinweise auf »Teppichmesser« tatsächlich über Olson kamen.

Ein starkes Stück. Immerhin sind die »vielen Telefonanrufe aus den entführten Maschinen« ebenso fest im Gedächtnis der Öffentlichkeit verankert wie die »19 Hijacker«. Zeitungen aus Florida berichten allerdings, die Flugausbildung der offiziell genannten Terroristen wäre vollkommen gescheitert. Über einen der Verdächtigten sagte die Flugschule, nach 600 Flugstunden hätte man ihm noch nicht einmal eine Cessna anvertrauen können. Über einen anderen hieß es, er sei so dumm, daß Zweifel aufgekommen seien, ob er auch nur fähig sei, ein Auto zu lenken.

Damit zur Liste mit den 19 Flugzeugentführern, die postwendend präsentiert wurde und die in Wirklichkeit mehr Fragen aufzuwerfen scheint, als sie beantwortet. Merkwürdigerweise taucht keiner der Namen, die das FBI schon am Abend des 12.9. bekanntgab, auf den von den Fluggesellschaften veröffentlichten Passagierlisten auf. Mittlerweile soll sich herausgestellt haben, daß mindestens fünf der angeblichen Hijacker noch leben, und ein weiterer schon seit längerer Zeit tot ist. Nach Veröffentlichung der Liste mit den angeblichen Selbstmordattentätern durch das FBI meldeten sich fünf der »Täter« nämlich putzmunter bei ihren Botschaften bzw. bei der Polizei in Saudi-Arabien, Marokko und den USA. Dennoch erfolgte bis heute keine Korrektur der Listen.

Ebenso wurde bekannt, daß sich einige der »Terrorpiloten« am Abend zuvor auffällig verhalten und in Strip-Bars gefeiert hatten — nicht gerade eine typische Vorbereitung für islamistische Selbstmordattentäter. Damit nicht genug, inszenierten sie eine Szene auf dem Flughafen, zahlten mit Kreditkarten auf ihren Namen und meldeten sich bei ihren Fluglehrern mit Klarnamen. Sie hinterließen Mietwagen mit arabischen Fluganleitungen für Jumbojets. Auf dem Weg in den Selbstmord schickten sie Testamente und Abschiedsbriefe los, die dem FBI in die Hände fallen sollten, weil sie falsch adressiert waren.

Des weiteren kam heraus, daß mehrere der vermeintlichen Täter schon länger auf den Observationslisten der Terrorfahndung gestanden hatten. Dessen ungeachtet erhielten zwei von ihnen im März 2002 (!) ihr im Sommer 2001 beantragtes Aufenthaltsvisum vom Immigrationsbüro.

Unseligerweise sollen sieben der acht Flugschreiber der vier Flugzeuge so demoliert sein, daß keinerlei Daten mehr vorhanden sind. Das ist bei Geräten, die die doppelte Hitze einer Kerosinexplosion aushalten sollen, wirklich Pech.

Nachgerade hellsichtig lesen sich heute Passagen aus einem Beitrag, den Mathias Bröckers am 24.9.2001 unter dem Titel »Zero Evidence on Ground Zero« verfaßte. Bitte schön:

»Es würde mich nicht wundern, wenn demnächst ›Beweise‹ auftauchen, daß auch der Irak in die Sache verstrickt ist — Amerika also jetzt den Bestrafungsfeldzug nutzt, um sich mit weltweiter Solidarität an den ölstrategisch unverzichtbaren Punkten im Golf und in Vorderasien für das nächste halbe Jahrhundert festzusetzen.

Das Saudi-Regime (nach den Taliban so ziemlich der rückständigste Muslimstaat weltweit) wird wahrscheinlich alsbald durch eine moderatere Marionette ersetzt — die heiligen Stätten bleiben in Schußweite der US-Armee. Daß der Balkan dann im Sinne der anglo-amerikanischen Pipelinekonsortien — und gegen die europäischen Elf-Fina-Interessen — gleich auch noch »befriedet« wird, steht ebenfalls zu erwarten. Deshalb wird es wohl auch keinen gemeinsamen Solidaritätsfeldzug geben, sondern wie im Golfkrieg nur die Duldung einer englischen Beteiligung. Eine starke, um den Balkan und Osteuropa erweiterte EU mit Paris und Berlin als Epizentren ist nicht im amerikanischen Interesse.«

Falls dies alles so geschieht, sollte für die Geschichtsbücher schon jetzt festgehalten werden, daß einmal mehr ein *Fake*, eine manipulierte, propagandistisch ausgeschlachtete Katastrophe zum Anlaß für ein weltgeschichtliches Ereignis wurde.

Anthony Scrivener, einer der führenden britischen Anwälte äußerte zu Beginn des Afghanistankrieges am 5.10.2001 in »The Times«: »Es ist ein ernüchternder Gedanke, daß man zur Strafverfolgung eines Ladendiebes bessere Beweise braucht als dazu, einen Weltkrieg anzufangen.«

Am 1. Mai 2002, Monate nach der Niederbombung des »schuldigen Landes«, meldete BBC: »Die US-Geheimdienste haben zugegeben, daß sie keinerlei aufgezeichnete Spuren gefunden haben, die zu den Anschlägen des 11. September führen. Bei der bisher ausführlichsten Darstellung der Untersuchung sagte der Chef des *Federal Bureau of Investigation* (FBI), daß Amerika nach fast sieben Monaten rastloser Fahndung keine harten Beweise gefunden habe, die mit den Anschlägen auf New York und Washington im Zusammenhang stehen.«

Wie schon erwähnt, sind auf den von CNN veröffentlichten Fluglisten der Passagiere die 19 arabischen Täternamen nicht zu finden, was für jene Profi-Paranoiker aber keine Überraschung darstellt, nach deren Theorie die Jets erstens automatisch ins Ziel gelenkt und die WTC-Türme dann noch durch zusätzliche Sprengungen ferngesteuert zum Einsturz gebracht wurden. Ähnlich wie beim Oklahoma-Bombing, dessen Ausmaß nach Ansicht vieler Experten mit der Sprengstoffmenge nicht erklärbar ist, die der »Einzeltäter« McVeigh deponierte, soll auch beim WTC nachgeholfen worden sein. Diese Ansicht kann man jedenfalls auf manchen Webseiten lesen, verbunden mit dem Hinweis, daß es zufällig dieselbe Abrißfirma namens *Controlled Demolition* ist, die den Milliardenauftrag für die Entsorgung der WTC-Trümmer (Spurenbeseitigung, nach verschwörungstheoretischer Lesart) erhalten hat.

Mehrere Überlebende, die sich aus den Türmen retten konnten, berichteten unabhängig voneinander live in Fernseh-Interviews von Explosionen. So z. B. Steve Evans gegenüber der BBC: »Es gab eine Explosion. Ich dachte nicht, daß es eine Explosion war — aber das Fundament des ganzen Turmes erzitterte! Und dann, als wir draußen waren, ereignete sich die zweite Explosion, und danach eine ganze Serie weiterer Explosionen ... Wir sind vom Ausmaß der Zerstörung überwältigt, welche diese Explosionen, diese Serie von Explosionen, angerichtet haben.« Ein dunkelhäutiger Geschäftsmann, der völlig mit Staub bedeckt aus dem WTC gerannt kam, sagte live dem dänischen TV-Sender DR-TV1: »Auf dem achten Stock wurden wir durch eine gewaltige Explosion zurückgeworfen.« Der deutsche Sender SAT1 brachte ebenfalls Vor-Ort-Interviews mit Menschen, die aus den Türmen kamen. Einer von ihnen war Tom Canaban, der vor laufender Kamera von zwei FBI-Agenten gestoppt und weggeführt wurde. Mehrere Feuerwehrleute hatten ebenfalls Explosionen gehört. Louie Cacchiolo erzählte dem »People Magazine«: »Ich habe meine Feuerwehrmänner mit dem Lift in den 24. Stock hochgebracht, um von dort oben die Büroangestellten zu evakuieren. Während unserer letzten Fahrt explodierte eine Bombe.«

Sprengstoffexperten sagten aus, daß es für sie höchste Präzisionsarbeit bedeutet hätte, beide Türme auf eine solche Weise zum Einsturz zu bringen. Ein prominenter Experte, der gleich nach den Anschlägen aufgrund des optischen Eindrucks die Vermutung äußerte, das Gebäude sei durch Sprengstoff zum totalen Einsturz gebracht worden, war Van Romero, der Vizepräsident des Instituts für Bergbautechnologie in New Mexico.

Fachleute haben schon zum Oklahoma-Attentat Gutachten präsentiert, mit denen sie zu beweisen suchten, daß die angeblich in dem vor dem Murrah-Gebäude abgestellten Ryder-Lastwagen deponierte Ammonium-Nitrat-Bombe niemals ausgereicht hätte, um den eingetretenen Schaden zu bewirken. Der pensionierte Brigadegeneral Benton K. Partin behauptete von Anfang an, die Bombe hätte derartiges in keinem Fall bewirken können. In seinem Bericht vom 30. Juli 1995 stellte Partin fest, daß die tragenden Säulen des Gebäudes nur durch Sprengladungen zertrümmert worden sein konnten, die an den Säulen selbst, oder in diesen befestigt waren. Eine außen deponierte Bombe konnte das bei Säulen, die einem Druck von 3000 Pfund pro Quadratinch gewachsen waren, einfach nicht bewerkstelligen. Der Chemiker und Physiker Dr. Roger Raubach, Mitglied der Forschungsabteilung der berühmten Stanford Universität, bestätigte General Partins Analyse: »General Partins Einschätzung ist absolut korrekt. Selbst ein Tieflader-Truck mit 20 Tonnen Ammoniumnitrat, der vor dem Gebäude geparkt ist, könnte eine solche Zerstörung nicht bewirken.« Aufgrund dieser Fakten begann McVeighs Bombe zu »wachsen«. Nach öffentlichen Angaben soll sie zuerst 1200 Pfund Ammoniumnitrat enthalten haben, später dann 4800 und schließlich sogar 7000 Pfund.

Den genannten Seltsamkeiten setzen Berichte von Zeugen die Krone auf, die bereits vor dem Anschlag Entminungseinheiten bemerkt haben wollen, als sie ihre Kinder nichtsahnend in den Kindergarten des Gebäudes brachten.

Wie auch immer. Wenn tatsächlich Sprengungen und nicht die Flugzeugeinschläge den totalen WTC-Einsturz verursacht haben sollten, müßte dies bei den Trümmern zu sehen sein. Doch genau diese Untersuchung fand nicht statt. Die Trümmer wurden schnellstens beseitigt, bevor eine Untersuchungskommission zu Werke gehen konnte. William A. Manning, der Chefredakteur der amerikanischen Feuerwehr-Fachzeitschrift »Fire Magazine«, nannte dies öffentlich eine »Zerstörung von Beweismitteln«. Am 6. März 2002 berichtete die Wissenschaftskommission des Repräsentantenhauses, daß die Untersuchungen behindert würden, weil »einige wichtige Stahlreste verschwunden waren, bevor die ersten Ermittler überhaupt am Unglücksort eintrafen«. Für die schnelle Beseitigung der Stahltrümmer war nur eine einzige Firma zuständig. Allein nach Schanghai wurden über 50 000 Tonnen geborstene Stahlträger als Altmetall verkauft.

Zuerst überrascht — dann erstaunlich schnell gefaßt …

Präsident Bush sah den ersten WTC-Crash vor neun Uhr. In der offiziellen Website des Weißen Hauses wurden zwei Interviews veröffentlicht, in denen er gefragt wurde, wie er sich gefühlt habe, als er von den Anschlägen hörte. Am 4. Dezember 2001 sagte Bush jun. als Antwort: »I was sitting outside the classroom waiting to go in, and I saw an airplane hit the tower — the TV was obviously on. And I used to fly myself, and I said, well, there's one terrible pilot. I said, it must have been a horrible accident.«

Ein bizarres Szenario, von dem Zyniker meinen, daß es keine Chance gehabt hätte, als Filmdrehbuch akzeptiert zu werden: Der Präsident der Großmacht USA sieht, daß ein Flugzeug in das US-Wahrzeichen fliegt, aber er geht seelenruhig nach Plan in das Schulzimmer und läßt sich eine neue Leselehrmethode erklären. Nach einer gewissen Zeit kommt sein Delegationsleiter Andrew Card und informiert ihn, daß ein zweites Flugzeug in den anderen WTC-Turm geflogen sei. Bush bleibt überraschend ruhig, hört sich sogar noch an, wie eine Gruppe von Kindern eine Tiergeschichte vorliest. Eine halbe Stunde später spricht er öffentlich von Vergeltung und Krieg. Und er und die seinen gehen umgehend daran, die Gesetze zu verschärfen.

Schon nach dem Oklahoma-Attentat hatte die damalige Clinton-Legislative rigide Anti-Terror-Gesetze erlassen, die nach dem 11. September noch um einen Schraubengang angezogen werden sollten. Die als »Gestapo-ähnlich« bezeichneten Abhör- und Durchsuchungsgesetze der »Patriot«-Bill, das offiziell ausgerufene Spitzelwesen, das Zyniker mit dem Blockwartesystem unseligen Angedenkens im Dritten Reich vergleichen (beispielsweise wegen der Anweisung an öffentliche Bibliotheken, zu melden, wer sich welche Bücher ausgeliehen hat), sowie die neue Ungleichheit vor dem Gesetz, die derzeit »nur« die 20 Millionen in den USA lebenden Nicht-US-Bürger trifft, all das ruft in der überwiegenden Mehrheit keinen Protest hervor, von einem Aufschrei der Nation ganz zu schweigen, den eine solche Nullifizierung von Bürgerrechten an sich hervorrufen sollte — und ohne die Anschläge wohl auch hervorgerufen hätte. Tatsache ist, daß heute im »freiesten Land der Erde« Verdächtige, ja sogar Zeugen — im krassen Widerspruch zum *habeas corpus*-Akt, der genau das verhindern soll — ohne konkrete Anschuldigungen auf mehr oder weniger unbestimmte Zeit festgehalten werden können. Darüber hinaus soll die Presse- und Meinungs- und Versammlungsfreiheit extrem eingeschränkt worden sein und präsidiale Erlässe es möglich machen, das Militär im eigenen Land gegen die eigene Bevölkerung einzusetzen. Das wiederum dürfte den *posse comitatus*-Akt obsolet machen, der solches bisher untersagt hat. Und das nach den *mid term elections* am 14. November 2002 durchgedrückte *Homeland Security-Gesetz* gibt dem Präsidenten praktisch die Möglichkeit, jede gewünschte Entscheidung ohne juristische oder legislative Barrieren durchzusetzen.

In der Zwischenzeit soll die FBI-*Joint Anti-Terrorism Task Force* Flugblätter unter die Leute gebracht haben, mit denen die Bevölkerung aufgefordert wird, mögliche Terroristen zu melden. Interessanterweise sollen Patrioten nicht nur nach verdächtigen Bart- und Turbanträgern Ausschau halten, sondern nach Personen, welche »die US-Verfassung gegen die US-Regierung und die UNO verteidigen wollen« oder nach solchen, die »zahlreiche Hinweise auf die US-Verfassung machen«. Zu melden wären ferner Bürger, die die Polizei kontrollieren wollen, oder schlicht und einfach »Einzelgänger«.

Das *Center for Public Integrity*, eine parteiunabhängige Organisation, warnt seit einiger Zeit davor, die Bush-Administration würde mit dem Argument, den Terrorismus zu bekämpfen, danach trachten, die Machtbefugnisse der Exekutive auszuweiten. Der Plan für ein neues Gesetz namens »Domestic Security Enhancement Act« (besser bekannt als »Patriot Act II«) machte den Verteidigern der Bürgerrechte in den USA im Frühjahr 2003 Angst. Mittels des von Präsident George W. Bush am 26. Oktober 2001 unterzeichneten »Patriot Act I« waren der Exekutive bereits ausgedehnte Rechte eingeräumt worden. Verschärft wurden damals die elektronische Überwachung, das Abhören von Telefongesprächen sowie die Kontrolle von Finanztransaktionen. Angesichts der aufgewühlten Gefühle nach dem 11. September 2001 konnte dieses Gesetz schnell durchgebracht werden. Bürgerrechtler befürchteten, der Versuch, Teil II durchzupeitschen, könnte mit dem Irak-Krieg zusammenfallen, wodurch es zu einer Neuauflage der orwellschen Gesetzgebung kommen könnte.

In Zeitungsinseraten warnte die *American Civil Liberties Union* (Aclu) vor einer weiteren Ausdehnung der Überwachungsbefugnisse, wie sie die US-Regierung anstrebe. »Haben Sie gewußt, daß die Regierung Ihre Wohnung durchsuchen kann, wenn Sie nicht zu Hause sind, und Ihnen den Untersuchungsbefehl monatelang vorenthalten darf? Informationen über die Bücher einholen kann, die Sie in der Bibliothek ausleihen, sowie über Ihre finanziellen Transaktionen? Ihre Urlaubsziele und ihre Medikamente?«

Ganz schön ausgeweitet hat sich der »Kampf gegen den Terrorismus«, meinen manche dazu. Sie kritisieren, daß die Amerikaner sich als das freieste Volk der Welt fühlen, obwohl die Bürger bespitzelt, drangsaliert, verleumdet, um ihre Arbeit gebracht werden. Nach dem 11. September 2001 in noch nie dagewesenem Maße. Dabei ist völlig egal, ob die Leute rechts oder links oder in der Mitte stehen, es genügt, einer Behörde mißliebig aufzufallen. Andere gehen noch weiter und sagen: Die ganze amerikanische Geschichte ist eine Verfolgung von sogenannten Ungeheuern. Nichts anderes hat die Menschen in diesem Schmelztiegel zusammengehalten als gemeinsamer Haß gegen die Rothäute, die Sklavenhändler, die Kommunisten, die Faschisten, die Anarchisten, die Chinesen, die Mormonen, die Trusts, ausländische Spione, die Black Panthers, die Pornographie, unamerikanische Umtriebe, und seit kurzem Osama bin Laden und sein Team.

Mittlerweile hat die US-Regierung die Verfassung weitgehend eingeschränkt, militärische Standgerichte eingeführt und völkerrechtlich zweifelhafte Kriege begonnen. Am Sonntag, den 10. November 2002, verkündete die »New York Times«, daß 200 000 bis 250 000 Soldaten den Angriff auf den Irak durchführen sollten, und daß gleichzeitig 265 000 Mann der Nationalgarde und Reservisten zum Dienst in den USA aktiviert würden. Das veranlaßte damals manche zu der herausfordernden Frage, ob Präsident Bush sich im Krieg mit dem Irak oder mit der amerikanischen Bevölkerung befände.

Im Zuge der neuen Gesetze zur »nationalen Sicherheit» soll Bush jun., so lassen ergrimmte Stimmen vernehmen, auch die Akten über die Amtszeit seines Vaters in Sicherheit gebracht haben. In einem Aufwasch hat sich nämlich auch gleich der Mantel des Schweigens über die 68 000 Akten aus der Reagan-Ära und der von Vizepräsidentenzeit Bush sen.

gesenkt, die nach der üblichen Zwölf-Jahres-Frist seit Januar 2001 der Veröffentlichung harrten. Allerdings nur so lange, bis Bush jun. das Gesetz am 1. November kurzerhand änderte, um sie weiter unter Verschluß halten zu können. Aus gutem Grund, so wird vermutet. Und zwar nicht nur, weil fast alle der in den »presidential records« aus der Reagan-Ära namhaft gewordenen Akteure der Iran-Contra-Affäre und des BCCI-Bankenskandals wieder an Bord der Bush-jun.-Administration sind, sondern auch, weil im Zentrum dieser 50-Milliarden-Dollar-Drogen-, Waffen-, Geldwäsche- und Terrorismusoperation aus den 1980er Jahren neben Bush sen. an prominenter Stelle auch Salem Bin Laden, der älteste Bruder Osamas, auftauchen soll. Seine eigenen Akten aus der Gouverneurszeit in Texas hat Bush jun. in der väterlichen »presidental library« ebenfalls unzugänglich gemacht.

Anfang 2002 hat die Bush-Administration auch gleich den 1974 installierten »Freedom of Information Act« (FOIA), durch den in den fast dreißig Jahren seines Bestehens unglaubliche Dinge ans Licht der Öffentlichkeit gelangt sind (darunter die skandalösen Versuche an der eigenen Bevölkerung unter dem Stichwort »MK ULTRA« oder die viel diskutierte UFO-Verschwörung, womit ich mich in meinem Buch »VERTUSCHT. Wer die Welt beherrscht« eingehend auseinandersetze), zwar nicht direkt liquidiert, aber de facto außer Kraft gesetzt. Das Innenministerium wies nämlich alle Behörden darauf hin, daß sie unter Berufung auf die nationale Sicherheit ab sofort befugt seien, Akten nach ihrem Gutdünken zurückzuhalten.

Besonders Mißtrauische erinnern sich des Satzes von George W. Bush vom 18. Dezember 2000: »Wenn dies eine Diktatur wäre, wäre alles ein ganzes Stück leichter, so lange ich der Diktator bin.« Robert Anton Wilson, der bekannte Autor der »Illuminatus«-Trilogie, kommentierte diesen als Scherz gemeinten Ausspruch mit den Worten: »Mit diesem Satz hat er mich nach 30 Jahren Gegnerschaft zur *National Rifle Association* überzeugt: Ich will eine Knarre!«.

Auch Monate nach den Anschlägen auf das WTC und das Pentagon lag immer noch kein Beweis für eine Verbindung der Täter mit Bin Laden und Afghanistan vor. Dank der Einführung von geheimen Militärtribunalen würden im Falle einer Gefangennahme Bin Ladens auch keine mehr vorgelegt werden müssen. Theoretisch müßte sich Bin Laden vor dem neuen UN-Gerichtshof verantworten, den die USA nach Kräften sabotieren, weil sie nach gelegentlich geäußerten Ansichten zu befürchten scheinen, wegen Terrorsponsoring selbst auf die Anklagebank zu kommen. Ein solches internationales Tribunal würde einen gefaßten Bin Laden sicher entzaubern, aber dazu dürfte es wahrscheinlich nicht kommen.

Bushs Politik der Geheimoperationen scheint vielen gleichsam die Garantie für das Gegenteil: aus Bin Laden einen Helden und Märtyrer zu machen und dem islamistischen Terror weltweit Auftrieb zu geben — als dem neuen »Reich des Bösen«, das im Gegensatz zum alten »Reich des Bösen«, der verblichenen Sowjetunion, unsichtbar und ungreifbar ist. Anscheinend genau das, was die einzige Weltmacht aus mehreren Gründen dringend braucht, nachdem ihr der Kommunismus abhanden gekommen ist. Nach außen, um ihre geopolitischen Schachzüge als »humanitäre Intervention« und »Krieg gegen den internationalen Terrorismus« begründen zu können, nach innen, um die Rezession und den drohenden Kollaps des globalen Finanzsystems zu überspielen. Darüber hinaus wird patriotischer Zusammenhalt gestiftet, der die Aushöhlung verfassungsmäßiger Freiheiten als kleineres Übel erscheinen läßt und es ermöglicht, die Gesellschaft straff zu formieren.

Ex-Präsident Jimmy Carter sprach im TV von einem »Putsch«, und Scott Nelson, der ehemalige Anwalt von Richard Nixon, meinte bei einem Senatshearing zu den neuen Sicherheitsgesetzen, daß die berüchtigten Geheimhaltungsmethoden von »Tricky Dick« Nixon ein »Kinderspiel« gewesen seien, verglichen mit dem, was derzeit im Weißen Haus ablaufe.

Nicht wenige sind überzeugt, daß nunmehr planmäßig in die Praxis umgesetzt wird, was die CIA-Theoretiker Brezinski und Huntington planspielmäßig vorgedacht haben. Der neue Erzfeind — »islamischer Terror« — hat endlich seine Fratze gezeigt und liefert nun Grund genug, um den geostrategischen Hot-Spot zwischen Europa und Asien unter Beschlag zu nehmen. Damit, so die Theorie, würde erstens das Bilden einer starke Achse Paris–Berlin–Moskau–Peking in diesem Raum verhindert, die in einigen Jahrzehnten der einzigen Weltmacht ökonomisch und militärisch gefährlich werden könnte, und zweitens der Zusammenbruch des überbewerteten Dollars, der überschuldeten US-Ökonomie und damit des globalen Finanzsystems hinausgezögert, beziehungsweise als »controlled demolition« eingeleitet. Auch das ist starker Tobak.

In der Zwischenzeit ist die kontrollierte Demolierung — wenn auch nicht die komplette Kontrolle — von Afghanistan erfolgt und die Öffentlichkeit auf einen weiteren Krieg, diesmal gegen den »netten Hurensohn Saddam« eingeschworen worden. Kritiker warnen vor den nach dem 11. September offen zugegebenen Planungen der US-Militärs, atomare Massenvernichtungsmittel gegen »Schurkenstaaten« oder in Fällen einzusetzen, in denen sich Ziele gegenüber konventionellen Waffen resistent zeigen. Letzteres hätte schon beim Afghanistanfeldzug vom Oktober 2001 durchaus geschehen können. In solchen Konzepten, verbunden mit der militärischen Nutzung des Weltraums, sehen manche schlicht und einfach das amerikanische Bestreben, jederzeit und auf jedem Fleck der Erde gewaltsam eingreifen zu können, wenn die USA selbst oder — schon weit fragwürdiger — US-Interessen bedroht sind. All das offenbar ohne Rücksicht auf Verbündete, auf kollektive Sicherheitssysteme oder auf Weltorganisationen wie die UN.

Die militärtechnischen Konzepte hierfür sollen bereits außerordentlich weit gereift sein und werden in offiziellen Dokumenten des US-Verteidigungsministeriums in aller Klarheit vertreten. Und zwar nicht erst seit dem 11. September 2001. Bereits im Jahr 1995 ist die »Dominanz über das gesamte Konfliktspektrum hinweg« (*Full Spectrum Dominance*) vom Generalstab der US-Streitkräfte zum obersten Ziel der Militärpolitik erhoben worden. In dem Papier »Joint Vision for 2010« soll es heißen: »Kontrolle auch über den Weltraum ist angesichts wachsender Verteilungskämpfe (!) auf der Erde dringend geboten, um den USA alle erforderlichen Handelsoptionen (!) offenzuhalten.« (Die Ausrufungszeichen in den Klammern wurden hinzugefügt).

Zwischen den Zeilen lesen

Genauen Lesern soll aufgefallen sein, daß »Spiegel online« bei der Übersetzung eines langen Essays der 1960 geborenen, international renommierten indischen Autorin Arundathi Roy ausgerechnet jene zehn Zeilen ohne Auslassungszeichen verschwinden ließ, in denen Roy den Rüstungskonzern *Carlyle Group* erwähnt, der bis vor einigen Monaten zuvor Bush sen. zu seinen Repräsentanten und die Bin Laden-Familie zu seinen Investoren gezählt haben soll. Für manche kein Zufall, denn wohin würde ihrer Meinung nach eine Recherche dieser Zusammenhänge den Blick lenken? Nicht nach Afghanistan, sondern nach Saudi-Arabien; nicht auf eine weltweite Phantom-Organisation namens *Al Quaida*, sondern auf diskrete Netzwerke von Öl-, Militär- und Geheimdienstaktivitäten; nicht auf zum Abschuß freigegebene mittelalterliche Ex-Verbündete namens Taliban, sondern auf das zutiefst undemokratische, frauenverachtende und korrupte Feudalsystem der Saudis; nicht auf irgendwelche unbedarften, sich auffällig verhaltende Flugschüler, sondern auf die himmelschreiende Frage, warum die nur wenige Meilen vom Pentagon entfernten Abfangjäger am Boden geblieben sind. Zur Zeit der Attentate waren alle Flugsicherheitssysteme außer Kraft gesetzt, zum ersten Mal in der Geschichte der amerikanischen Luftfahrt. Bei Verdacht einer Flugzeugentführung wird normalerweise sofort ein Abfangjäger gestartet, der — ohne Befehl des Präsidenten! — im Notfall ein unbekanntes Flugzeug auch abschießen darf. Doch in diesen Fällen — die Abstürze lagen immerhin 1½ Stunden auseinander — geschah nichts. Das konnte nur auf allerhöchsten Befehl möglich werden, davon sind immer mehr kritische Geister überzeugt.

Über diese Bedenklichkeiten hinaus lohnt es sich, einen Blick auf einige Passagen aus dem Artikel von Arundathi Roy vom 28. September 2001 »Ein Kontinent brennt — Warum der Terrorismus nur ein Symptom ist« zu werfen, der auch aus dem Internet abrufbar ist:

»Hier haben wir das Problem: Amerika führt einen Krieg gegen Leute, die es nicht kennt (weil sie nicht oft im Fernsehen zu sehen sind). Noch bevor die amerikanische Regierung den Feind richtig identifiziert, geschweige denn angefangen hat, sein Denken zu verstehen, hat sie, mit großem Tamtam und peinlicher Rhetorik, eine »internationale Allianz gegen den Terror« zusammengeschustert, die Streitkräfte und die Medien mobilisiert und auf den Kampf eingeschworen. Allerdings wird Amerika, sobald es in den Krieg gezogen ist, kaum zurückkehren können, ohne eine Schlacht geschlagen zu haben. Wenn es den Feind nicht findet, wird es, der aufgebrachten Bevölkerung daheim zuliebe, einen Feind konstruieren müssen …

Zweierlei wird uns abverlangt. Zum einen sollen wir glauben, daß der Feind der ist, der von dieser Regierung als Feind deklariert wird, obwohl sie keine konkreten Beweise vorlegen kann. Und zum anderen sollen wir glauben, daß die Motive des Feindes genau so aussehen, wie sie von der Regierung dargestellt werden, obwohl es auch dafür keine Beweise gibt …

Für die trauernden Amerikaner ist es gewiß schwer, mit Tränen in den Augen auf die Welt zu schauen und eine Haltung zu bemerken, die ihnen vielleicht als Gleichgültigkeit erscheint. Doch es handelt sich nicht um Gleichgültigkeit. Es ist eine Ahnung, ein Nicht-Überraschtsein. Es ist eine alte Erkenntnis, daß jede Saat irgendwann auch aufgeht. Die Amerikaner sollten wissen, daß der Haß nicht ihnen gilt, sondern der Politik ihrer Regierung. Ihnen kann unmöglich entgangen sein, daß ihre außergewöhnlichen Musiker, ihre Schriftsteller, Schauspieler, ihre phänomenalen Sportler und ihre Filme überall auf der Welt beliebt sind. Wir alle waren bewegt von dem Mut und der Würde der Feuerwehrleute, der Rettungskräfte und der gewöhnlichen Büroangestellten in den Tagen und Wochen nach den Anschlägen …

Als Madeleine Albright, die ehemalige Außenministerin der Vereinigten Staaten, im Jahr 1996 gefragt wurde, was sie dazu sage, daß 500 000 irakische Kinder infolge des amerikanischen Wirtschaftsembargos gestorben seien, sprach sie von einer sehr schweren Entscheidung, doch der Preis sei, alles in allem, nicht zu hoch gewesen. Die Sanktionen gegen den Irak sind übrigens noch immer in Kraft, und noch immer sterben Kinder. Genau darum geht es: um die willkürliche Unterscheidung zwischen Zivilisation und Barbarei, zwischen ›Ermordung unschuldiger Menschen‹ oder ›Krieg der Kulturen‹ und ›Kollateralschäden‹. Die Sophisterei und eigenwillige Algebra grenzenloser Gerechtigkeit: Wie viele tote Iraker sind notwendig, damit es besser zugeht auf der Welt? Wie viele tote Afghanen für jeden toten Amerikaner? Wie viele tote Frauen und Kinder für einen toten Mann? Wie viele tote Mudschahedin für einen toten Investmentbanker?

An der heutigen Lage in Afghanistan war Amerika übrigens in nicht geringem Masse beteiligt (falls das ein Trost ist). Im Jahr 1979, nach der sowjetischen Invasion, begannen die CIA und der pakistanische Militärgeheimdienst ISI die größte verdeckte Operation in der Geschichte der CIA. Beabsichtigt war, den afghanischen Widerstand zu steuern und das islamische Element so weit zu stärken, daß sich die muslimischen Sowjetrepubliken gegen das kommunistische Regime erheben und es am Ende destabilisieren würden. Diese Operation sollte das Vietnam der Sowjetunion sein. Im Laufe der Jahre rekrutierte und unterstützte die CIA fast 100 000 radikale Mudschahedin aus vierzig islamischen Ländern für den amerikanischen Stellvertreterkrieg. Diese Leute wußten nicht, daß sie ihren Dschihad für Uncle Sam führten. (Welche Ironie, daß die Amerikaner ebensowenig wußten, daß sie ihre späteren Feinde finanzierten!)

Nach zehn Jahren erbitterten Kampfes zogen sich die Russen 1989 zurück und hinterließen ein verwüstetes Land. Der Bürgerkrieg in Afghanistan tobte weiter. Der Dschihad griff über nach Tschetschenien, in das Kosovo und schließlich nach Kaschmir. Die CIA lieferte weiterhin Geld und Waffen, doch die laufenden Kosten waren so enorm, daß immer mehr Geld benötigt wurde. Auf Befehl der Mudschahedin mußten die Bauern Opium (als ›Revolutionssteuer‹) anbauen. Der ISI richtete in Afghanistan Hunderte von Heroinlabors ein, und zwei Jahre nach dem Eintreffen der CIA war das pakistanisch-afghanische Grenzgebiet der weltweit größte Heroinproduzent geworden. Die jährlichen Gewinne, zwischen einhundert und zweihundert Milliarden Dollar, flossen zurück in die Ausbildung und Bewaffnung von Militanten.

Im Jahr 1995 kämpften sich die Taliban, seinerzeit eine marginale Sekte von gefährlichen Fundamentalisten, in Afghanistan an die Macht. Finanziert wurden sie vom ISI, dem alten Freund der CIA, und sie genossen die Unterstützung vieler Parteien in Pakistan. Die Taliban errichteten ein Terrorregime, dessen erstes Opfer die eigene Bevölkerung war, vor allem Frauen.

Auch Pakistan, Amerikas treuer Verbündeter, hat enorm gelitten. Die amerikanischen Regierungen haben noch stets Militärdiktatoren unterstützt, die kein Interesse an demokratischen Verhältnissen im Land hatten. Vor dem Auftauchen der CIA gab es einen kleinen ländlichen Markt für Opium. Zwischen 1979 und 1985 stieg die Zahl der Heroinsüchtigen von Null auf anderthalb Millionen an. In Zeltlagern entlang der Grenze leben drei Millionen afghanische Flüchtlinge. Die pakistanische Wirtschaft liegt danieder. Gewaltsame soziale Konflikte, globalisierungsbedingte Transformationsprozesse und Drogenbosse zerreißen das Land. Die Ausbildungslager für Terroristen, ursprünglich eingerichtet zum Kampf gegen die Sowjets, brachten Fundamentalisten hervor, die in Pakistan großen Rückhalt haben. Die Taliban, von der pakistanischen Regierung seit Jahren unterstützt und finanziert, haben in den pakistanischen Parteien materielle und strategische Verbündete. Auf einmal bittet (bittet?) Amerika die pakistanische Regierung, den Schoßhund, den es in seinem Hinterhof jahrelang großgezogen hat, abzustechen.

Indien kann von Glück reden, daß es, dank seiner geographischen Lage und der Weitsicht früherer Politiker, bislang nicht in dieses Great Game hineingezogen wurde. Unsere Demokratie hätte das höchstwahrscheinlich nicht überlebt. Heute müssen wir entsetzt mit ansehen, wie die indische Regierung die Amerikaner inständig darum bittet, ihre Operationsbasis in Indien statt in Pakistan zu errichten. Jedes Land der Dritten Welt mit einer schwachen Wirtschaft und einem unruhigen sozialen Fundament müßte wissen, daß eine Einladung an eine Supermacht wie die Vereinigten Staaten (ganz gleich, ob die Amerikaner für länger bleiben oder nur kurz vorbeischauen wollen) fast so ist, als würde ein Autofahrer darum bitten, ihm einen Stein in die Windschutzscheibe zu werfen …

In dem Medienspektakel nach dem 11. September hielt es keiner der großen Fernsehsender für nötig, ein Wort über die Geschichte des amerikanischen Engagements in Afghanistan zu verlieren. Für all jene, die von diesen Dingen nichts wissen, hätte die Berichterstattung über die Anschläge informativ und aufrüttelnd sein können, wenn Zyniker sie vielleicht auch übertrieben gefunden hätten. Für uns aber, die wir die jüngste

Geschichte Afghanistans kennen, sind die amerikanische Berichterstattung und das Gerede von der ›internationalen Allianz gegen den Terror‹ einfach eine Beleidigung. Amerikas ›freie Presse‹ ist dafür genauso verantwortlich wie der ›freie Markt‹ …

Die Regierung Amerikas, und wohl Regierungen überall auf der Welt, werden die Kriegsatmosphäre als Vorwand benutzen, um Meinungsfreiheit und andere Bürgerrechte einzuschränken, Arbeiter zu entlassen, ethnische und religiöse Minderheiten zu schikanieren, Haushaltseinsparungen vorzunehmen und viel Geld in die Militärindustrie zu stecken. Und wozu? Präsident Bush kann die Welt ebensowenig ›von Übeltätern befreien‹ wie er sie mit Heiligen bevölkern kann. Es ist absurd, wenn die US-Regierung auch nur mit dem Gedanken spielt, der Terrorismus ließe sich mit noch mehr Gewalt und Unterdrückung ausmerzen. Der Terrorismus ist ein Symptom, nicht die Krankheit. Der Terrorismus ist in keinem Land zu Hause. Er ist ein supranationales, weltweit tätiges Unternehmen wie *Coke* oder *Pepsi* oder *Nike*. Beim geringsten Anzeichen von Schwierigkeiten brechen Terroristen die Zelte ab und ziehen, genau wie die Multis, auf der Suche nach besseren Möglichkeiten mit ihren »Fabriken« von Land zu Land.

Der Terrorismus als Phänomen wird wohl nie verschwinden. Will man ihm aber Einhalt gebieten, muß Amerika zunächst einmal erkennen, daß es nicht allein auf der Welt ist, sondern zusammen mit anderen Nationen, mit anderen Menschen, die, auch wenn sie nicht im Fernsehen gezeigt werden, lieben und trauern und Geschichten und Lieder und Kummer haben, und weiß Gott auch Rechte. Doch als der Verteidigungsminister Donald Rumsfeld gefragt wurde, was er als einen Sieg im neuen amerikanischen Krieg bezeichnen würde, meinte er, ein Sieg wäre, wenn er die Welt davon überzeugen könne, daß es den Amerikanern möglich sein müsse, an ihrem way of life festzuhalten …

Die Anschläge vom 11. September waren die monströse Visitenkarte einer aus den Fugen geratenen Welt. Die Botschaft könnte, wer weiß, von Usama Bin Ladin stammen und von seinen Kurieren übermittelt worden sein, aber sie könnte durchaus unterzeichnet sein von den Geistern der Opfer von Amerikas alten Kriegen …

Die Millionen Toten in Korea, Vietnam und Kambodscha, die 17 500 Toten, als Israel (mit Unterstützung Amerikas) 1982 im Libanon einmarschierte, die 200 000 Iraker, die bei der Operation Wüstensturm starben, die Tausende Palästinenser, die im Kampf gegen die israelische Besetzung des Westjordanlands den Tod fanden. Und die Millionen, die in Jugoslawien, Somalia, Haiti, Chile, Nicaragua, El Salvador, Panama, in der Dominikanischen Republik starben, ermordet von all den Terroristen, Diktatoren und Massenmördern, die amerikanische Regierungen unterstützt, ausgebildet, finanziert und mit Waffen versorgt haben. Und diese Aufzählung ist keineswegs vollständig. Für ein Land, das an so vielen Kriegen und Konflikten beteiligt war, hat Amerika sehr viel Glück gehabt …

Unlängst sagte jemand, daß, wenn es Usama Bin Ladin nicht gäbe, die Amerikaner ihn erfinden müßten. In gewissem Sinne haben sie ihn tatsächlich erfunden. Er gehörte zu den Kämpfern, die 1979 nach Afghanistan gingen, als die CIA mit den Operationen begann. Usama Bin Ladin zeichnet sich dadurch aus, daß er von der CIA hervorgebracht wurde und vom FBI gesucht wird. Binnen zweier Wochen avancierte er vom Verdächtigen zum Hauptverdächtigen, und inzwischen will man ihn, trotz des Mangels an Beweisen, ›tot oder lebendig‹ haben.

Nach allem, was über seinen Aufenthaltsort bekannt ist, könnte es durchaus möglich sein, daß er die Anschläge nicht persönlich geplant hat und an der Ausführung auch nicht beteiligt war — daß er vielmehr der führende Kopf ist, der Vorstandsvorsitzende des Unternehmens. Die Reaktion der Taliban auf die amerikanische Forderung, Bin Ladin auszuliefern, war ungewöhnlich realistisch: Legt Beweise vor, dann händigen wir ihn euch aus. Präsident Bush erklärte seine Forderung für nicht verhandelbar. (Da gerade über die Auslieferung von Vorstandsvorsitzenden gesprochen wird — dürfte Indien ganz nebenbei um die Auslieferung von Warren Anderson bitten? Der Mann war als Chef von *Union Carbide* verantwortlich für die Katastrophe von Bhopal, bei der sechzehntausend Menschen umkamen. Wir haben die nötigen Beweise zusammengetragen, alle Dokumente liegen vor. Also gebt ihn uns bitte!)

Wer ist Usama Bin Ladin aber wirklich? Ich möchte es anders formulieren: Was ist Usama Bin Ladin? Er ist das amerikanische Familiengeheimnis. Er ist der dunkle Doppelgänger des amerikanischen Präsidenten. Der brutale Zwilling alles angeblich Schönen und Zivilisierten. Er ist aus der Rippe einer Welt gemacht, die durch die amerikanische Außenpolitik verwüstet wurde, durch ihre Kanonenbootdiplomatie, ihr Atomwaffenarsenal, ihre unbekümmerte Politik der unumschränkten Vorherrschaft, ihre kühle Mißachtung aller nichtamerikanischen Menschenleben, ihre barbarischen Militärinterventionen, ihre Unterstützung für despotische und diktatorische Regimes, ihre wirtschaftlichen Bestrebungen, die sich gnadenlos wie ein Heuschreckenschwarm durch die Wirtschaft armer Länder gefressen haben. Ihre marodierenden Multis, die sich die Luft aneignen, die wir einatmen, die Erde, auf der wir stehen, das Wasser, das wir trinken, unsere Gedanken …

Präsident Bushs Ultimatum an die Völker der Welt — »Entweder ihr seid für uns, oder ihr seid für die Terroristen« — offenbart eine unglaubliche Arroganz. Kein Volk will diese Wahl treffen, kein Volk braucht diese Wahl zu treffen und keines sollte gezwungen werden, sie zu treffen.«

(Frankfurter Allgemeine Zeitung, 28.09.2001, Nr. 226)

Auch der berühmte kritische Schriftsteller Gore Vidal hat zu diesem Thema Grundsätzliches zu sagen, beispielsweise in seinem Bestseller »Perpetual War for Perpetual Peace: How We got To Be so Hated« (Ewiger Krieg für ewigen Frieden: Wie wir es bewerkstelligt haben, so gehaßt zu werden), den er nach dem 11. September veröffentlichte. Einige Zitate:

»Die Regierung rechnet mit der relativen Unschuld, oder Ignoranz, um präziser zu sein. Das ist wahrscheinlich der Grund, warum seit dem Zweiten Weltkrieg kein echter Geographieunterricht stattfindet — um die Bürger im Dunkeln darüber zu lassen, wo wir etwas in die Luft sprengen. Weil *Enron* wünscht, daß wir es in die Luft sprengen. Oder weil *Unocal*, die große Pipeline-Gesellschaft, irgendwo einen Krieg braucht …

Ich war in Guatemala, als die CIA 1954 ihren Angriff auf die Regierung Guzman vorbereitet hat. Der demokratisch gewählte Präsident Jacob Arbenz Guzman war ein ›milder‹ Sozialist. Sein Land hatte keine eigenen Einkünfte. Seine größten Einkünfte kamen durch die *United Fruit Company*. Daher führte Guzman eine sehr geringe Steuer auf Bananen ein. Darauf erhob sich Henry Cabot Lodge im Senat und erklärte, die Kommunisten hätten Guatemala übernommen und wir müßten handeln. Er wandte sich an Eisenhower, der die CIA ins Land schickte, die die Regierung stürzte. Wir installierten einen Militärdiktator, und seither gibt es nichts als Blutvergießen. Wäre ich nun ein Einwohner von Guatemala und hätte die Möglichkeit, jemandem in Washington oder sonstwo in Amerika etwas auf den Kopf zu schmeißen, wäre ich versucht, das zu tun. Besonders, wenn ich meine ganze Familie verloren hätte und mit ansehen mußte, wie mein Land in Stücke gebombt wurde, weil die *United Fruit Company* nicht bereit war, Steuern zu zahlen. Das ist die Art und Weise, in der wir operieren. Und das ist der Grund, warum wir so gehaßt werden …

Die gegenwärtig im Amt befindliche Junta ist nicht legal gewählt, sondern vom *Supreme Court* im Interesse der Öl-, Gas- und Verteidigungslobbies eingesetzt worden …

Die Regierung sollte es in ihre Köpfe hineinbekommen, daß sie nicht nur von Ausländern gehaßt wird, deren Länder sie zerstört hat, sondern auch von Amerikanern, deren Leben sie ruiniert hat.« (Ende Vidal-Zitate)

Im Oktober 2001 zirkulierte ein Bericht der »Times of India«, der die Gründe für den überraschenden Rücktritt des Chefs des pakistanischen Geheimdienstes ISI, General Mahmud Ahmed, nannte: Aufgrund von Telefonüberwachungen sollen der indische Geheimdienst und das FBI ermittelt haben, daß über einen von Ahmeds engsten Mitarbeitern im Sommer 2001 satte 100000 Dollar an Mohammed Atta überwiesen worden waren. Verglichen mit den offiziellen wilden Vermutungen und Spekulationen über die Hintermänner, schien das eine heiße Spur zu sein. Doch leider: abgesehen von ein paar Erwähnungen in den westlichen Medien sah sich niemand genötigt, der Sache nachzugehen. Es hätte ja, womöglich, den Blick weg von Afghanistan nach Pakistan gelenkt, nicht auf den jungen Dorfprediger Mullah Omar, sondern auf seine Erfinder und Lenker wie General Ahmed, weg von den armen afghanischen Mohnbauern, hin auf die unter ISI- und CIA-Aufsicht operierenden Heroinlabors, weg von der gespenstischen Bedrohung durch fanatisierte Islamisten, hin zu ihren Ausbildern, Finanziers, Nutzern und Herren.

Das Horrorattentat des 11. September 2001 hat eine Büchse der Pandora geöffnet, mit deren herausgequollenem Inhalt sich noch künftige Generationen werden herumschlagen müssen. Ob sie je erfahren werden, was wirklich gespielt wurde, scheint vielen allerdings immer zweifelhafter.

So wie es mehr als ein halbes Jahrhundert dauerte, bis das Vorauswissen des »Überraschungsangriffs« auf Pearl Harbor anhand freigegebener Regierungsdokumente nahezu zweifelsfrei dokumentiert werden konnte und sich erst Jahrzehnte nach dem Mord an John F. Kennedy die genaueren Umrisse eines möglicherweise versuchten Staatsstreichs abzeichnen, so werden die wahren Hintergründe des Terroranschlags vom 11.9.2001 vielleicht erst von den Historikern der Zukunft aufgeklärt werden können. Vielleicht auch niemals. Wie schon erwähnt, konnte man ja den Medien entnehmen, daß Bush jun. nicht nur die Präsidentenakten aus der Regierungszeit seines Vaters, sondern auch die aller folgenden Jahre und aus seiner eigenen Amtszeit in Texas und nun Washington dem Zugriff der Nationalarchive entzogen haben soll. Sie werden demnach nicht mehr, wie auf der Basis des »Freedom of Information Act« jahrzehntelang üblich, nach zwei Jahrzehnten sukzessive der Forschung zur Verfügung gestellt.

Zukunftsdenker fragen sich, ob die meisten US-Bürger eigentlich wissen, was ihnen ihre Führungskräfte (und/oder die sogenannten »Dunkelmächte«) durch ihren Marsch zur »Neuen Ordnung« (Weltherrschaft) einbrocken dürften. Es wird befürchtet, daß bald kein Amerikaner sich im Ausland noch sicher bewegen, kein US-Flugzeug ohne Gefahr aufsteigen kann. Ihre Botschaften rings um die Welt sind mittlerweile zu Festungen ausgebaut, in der Nähe liegende Straßenzüge werden abgesperrt. Nach jüngsten Umfragen sinkt das »Befreierimage« der Amerikaner in der ganzen Welt dramatisch, von ihrem »moralischen Anspruch« ganz zu schweigen. Das macht den wahren Drahtziehern aber nichts, so meinen manche Verschwörungsfans zynisch, die sogar der Meinung sind, der verschleißende Vietnamkrieg hätte einzig und allein den Zweck gehabt, die US-Bevölkerung kampfunwillig zu machen, worauf man die Wehrpflicht abschaffen und eine Söldnerarmee installieren konnte, die nicht viel fragt und überall einsetzbar ist — sogar im eigenen Land, wenn es den Bürgern zu bunt wird. Alles ein weiterer Schritt zur »Neuen Weltordnung«. Aber das sind natürlich nur die wildesten Vermutungen. Bleiben wir bei den Tatsachen, die sind bedenklich genug.

»Staatsterrorismus«?

»Wir stehen an der Schwelle globaler Veränderung.
Alles, was wir brauchen, ist die richtige große Krise,
und die Nationen werden die Neue Weltordnung akzeptieren.«
David Rockefeller (zitiert in David Ickes »Alice in Wonderland and the World Trade Center Disaster«)

Wie man Veröffentlichungen entnehmen konnte, soll der englische Justizminister Lord Goldsmith seiner Regierung mitgeteilt haben, sie könnte sich vor dem Internationalen Strafgerichtshof wiederfinden, wenn sie so weitermache. Die Rede ist von der Kriegstrommelei gegen den Irak, die seit dem 11. September 2001 von jenseits des Atlantiks ertönte, von der britischen Regierung ebenfalls betrieben wurde und die schließlich in den USA-Irak-Krieg Nummer zwei vom Frühjahr 2003 mündete.

Weswegen Tony Blair also in Den Haag theoretisch vor dem Kadi kommen könnte, soll ein »Vergehen« sein, das manche Völkerrechtler schlicht und einfach als »Staatsterrorismus« bezeichnen. Ein Begriff, der in den offiziellen Medien so gut wie gar nicht vorkommt — ein echtes »Tabuwort«. Politiker äußern es nie. Akademische »Experten« reden darum herum, obwohl sie vieles erklären könnten, wenn sie sich zu der Aussage durchringen würden, daß auch Staaten Terror ausüben können. »Staatsterrorismus« wäre — so man den Begriff akzeptiert — die bedrohlichste aller Terrorformen, denn er hat die Kapazität, nicht einige Hundert, sondern Hunderttausende oder Millionen Menschen zu töten.

Es liegt mir fern, mich in die gelegentlich aufbrandende Diskussion einzuschalten, ob es nun Staatsterrorismus gibt und was genau darunter fallen würde. Statt dessen überlasse ich es dem Leser, sich anhand der Fakten eine Meinung zu bilden. Fakten, wie sie von kritischen Geistern beispielsweise im Zusammenhang mit der jahrzehntelangen Gewalt in Indonesien angeführt werden. »Staatsterrorismus, gestützt von Amerika, Britannien und Australien, hat Indonesien über 40 Jahre in Schrecken versetzt«, so sagen sie.

Ende 2002 veröffentlichte Dokumente sollen enthüllen, der indonesische Tyrann Suharto wäre bei seiner Machtergreifung von der amerikanischen, britischen und australischen Regierung unterstützt worden, die beim Niedermetzeln einer halben Million »Kommunisten« weggesehen oder ihn sogar dazu ermutigt haben sollen. Das Massaker wurde später von der CIA als »einer der schlimmsten Massenmorde des 20. Jahrhunderts« bezeichnet.

Damals hingegen verkündete der australische Premierminister Harold Holt: »Nachdem bis zu einer Million Kommunismus-Sympathisanten hinweggefegt worden sind, kann man, wie ich denke, mit Sicherheit annehmen, daß eine Umorientierung stattgefunden hat.« Die australische Botschaft in Jakarta sprach von einem »Säuberungsprozeß«. Suhartos blutiger Erhebung wäre vielleicht kein Erfolg beschieden gewesen, wenn die Vereinigten Staaten nicht seine Truppen aufgerüstet hätten. Ein hochmodernes Feldkommunikationssystem, das von der amerikanischen Luftwaffe eingeflogen worden war, soll direkt mit der CIA und der Nationalen Sicherheitsbehörde, die Präsident Johnson beriet, verknüpft gewesen und auch intensiv genutzt worden sein. In der amerikanischen Botschaft soll ein höherer Beamter Listen mit zu beseitigenden Leuten angefertigt haben und den Namen durchgestrichen haben, wenn der jeweilige Träger ermordet worden war.

Menschenrechtler prangerten an, das Blutbad sei der Preis dafür gewesen, daß — wie es die Weltbank beschrieb — Indonesien »ein Musterschüler der Weltwirtschaft« wurde. Das bedeutete grünes Licht für westliche Firmen, Indonesiens reiche natürliche Ressourcen auszubeuten. Die *Freeport Company* bekam einen Berg aus Kupfer und Gold in der Provinz Westpapua. Eine Gruppe amerikanisch-europäischer Unternehmen bekam das Nickel. Die riesige *Alcoa-Company* erhielt den größten Teil von Indonesiens Bauxit. Andere nahmen die Tropenwälder von Sumatra und Kalimantan. Suharto und seine Mitstreiter bekamen einen Anteil, der sie zu Millionären und Milliardären machte.

1975 besetzten Suhartos Truppen die portugiesische Kolonie Osttimor, und während der letzten 23 Jahre gingen über 200 000 Menschen zugrunde, ein Drittel der Bevölkerung. Während einer langen Phase von Osttimors blutiger Besetzung war Britannien Suhartos größter Versorger mit Militärausrüstung. In einem Jahr flossen Exportkreditgarantieanleihen im Wert von einer Milliarde Pfund nach Indonesien, so daß Suharto britische Aerospace Hawk-Kampfflugzeuge kaufen konnte.

Als 1999 das Volk von Osttimor endlich die Möglichkeit hatte, Unabhängigkeit und Freiheit zu wählen, soll ihm die australische Regierung einen blutigen Strich durch die Rechnung gemacht haben. Obzwar sie von eigenen Geheimdiensten darüber informiert worden war, daß die indonesische Armee Milizen aufstellte, um die Bevölkerung zu terrorisieren, behaupteten Staatschef John Howard und sein Außenminister Downer, nichts zu wissen. Die Massaker nahmen ihren Lauf. Wie öffentlich gewordene Dokumente zeigen, sollen sie sehr wohl davon gewußt haben. Das soll nur die jüngste von Australiens vielen Verwicklungen in den indonesischen Staatsterrorismus sein.

Heute gibt es Suharto nicht mehr. Indonesien, der »Musterschüler der Weltwirtschaft«, ist höher verschuldet als jedes andere Land. Millionen von Indonesiern sind in tiefste Armut abgestiegen. Militärische Truppen fahren fort, die Provinzen Aceh und Westpapua zu terrorisieren, wo sie die Besitzungen der amerikanischen Ölgesellschaft *Exxon* und die Freeport-Mine bewachen. Manche erinnern sich in diesem und ähnlichem Zusammenhang an die kolportierten Worte des Ex-Präsidenten Jimmy Carter: »Wir müssen unseren moralischen Verpflichtungen nachkommen, die, sind sie einmal erfüllt, sich anscheinend immer mit unseren Interessen decken.«

Starker Tobak, dem selbst ich skeptisch gegenüberstehe, wenn auch vielleicht nur deswegen, weil mir eine solche Welt zu sehr widerstrebt. Wie auch immer, da die Wahrheit dem Menschen zuzumuten sein soll, sollte man wenigstens versuchen, nach ihr zu graben.

Fragen ohne Antworten zum 11. September

Wühlt man sich durchs Internet, so dröhnt einem nach einiger Zeit der Schädel von Verschwörungstheorien, wilden Vermutungen und peinlichen Fragen zum Anschlag auf das World Trade Center. Verschwörungsfreunde, aber auch eine immer größer werdende Zahl seriöser Fachleute zeigen steigendes Mißtrauen gegenüber der offiziellen Lesart, wie beispielsweise die Tagung mit Pressekonferenz »Der inszenierte Terrorismus. Die Anschläge am 11. September 2001« am 30. Juni 2003 in der Humboldt Universität in Berlin beweist. Mittlerweile werden ganz offen Vermutungen ausgesprochen, die in den Monaten nach dem WTC-Attentat maximal hinter vorgehaltener Hand getuschelt wurden, wenn überhaupt. Ihre Quintessenz läßt sich in etwa so wiedergeben:

Die Inszenierung von Bedrohungen hat historisch eine nicht zu unterschätzende Rolle bei der Festigung von Herrschaftsstrukturen gespielt. Wenn ein Staat einmal so verschuldet ist, daß er sich aus den Fürsorgebereichen zurückzuziehen beginnt, weite Bereiche des Verkehrs-, Telekommunikations-, Post-, Forschungs- und Kulturwesens privatisiert und die politischen sowie wirtschaftlichen Einflußmöglichkeiten auf multinationale Konzerne übergegangen sind, muß er den Bürgern als Ersatz etwas anderes bieten: Schutz vor Feinden. Für die USA besteht diese Situation schon seit Jahrzehnten, konnte aber durch die fiktive Bedrohung durch den Kommunismus abgemildert werden. Nachdem sich dieses Bedrohungsszenario zuletzt auf die Staaten Nordkorea und Kuba beschränken mußte und an Glaubwürdigkeit weiter verlor, bestand die Notwendigkeit einer Neuausrichtung, die auch zeitlich drängte, da eine Reihe von militärischen und nichtmilitärischen Aktionen in Afghanistan, Irak, Iran, China, Syrien, etc. in der Planung waren, die die hegemoniale Stellung der USA gegenüber aufstrebenden Mächten wie der EU und China sichern sollten.

Der 11. September 2001 war die Lösung dieser Probleme. Steuergelder konnten wieder vermehrt in Rüstungs- und »Sicherheits«-Projekte umgelenkt und internationale Militäraktionen unter nationalem und internationalem Beifall durchgeführt werden. Und ein unter zweifelhaften Umständen ans Ruder gelangter US-Präsident, dem man im In- und Ausland nicht zutraute, »Afghanistan« richtig buchstabieren zu können, verwandelte sich in eine weitsichtige, besonnene, zielorientierte Persönlichkeit von staatsmännischem Format (zumindestens für seine eigenen Mitbürger und Wähler, und die sind schließlich alles, was in den USA zählt).

Um diese zynische Analyse auf die Probe zu stellen, wollen wir uns offenen Fragen zuwenden, die dafür ausschlaggebend waren und immer noch sind. Eine Liste derselben, die von der offiziellen Medienwelt weder aufgegriffen und schon gar nicht beantwortet wird, scheint es durchaus wert, wenigstens zur Diskussion gestellt zu werden. Hier ist sie, ziemlich ungeordnet und aus den verschiedensten Quellen, dafür aber ohne Garantie auf Vollständigkeit:

- Was hat es mit der kolportierten Exekutive Order W1991 auf sich, mit der Präsident Bush angeblich angeordnet hat, daß alle FBI- und Nachrichtendienstoffiziere zu verhaften seien, wenn diese die Al-Quaida-Organisation stoppen sollten, bzw. daß Untersuchungen über Verbindungen zwischen Al Quaida, Bin Laden und dem Anschlag auf das WTC zu unterbinden seien?

- Ist Al Quaida überhaupt ein internationales Netzwerk?
- Warum soll Präsident Bush es Bin Ladens Brüdern und Gefolgsleuten nur eine Woche nach dem Anschlag ermöglicht haben, aus den USA auszureisen, obgleich alle schon seit Jahren unter Beobachtung amerikanischer Geheimdienste gestanden sind?
- Wie intensiv waren die Beziehungen zwischen Taliban, dem pakistanischen Geheimdienst ISI (der den Attentäter Atta vor dem Anschlag mit 100 000 Dollar unterstützt haben soll) und dem CIA?
- Wann trafen Abgesandte der US-Regierung zuletzt mit Vertretern der Taliban zusammen?
- Wann wurde die Planung einer Pipeline durch Afghanistan wieder aufgenommen?
- Wie konnten die Planungen einer Militär-Intervention in Afghanistan schon am 9.9.2001 abgeschlossen sein — wo doch die Begründung erst zwei Tage später erfolgte?
- Warum veröffentlichen die USA bis heute keine Beweise gegen Bin Laden?
- Warum wurden die Videobänder mit den angeblichen Geständnissen Bin Ladens willkürlich falsch übersetzt?
- Warum wurde der aufgezeichnete Funkverkehr bisher nicht vollständig veröffentlicht?
- Warum sind die angeblich von Passagieren und Crew-Mitgliedern geführten Handy-Gespräche auf den Telefonrechnungen nicht zu finden?
- Warum haben die Piloten der entführten Flugzeuge den Sicherheitscode 7700 nicht eingegeben?
- Wie konnten die Flugzeuge vom Radarschirm verschwinden?
- Warum hat CNN in ihrer Nonstop-Reportage nie erwähnt, daß der Sender Büros im WTC und anscheinend auch keine Todesopfer zu beklagen hatte?
- Wie konnte CNN unter Chef Walter Issacson so schnell zur Stelle sein, daß sie den zweiten Einschlag bereits live senden konnten?
- Hatte der Amateur, der den *ersten* Einschlag zufällig gefilmt hat, eine hellsichtige Eingebung, als er beim Hören eines Flugzeuggeräusches nicht nur zu filmen begann, sondern die Kamera nicht in Richtung

Flugzeug, sondern auf den Nordturm des WTC richtete, so daß das Flugzeug vor seiner Linse in den Turm flog?

- Ist es reiner Zufall, daß der Hauptstützpunkt der Terroristen in Florida lag, dem seit den 1950er Jahren berüchtigten Zentrum verdeckter CIA-Operationen — von der Schweinebucht- bis zur Iran/Contra-Affäre?
- Warum unterband Präsident Bush Anfang 2001 die Untersuchungen terroristischer Verbindungen der Bin Laden-Familie?
- Wer in Washington entschied noch im Mai 2001, 43 Millionen Dollar an die Taliban zu überweisen?
- Woher hatte der Navy-Agent Delmart Vreeland seine Vorausinformationen über mögliche Terroranschläge auf New York und das Pentagon, und stimmt es, daß er schon im Mai 2001 die kanadischen Geheimdienste davon in Kenntnis setzte?
- Hat sich Osama Bin Laden wirklich im Juli 2001 im *American Hospital* in Dubai einer Dialyse unterzogen, wie ein CBS-Korrespondent berichtete?
- Stimmt es, daß der FBI-Zentrale am 10. Juli 2001 ein warnendes Dossier des FBI-Büros Phoenix zugestellt wurde, in dem von verdächtigen arabischen Flugschülern die Rede war, die ein Passagierflugzeug entführen könnten?
- Wurde in diesem Dossier empfohlen, sämtliche Flugschulen der USA auf verdächtige Studenten zu überprüfen, und was geschah mit diesem Dossier?
- Wem wurde es weitergereicht, und wer entschied darüber, keine weiteren Konsequenzen aus diesem Verdacht zu ziehen?
- Wurde der FBI-Zentrale drei Wochen später ein ähnlich lautender Verdacht aus dem FBI-Büro in Minnesota übermittelt?
- Wurde die CIA im Sommer 2001 vom israelischen Geheimdienst Mossad mehrfach über nahe bevorstehende Terroranschläge gewarnt, bei denen entführte Flugzeuge als Waffe gegen Gebäude benutzt werden sollten?
- Warum sind maßgebliche Personen der angeblich versagenden Geheimdienste befördert worden?
- Was war der Anlaß des Treffens der Asienbeauftragten des Außenministeriums Christina Rocca mit dem Talibanbotschafter Salam Zaeef in Islamabad im August 2001?
- Welcher Investor kaufte über die *Alex Brown Bank* vor dem 11. 9. 2000 Putoptionen (das sind solche, die auf einen Fall von Kursen setzen) auf die *United Airlines*? (Nach neuesten, im Internet und in Publika-

tionen kreisenden Behauptungen, soll einer der Hauptnutznießer dieser Geschäfte ein hochrangiger CIA-Beamter gewesen sein).

- Wieso stieg der Umsatz von Aktien der beiden Fluggesellschaften und der im WTC mit je 22 Stockwerken beheimateten Finanzinstitute wie *Morgan Stanley* oder *Merryll Lynch*, die aufgrund des Attentates später drastisch abstürzen sollten, eine Woche vor dem Anschlag um 1200 Prozent?
- Wieso wurden unzählige US-Schatzbriefe mit fünfjähriger Laufzeit gekauft, eine Investition, wie sie sich normalerweise im Fall einer Weltkrise, besonders wenn sie die USA betrifft, empfiehlt und die im vorliegenden Fall Gewinne von etwa 15 Milliarden Dollar zur Folge gehabt haben soll?
- Wieso ist es nicht gelungen, die Insider zu identifizieren, die in den sechs Tagen vor dem Angriff für Börsenbewegungen mit Aktienabstürzen und unerlaubten Gewinnen von mehreren 100 Millionen Dollar verantwortlich waren?
- Stimmt es, daß kurz vor dem 11. September zwei US-Schlachtschiffverbände im Persischen Golf vor der pakistanischen Küste eintrafen?
- Ist es korrekt, daß in den Wochen vor dem 11. September 23 000 britische Soldaten — die größte Armada seit dem Falklandkrieg — im Rahmen der Operation »Swift Sword« in den Persischen Golf verlegt wurden?
- Ist es wahr, das Ariel Scharon vom Mossad davor gewarnt wurde, am 11. September nach New York zu fliegen, um eine Rede zu halten?
- Warum wurde ein für den 11.9. geplantes Sicherheitsmeeting vom WTC-Management am 10.9. abgesagt?
- Warum behauptete Präsident Bush, er habe den ersten Flugzeug-Einschlag ins WTC live im TV gesehen, obwohl der doch gar nicht gezeigt wurde?
- Kann Nicholas Scopetta, der Chef der New Yorker Feuerwehr, erklären, warum sich in der U-Bahn unter dem WTC keine Passagiere befanden?
- Wie konnten die Hijacker alle Sicherheitssysteme auf den Flughäfen überwinden?
- Warum forderten die Hijacker die Passagiere auf, ihre Angehörigen anzurufen?
- Warum packte Atta ein Video über das Führen von Flugzeugen, eine Uniform und sein Testament in eine Tasche, obwohl er wußte, daß er auf einer Selbstmordmission war?
- Warum ließ Atta seinen Führerschein im Mietwagen liegen?

- Warum blieb Attas Tasche am Flughafen stehen, wer fand diese Tasche und wie wurde sichergestellt, daß es sich um seine Tasche handelt?
- Wie konnten die Hauptverdächtigen in nur zwei Tagen »ermittelt« werden? (Vielleicht, weil 15 von ihnen aus Saudi-Arabien stammen?)
- Wie wurden ihre Autos so schnell entdeckt?
- Woher kamen die Fotos der 19 Hijacker?
- Wie ist es möglich, daß Fotos von den behaupteten Entführern vom Bostoner Airport stammen, wenn Autor David Icke, der sich selbst zu dem Flughafen begeben hat, herausgefunden hat, daß es sich dabei um den einzigen Flughafen in der USA handelt, wo es keine Kameras gibt, die Passagiere fotografieren können?
- Was ist mit den mindestens fünf angeblich noch lebenden Hijackern?
- Wie wahrscheinlich ist es, daß streng gläubige muslimische Selbstmordattentäter am Tag vor ihrem Superattentat eine Oben-ohne-Nachtbar besuchen, dort hemmungslos trinken, mit Kreditkarten bezahlen, wegen einer Rechnung von 50 Dollar fast eine Schlägerei anfangen und vor dem Verlassen der Bar rufen: »Wartet bis morgen: wir werden Gewalt anwenden und Blutvergießen«?
- Ist es vorstellbar, daß Top-Terroristen, die ihre Anschläge jahrelang vorbereitet haben, für den Tag des Attentats genau sieben Minuten eingeplant haben, um den alles entscheidenden Flug zu erreichen?
- Erinnert es nicht fast an eine Agenten-Parodie, daß die Terroristen öffentliche Computer von Bibliotheken benutzt haben sollen, um sich E-Mails zu schicken, in denen sie völlig unverschlüsselt, geradezu offen, über ihre geheimen Pläne diskutierten? Oder, daß sie Koran-Kopien und eine in arabischer Sprache gehaltene Anweisung zum Fliegen einer »Boeing 767« herumliegen ließen?
- Stimmt es, daß einige der Terroristen in US-Militäreinrichtungen ausgebildet worden sind?
- Wer rief das Weiße Haus am 11.9. um 9.30 Uhr an, um vor einem möglichen Angriff zu warnen?
- Warum wurde um 9.30 Uhr der Luftraum über dem Weißen Haus und dem Pentagon — sonst eine absolute »No Fly Zone« — nicht überwacht? (Um 09.38 Uhr wurde der Angriff auf das Pentagon verübt. Der US-Generalstabschef E. Myers teilt erst Stunden später mit, daß das »Selbstmordflugzeug« die Boeing 757-200 vom *American Airlines*-Flug 077 gewesen sei. Von der Senatskommission am 15.9. dazu befragt, zeigte er sich außerstande, über die Maßnahmen zu berichten, die zum Abfangen der Boeing getroffen wurden. Daraus

schlossen die Parlamentarier, daß keine Abfangaktion eingeleitet worden war.)

- Was ist der offizielle Grund dafür, warum Kampfflugzeuge des 305th Air Wing auf der McGuire Air Force Base nicht das zweite entführte Flugzeug in New York aufhielten, was innerhalb von sieben Minuten nach 8.48 Uhr möglich gewesen wäre?
- Warum wurde die Pentagon-Maschine nicht von einem Jet der 459ten Schwadron aus der nur zehn Meilen entfernten *Andrews Airforce Base* aufgehalten?
- Wieso griff die Regelung diesmal nicht, daß das WTC eine verbotene Flugzone ist, in der jedes Flugzeug nach mehrmaligen Warnungen abgeschossen wird, wenn es sich den Türmen drei Meilen genähert hat?
- Warum widerrief Oberst Ken McClellan, Sprecher der Air Force, später seine Aussage vom 11.9., Mohammed Atta sei an der Internationalen Offiziersschule in der *Maxwell/Gunter Air Force Base* eingeschrieben gewesen und von Augenzeugen gesehen worden?
- Warum wurden die Daten der gefundenen Flugschreiber nicht veröffentlicht?
- Warum veröffentlichte das FBI die Protokolle des Funkverkehrs nicht?
- Wieso war das WTC ungewöhnlich leer? Normalerweise sollen dort 40 000 bis 50 000 Personen anwesend sein. Hätten fanatische Terroristen, die einen solch aufwendigen Schlag geplant haben, um »verfluchte Kapitalisten, Imperialisten und Zionisten« zu vernichten, ihren Angriff auf neun Uhr morgens angesetzt, wenn die Türme noch relativ leer und vor allem die höheren Ränge noch nicht anwesend sind? Anfänglich war von Zehntausenden von Toten die Rede, doch die Zahl wurde schnell reduziert. Am 8./9.1.2002 wurden 2893 Opfer angegeben, einschließlich der 157 Passagiere plus Besatzung der beiden Flugzeuge und die rund 300 Feuerwehrleute. Das ergibt »nur« 1200 Personen pro WTC-Turm. Tragisch genug, aber trotzdem für manche seltsam wenig.
- Wieso waren auch die »Tatflugzeuge« außergewöhnlich leer? Laut Meldungen: Flug AA 077: 64 Passagiere bei 289 Plätzen (3/4 leer). Flug AA 011: 92 Passagiere bei 351 Plätzen (fast 3/4 leer), Flug UA 175: 65 Passagiere bei 351 Plätzen (4/5 leer) und Flug UA 093: 45 Passagiere bei 289 Plätzen (4/5 leer). Normalerweise kommt es nie vor, daß Flugzeuge zu 75 bis 80 Prozent leer sind, schon gar nicht vier gleichzeitig. Da *American Airlines* (AA) und *United Airlines*

(UA) bei einer solchen Belegung längst pleite wären, werden Flüge mit weniger als 50 Prozent Belegung nämlich von allen Fluggesellschaften generell abgesagt oder mit Flügen anderer Gesellschaften kombiniert, da sich keine Fluggesellschaft einen derartigen Ausfall leisten kann. Zudem handelte es sich hier um Langstreckenkurse (von der Ostküste nach Kalifornien), wo derart unterbesetzte Flugzeuge — würden sie denn tatsächlich fliegen — einen besonders großen Verlust darstellen. Welche Terrororganisation kann bewirken, daß vollgetankte Flugzeuge auf einem Langstreckenflug entgegen allen Gepflogenheiten unterbesetzt sind, trotz großer Verluste für diese Fluggesellschaften?

- Sind tatsächlich hochrangige Privatpersonen von Regierungsseite an diesem Tag vor Flügen nach New York gewarnt worden, unter anderem der Schriftsteller Salman Rushdie?
- Wieso konnte Niaz Naik, ein ehemaliger Staatssekretär des pakistanischen Außenministeriums, gegenüber der BBC erklären, er hätte schon Mitte Juli 2001 von hochrangigen US-Beamten erfahren, daß ein Militäreinsatz in Afghanistan für Mitte Oktober geplant war, noch bevor dort der Schneefall beginnt?
- Wie erklärt es sich, daß Bin Laden in einem Interview mit dem pakistanischen Magazin »Ummat« im September bekundete, nichts mit den WTC-Anschlägen zu tun zu haben?
- Wann und von wem wurde das »belastende« Video, auf dem sich Bin Laden angeblich der Anschläge rühmt, zu einem Zeitpunkt gefunden, da die Nordallianz und US-Truppen Kandahar und Jallalabad noch nicht erobert hatten ?
- Warum waren (laut »Monitor« im Dezember) die entscheidenden Passagen falsch übersetzt?
- Warum trat General Ahmed, der Chef des pakistanischen Geheimdienstes ISI, im Oktober plötzlich zurück?
- Warum glauben Ahmed wie auch sein Vorgänger General Gul, daß andere Geheimdienste in die WTC-Attacken involviert waren und welche Dienste meinen sie?
- Was ist von dem BBC-Bericht vom 8.11.2001 zu halten, wonach US-Geheimdienstexperten bei Hollywood-Filmemachern angefragten haben sollen, wie sich Terrorangriffe am besten in Szene setzen lassen?
- Stimmt es, daß einige der gezeigten Bilder vom Anschlag nicht mit den tatsächlichen Wetterverhältnissen zum Tatzeitpunkt übereinstimmen?

- Hat die Tatsache, daß die ausländischen Opfer nach ihrem Tod zu US-Bürgern erklärt wurden, etwas mit dem Umstand zu tun, daß dadurch der Zugriff fremder Nationen auf Beweismaterial nicht mehr möglich wird?
- Haben Aufdecker recht, die darauf hinweisen, daß auch beim WTC-Anschlag wie beim Kennedy-Attentat und beim Anschlag von Oklahoma in den fraglichen Stunden sämtliche Telefonleitungen ausgefallen sind, und denen es verdächtig erscheint, daß es in Lower Manhatten außerdem einen totalen Stromausfall gab, durch den auch der wichtige Feuerwehrfunk lahmgelegt wurde?
- Warum werden zum 11. September 2001 keine Ermittlungen eingeleitet, wie sie sonst bei jedem anderen Mordfall üblich sind?
- Wieso wurde mit der Leitung des von der Regierung widerwillig eingesetzten Untersuchungsausschusses ein Republikaner betraut, dessen Geschäftspartner von Opfer-Hinterbliebenenanwälten in einer Milliarden-Klage der Unterstützung und Finanzierung von Al Quaida bezichtigt werden?
- Was ist von der Aussage der Senatoren John McCain, Joseph Lieberman, Porter Goss, Richard Shelby und Ron Paul zu halten, die eine Untersuchung wünschten und gesagt haben: »Die geheime Regierung setzt sich gegen die offene Regierung durch.«?
- Sollte nicht ein internationales oder UN-Tribunal eingesetzt werden, das die Geheimnisse des 11. September zu enthüllen sucht, und warum lassen dies die USA nicht zu?

Die internationale Presse wurde eingeladen, Hinterlassenschaften der Taliban und Al Quaida zu besichtigen. Aber kein einziger Journalist entdeckte Produktionsstätten für chemische oder bakteriologische Waffen, ganz zu schweigen von Anlagen zum Bau von Atomwaffen, wie Donald Rumsfeld angekündigt hatte.

Die gemäß ihrer Selbsteinschätzung größte Armee der Welt konnte den als Drahtzieher des WTC-Attentates deklarierten Staatsfeind Nr. 1 nicht dingfest machen, zu dessen Ergreifung sie offiziell nach Afghanistan gekommen ist, während seine Nr. 2 Mullah Omar mit dem Moped nach Pakistan flüchten konnte.

Eine ähnliche Pleite zeigte sich im Frühsommer 2003, nachdem der vorher entwaffnete Irak von der größten Militärmaschinerie der Welt nicht ganz unerwartet niedergeworfen wurde: Keine Massenvernichtungswaffen ausfindig zu machen, Saddam Hussein wie von Erdboden verschwunden.

Antworten ohne Fragen zum 11. September

»Das Volk kann immer dazu gebracht werden, den Wünschen seiner Führer zu entsprechen. Man muß ihm lediglich erklären, daß es angegriffen wird und die Friedfertigen als Nicht-Patrioten verleumden.«
Hermann Göring

Verschwörungstheoretiker waren sich von dem Moment an, als Afghanistan und der Irak ins Visier der USA gerieten, ziemlich einig, daß es nicht um die Jagd auf Terroristen ging, sondern um die Jagd nach Rohstoffen, die Neuordnung des Nahen Ostens und last not least um einen weiteren Schritt zur Weltherrschaft. Ihrer Meinung nach ist auch im Golfkrieg von 1991 die Kontrolle von strategischen Ölreserven das wahre Ziel der USA gewesen, heute übrigens auch, wie die aktuellen Ereignisse belegen könnten. Die in dem Zusammenhang angeführten Argumente scheinen nicht nur Paranoikern zumindestens diskussionswürdig.

Nunmehr, so wird argumentiert, soll es um riesige Erdgas-Felder nördlich der afghanischen Grenze gehen. Kritische Stimmen, wie die von Arundathi Roy, weisen gerne darauf hin, daß sich in den 1990er Jahren schon einmal ein Konsortium namens *CentGas* zum Bau einer 440 Kilometer langen Gasleitung von den Gasfeldern Turkmenistans bis an die pakistanische Küste zum Arabischen Meer um den kalifornischen Energiekonzern *Unocal* geschart hatte. Das Transit-Land dieses Projektes war Afghanistan. Der damalige Präsident Clinton hatte sich persönlich bei einem Treffen mit dem turkmenischen Autokraten Saparmurat Niyazov für den Bau der Gasleitung stark gemacht.

Das erste Projekt starb im Dezember 1998 offenbar aus politischen Gründen. *Unocal* soll sich aus dem Konsortium verabschiedet haben, weil Feministinnen in den USA gegen die Diskriminierung von Frauen durch die Taliban Sturm gelaufen sind. Eine Pipeline von Bin Ladens Gnaden? Schlimmere Negativ-PR konnte es für ein US-Unternehmen kaum geben. Zentralasien-Experten halten es nach der Niederlage der Taliban für wahrscheinlich, daß die 1998 gestoppten Pipeline-Pläne nun eine Renaissance erleben. *Unocal* hatte seine Fühler Mitte der 1990er Jahre ausgestreckt. Hartnäckig halten sich Gerüchte, die Kalifornier hätten damals persönlich mit Osama Bin Laden über den Bau verhandelt.

Zum *CentGas*-Konsortium, an dem die Amerikaner 46,5 Prozent hielten, gehörten neben der turkmenischem Regierung der russische *Gazprom*-Konzern, eine pakistanische Baugesellschaft und die Konstruktionstochter des koreanischen Konzerns *Hyundai*. Zuvor hatte sich auch die argentinische Gesellschaft *Bridas* für die Pipeline-Konstruktion interessiert.

Die frühere Sowjet-Republik Turkmenistan verfügt über die fünftgrößten Ergasreserven der Welt. 1990, kurz vor dem Zusammenbruch der UdSSR, wurden dort mit 90 Milliarden Kubikmeter Erdgas 14 Prozent der sowjetischen Gesamtförderung herausgeholt. Nach Reibereien mit den Russen, die in den 1990er Jahren zeitweilig die einzigen Export-Pipelines zudrehten, fiel die Produktion dramatisch ab. Mit 30 Milliarden Kubikmetern liegt sie heute immer noch markant unter den einstigen Höchstständen. Das Potential ist also da, was fehlt, sind die Absatzmöglichkeiten, so resümieren Fachleute. Sie weisen darauf hin, daß auf der anderen Seite Afghanistans mögliche Kunden zuhauf beheimatet sind. Allein in den vergangenen zehn Jahren ist der Erdgasverbrauch Pakistans um 70 Prozent nach oben geschossen. Ein großer Teil des Bedarfes wird dabei durch Flüssiggas gedeckt, das per Schiff ins Land kommt und so unnötige Kosten verursacht. Auch Indien ist als riesiger Abnehmer-Markt denkbar.

Diese Hintergründe ließen sich wahrscheinlich noch weiter ausbreiten, wenn die gleichgeschaltete Medienlandschaft an ihnen interessiert wäre. Auf diese Ansicht kann man immer wieder in Publikationen stoßen, die dieser Landschaft nicht angehören, und erst recht im Internet.

Diese neue Klasse von Aufdeckern aller Couleur wartet mit Informationen auf, die nicht so recht in die »offizielle Bin Laden-Verschwörungstheorie« zu passen scheinen. Genauso nennen Zyniker heutzutage nämlich die allgemein akzeptierte Tatversion sowie die gebetsmühlenartige Kampf-dem-Terror-Sprachregelung, weil beides für sie eine mit Bedacht inszenierte Verschwörungstheorie ist, die falsche Spuren legen soll. Der US-Regisseur Michael Moore, Autor des Bestsellers »Stupid White Men«, wagte es nicht nur, anläßlich seiner Oscar-Verleihung für seine Dokumentation »Bowling for Columbine«, sich gegen den bevorstehenden Irak-Krieg zu äußern, sondern kündigte eine weitere Dokumentation an, und zwar über die »wahren Hintergründe« des 11. September. Nicht nur Zyniker wünschen ihm dazu viel Erfolg — und, daß er dieses Projekt lebend abschließen möge.

Auf jeden Fall scheint die Mauer des Schweigens langsam bröckelig zu werden, wie TV- und andere Dokumentationen beweisen, in denen verschämt angedeutet wird, die beiden WTC-Türme hätten in naher Zukunft wegen Baufälligkeit verschrottet werden müssen, oder andere, wie jene auf WDR vom 20. Juni 2003 »Aktenzeichen 11.9. ungelöst«, in der zahlreiche Ungereimtheiten frontal angesprochen werden und sogar die Theorie, die Flugzeuge seien ferngesteuert gewesen, zur Sprache kommt.

Wasser auf die Mühlen besonders Mißtrauischer ist der Bestseller »NSA. Die Anatomie des mächtigsten Geheimdienstes der Welt« (Body of Secrets), mit dem der amerikanische Journalist, Autor und Geheimdienstexperte James Bamford Anfang 2001 die US-Öffentlichkeit nachhaltig schockierte. Darin ist neben peinlichen Enthüllungen aller Art von der sogenannten »Operation Northwoods« aus dem Jahr 1962 die Rede. Dabei handelt es sich um einen von den US-Geheimdiensten ausgearbeiteten Plan für eine Serie von »Fake-Terroranschlägen« (so der Terminus für selbstinszenierten Terror), die Kuba in die Schuhe hätte geschoben werden sollen, um einen Invasionsgrund zu provozieren. Ein Zitat aus Bamfords Buch läßt an Deutlichkeit nichts zu wünschen übrig:

»Geheimen und lange unter Verschluß gehaltenen Dokumenten zufolge, die für dieses Buch eingesehen wurden, machte und verabschiedete der Vereinigte Generalstab Pläne, die vielleicht die schlimmsten waren, die je von einer US-amerikanischen Regierungsinstanz produziert worden sind. Im Namen des Antikommunismus schlugen die Militärs einen geheimen und blutigen terroristischen Krieg gegen ihr eigenes Land vor, um die amerikanische Öffentlichkeit für den irrwitzigen Krieg zu gewinnen, den sie gegen Kuba führen wollten. Nach dem Operation Northwoods genannten Plan, der die schriftliche Zustimmung des Vorsitzenden und aller Mitglieder des Vereinigten Generalstabs hatte, sollten auf Amerikas Straßen unschuldige Menschen erschossen, auf hoher See Boote mit kubanischen Flüchtlingen versenkt und in Washington D. C., Miami und anderswo eine Serie von Bombenanschlägen verübt werden. Menschen sollten für Bombenattentate verurteilt werden, die sie nicht begangen hatten, Flugzeuge sollten gekidnappt werden. Falsche Beweise sollten dazu dienen, Castro für dies verantwortlich zu machen, um (Admiral Lyman L.) Lemnitzer (Vorsitzender des Vereinigten Generalstabes) und seiner Clique einen geeigneten Vorwand für ihren Krieg gegen Kuba zu liefern und dafür nationale und internationale Unterstützung zu mobilisieren.« (Ende Zitat)

Einige der geplanten Aktionen hätten durch als Kubaner verkleidete Spezialeinheiten durchgeführt werden sollen, fast so wie in der Satire von Regisseur Michael Moore »Unsere feindlichen Nachbarn« (Canadian Bacon) mit John Candy in der Hauptrolle aus dem Jahr 1995, in der die Kanadier als Gegner aufgebaut werden sollen, damit die darniederliegende amerikanische Rüstungsindustrie wieder Aufträge bekommt. Der Einsatz von »kubanischen« MIG-Kampfjets mit US-Piloten sollte für eine zusätzliche Provokation sorgen. Man zog sogar in Erwägung, ein unbemanntes ferngelenktes Flugzeug, das als Passagiermaschine getarnt war, mittels Fernzündung über Kuba zur Explosion zu bringen, um den Eindruck zu erwecken, eine harmlose Linienmaschine sei von den Kubanern abgeschossen worden.

Wie aus den mittlerweile veröffentlichten Dokumenten hervorgeht, soll es sich bei diesem »Cuba Project«, das zivile Opfer ganz bewußt in Kauf genommen hätte, nicht um ein abwegiges Planspiel irgendeines Think Tanks gehandelt haben, sondern um ein konkretes, operatives Vorhaben der militärischen Planungsstäbe. Die schon in Vorbereitung befindlichen Aktionen wurden von dem neu gewählten Präsidenten Kennedy gestoppt — sehr zum Unwillen diverser mächtiger Gruppierungen. Kennedy überlebte sein damaliges Eingreifen nur um einige Monate. Sein Tod rettete übrigens auch das israelische Atomwaffenprogramm, dem Kennedy negativ gegenüberstand, während seine Nachfolger ihre schützende Hand darüber gehalten haben sollen, wenn man der BBC-Sendung glauben will, die deutschsprachig am 16. Juli 2003 im »Weltjournal Spezial« unter dem Titel »Mauer des Schweigens« des österreichischen TV-Programms FS2 in Ausschnitten wiedergegeben wurde. Der BBC-Bericht veranlaßte Israel damit übrigens, alle Kontakte zur BBC abzubrechen. Das nur nebenbei.

Und noch ein vielsagendes Zitat aus Bamfords Buch:

»Rückblickend bieten die Dokumente neue Einsichten in die Denkweise der ordensgeschmückten Führung der US-Militärs. Zwar gelang es den Generälen nicht, Amerika durch einen falschen Vorwand in einen Krieg gegen Kuba zu treiben, aber sie könnten den Vietnamkrieg auf diese Art ausgelöst haben. Mehr als 50 000 Amerikaner und über zwei Millionen Vietnamesen wurden insgesamt in diesem Krieg getötet.

Es besteht schon lang der Verdacht, daß der Tonkin-Zwischenfall im Jahr 1964 — der Funke, der den langen Krieg der USA in Vietnam auslöste — von amerikanischen Regierungsbeamten weitgehend inszeniert oder provoziert war, um die Unterstützung des Kongresses und der Öffentlichkeit für eine amerikanische Intervention zu gewinnen. Im Lauf der Jahre sind in Bezug auf den angeblichen Angriff nordvietnamesischer Torpedoboote auf zwei US-Zerstörer im Golf von Tonkin diverse Fragen aufgetaucht. Die Verteidiger des Pentagons bestritten solche Vorwürfe jedoch stets mit dem Argument, daß hohe Regierungsbcamte sich zu einem solchen Betrug nie hergegeben hätten.

Seit die Dokumente über Operation Northwoods zugänglich sind, ist jedoch klar, daß die Täuschung der Öffentlichkeit und die künstliche

Herbeiführung von Kriegen, in denen Amerikaner kämpfen und sterben müssen, auf den höchsten Ebenen des Pentagons als normale politische Mittel galten.« (Ende Zitat)

Ausführliches über den Tonkin-Zwischenfall sowie über die Hintergründe und die Entwicklung des Vietnam-Krieges, wie auch über andere möglicherweise provozierte Kriegsgründe, findet sich in meinem Buch »VERTUSCHT. Wer die Welt beherrscht« (siehe auch meine Homepage www.farkas.at).

Präsident Kennedy, so wird gemunkelt, habe nicht nur die Operation Northwoods vermasselt, sondern den »Dunkelmächten« im Hintergrund auch das Ultimatum gestellt, umgehend mit diversen Umtrieben aufzuhören, die gleich näher zur Sprache kommen. Täten sie das nicht, würde er (Kennedy) alles an die Öffentlichkeit bringen und gleichzeitig daran gehen, diese Machenschaften zu unterbinden. Kennedy soll gerade dazu angehoben haben, als ihn die Kugeln in Dallas trafen.

Manche sind überzeugt, daß diese Gruppierungen oder »Dunkelmächte« nach wie vor aktiv sind und ungebrochen an der »Neuen Weltordnung« zimmern. So weit wollen wir nicht gehen, wohl aber soweit, das »Jahrhundertattentat des 20. Jahrhunderts« nochmals und, ausgestattet mit neuem Wissen, unter die Lupe zu nehmen: das Attentat auf John F. Kennedy am 22.11.1963.

Wer im Weg steht

»Es existiert eine Schattenregierung mit ihrer eigenen Air Force, eigenen Navy und eigenem Fundraising, mit der Fähigkeit ihre eigenen nationalen Interessen ohne Behinderung durch ›checks and balances‹, ja sogar frei von gesetzlichen Einschränkungen zu verfolgen.«
Senator Daniel K. Inouye

Kennedy im Fadenkreuz

Im Frühjahr 1996 kam in den USA ein sensationelles Videoband auf den Markt. Hauptdarsteller ist der wegen Polizistenmordes zu 50 Jahren Haft verurteilte James E. Files, der dreiunddreißig Jahre nach dem Kennedy-

Attentat mit folgender Aussage an die Öffentlichkeit trat: »Ich bin Kennedys Mörder. Ich war der Fahrer des Mafia-Killers Chuck Nicoletti. Ich habe die Waffen für das Attentat von Dallas und den genauen Ort ausgesucht. Ich hatte den Befehl, erst zu schießen, sollte Nicoletti Kennedy nicht mit einer gezielten Kugel in den Kopf erledigen können. Er traf nur den Körper, deshalb erledigte ich den Präsidenten. Dafür bekam ich dreißigtausend Dollar. Lee Harvey Oswald hat nie eine Kugel abgefeuert.« Experten halten Files Aussage für die Wahrheit, und das nicht nur, weil er vom Profit des Verkaufs des wie warme Semmeln weggehenden Videobandes nichts hat.

Den gutbezahlten Auftrag sollen Nicoletti und Files vom Mafia-Boß Sam Giancana aus Chicago erhalten haben. Von genau dem Giancana, der Kennedys Wahl massiv und wahrscheinlich entscheidend unterstützt hatte, da Kennedys Stimmenvorsprung vor Nixon ein Promille betrug. JFKs Vater Joseph Kennedy, der in der Prohibition mit Alkoholschmuggel und mit seiner Hellsichtigkeit, rechtzeitig vor dem Schwarzen Freitag von 1929 auf Börsenverluste zu setzen, sein gewaltiges Vermögen gemacht haben soll, werden nämlich gute Verbindungen zur Mafia nachgesagt. Ohne deren massive Wahlunterstützung hätte JFK in der Tat mancherorts nicht mit wenigen Stimmen Vorsprung vor Nixon gewonnen und wahrscheinlich die Wahl überhaupt verloren (siehe die ORF-Dokumentation von 2002 »Die Geheimnisse der Kennedys«, in der auch offen davon gesprochen wird, daß nicht Oswald, sondern eine Verschwörung Kennedy ermordet hat).

Das Video von 1996 war ein neuer Höhepunkt nach Oliver Stones Sensationsfilm »JFK«, der auf den Nachforschungen von Staatsanwalt Garrison basierte. Der Film erschütterte 1991 die Nation fast ebenso wie das Attentat selbst. Er ließ bei einer überwältigenden Mehrheit der Amerikaner den ohnehin bereits starken Verdacht, der 35. US-Präsident sei einer Verschwörung zum Opfer gefallen, zur sicheren Überzeugung werden. Eine Überzeugung, die nochmals sprunghaft anstieg, nachdem 1998 der Expertenbericht einer unabhängigen Sonderkommission veröffentlicht wurde. Darin kamen die Gutachter mit fünfundneunzigprozentiger Sicherheit zu den Feststellung, bei der Autopsie von Kennedy hätten die Untersuchungen nicht am Gehirn des ermordeten Präsidenten stattgefunden. Wie auch, daß Fotos im Nationalarchiv mit dem Einschuß von hinten nicht Kennedys Hirn zeigen. 1990 hatte sich bereits Charles Crenshaw, der Chirurg, der im *Parkland Hospital* von Dallas versucht hatte, Kennedys Leben doch noch zu retten, dahingehend geäußert, die offiziellen Tatfotos würden eine ganz andere Wunde zeigen, als die, die er operiert hatte.

Widersprüche beim Jahrhundertmord

»Es ist wie ein Schachproblem. Die Warren-Kommission bewegte dieselben Figuren hin und zurück und erreichte nichts. Ich machte einen neuen Zug und löste das Problem.«
Staatsanwalt Jim Garrison

Der unmögliche Attentäter

Folgt man der offiziellen Lesart, so muß der Kennedy-»Einzeltäter« Oswald eine erstaunliche Kombination aus Schwachkopf und Übermensch verkörpert haben. *Schwachkopf* deswegen, weil er für sein »Jahrhundertattentat« im Postversand ein Mannlicher-Carcano-Kleinkalibergewehr mit einem damaligen Handelswert von 13 Dollar bestellte, das im Herstellerland Italien als humane Waffe gilt, weil man damit nichts trifft, und es mit einer Munition lud, die seit 1947 nicht mehr in Verwendung stand. So ausgerüstet visierte er durch das Fenster des Schulbuchlagers den mehr als sechzig Meter entfernten Präsidenten durch ein falsch eingestelltes Zielfernrohr (Kostenpunkt 1,50 Dollar) und durch einen riesigen, dicht belaubten Baumwipfel an.

Allen diesen Handicaps zum Trotz soll der »*Übermensch* Oswald« in einer unmöglichen Zeitspanne (weniger als sechs Sekunden) drei ultrapräzise Schüsse abgegeben haben, die bei zwei Männern (Kennedy und Gouverneur John Connally) insgesamt acht Verletzungen hervorriefen. Wahrscheinlich mußte er vor jedem Schuß sogar noch händisch nachladen, da kein Ladestreifen gefunden wurde. Das Visier saß so schief zum Lauf, daß es erst von Technikern korrigiert werden mußte, ehe geübte Schützen den Versuch machen konnten, Oswalds Meisterschüsse nachzuvollziehen, was 120 Scharfschützen nicht gelang. Jahre später, als man Vorgänge durch Computersimulationen hundertprozentig rekonstruieren konnte, bewies eine solche, daß Oswalds »Meisterschüsse« *absolut unmöglich* waren. Sie wurde bereits in mehreren TV-Dokumentationen zum Kennedy-Attentat gezeigt (beispielsweise in »K1-Extra« am 28.11.2002).

Darüber hinaus war Oswald offenbar auch ein *Supersportler*, da er nach der außergewöhnlichen Tat das Gewehr sorgsam unter Kistenstapeln verstecken und vier Stockwerke hinunter rasen konnte, um sich eine Cola zu holen, wobei er nicht außer Atem war. Dazu hätte er sich mit Lichtgeschwindigkeit bewegen müssen, wie Bezirksstaatsanwalt Jim Garrison zynisch anmerkte.

Damit noch nicht genug, mußte Oswald auf jeden Fall ein *Hellseher* gewesen sein. Bekannterweise wäre Kennedys Wagenkolonne nach dem offiziellen Fahrplan nämlich gar nicht an dem Schulbuchlager vorbeigekommen. Die Vorstellung, Oswald selbst hätte die Streckenänderung der Wagenkolonne auf irgendeine Weise bewerkstelligen können, ist so absurd, daß sie nicht einmal erwähnt wird. Mit dem Hinweis auf diesen Widersinn pflege ich bei Diskussionen allen Verfechtern der Einzeltäter-Theorie sofort den Wind aus dem Segeln zu nehmen, da niemand erklären kann, warum sich Oswald an einem Ort auf die Lauer gelegt hat, an dem Präsident Kennedy gar nicht vorbeifahren sollte. Was von dem gelegentlich ins Feld geführten Argument zu halten ist, Oswald hätte auf gut Glück ein (zweitklassiges) Gewehr an seine Arbeitsstelle mitgenommen und darauf gehofft, daß ihm eine wundersame Fügung des Schicksals das Objekt seines Hasses ohne schützendes Plexiglasverdeck (das war unmittelbar vorher abgenommen worden) vor den Lauf befördern würde, bleibt der Intelligenz jedes einzelnen überlassen.

In der TV-Kultserie »Akte X« erledigt der sogenannte »Raucher« Präsident Kennedy sozusagen als Gesellenstück. Der »Raucher« ist nicht der einzige alternative Kennedyattentäter, den die Unterhaltungsindustrie, ernsthafte Forschung und Verschwörungsfans anzubieten haben. Die nüchternen Fakten scheinen eines auf jeden Fall klar zu belegen: Wer immer es tat, sein Name dürfte *nicht* Lee Harvey Oswald gewesen sein. Wie aktuell die Frage auch heute noch ist, zeigt die einige Jahre zurückliegende Aussage des »Ringer-Gouverneurs« von Minnesota, Jesse Ventura, »The Body«, der im Wahlkampf versprach, das Kennedy-Attentat »persönlich« zu klären. Das gab offenbar den Ausschlag zu seinem Wahlsieg.

Tatsache ist, daß geschätzte mehr als eine halbe Million Seiten zum Kennedy-Attentat, die möglicherweise brisante Fakten enthalten, aus Gründen der »nationalen Sicherheit« bis zum Jahr 2029 unter Verschluß bleiben; »Freedom of Information Act« hin oder her, der nach dem 11. September ohnedies nicht einmal mehr das Papier wert sein soll, auf dem er steht. Was auch immer heute noch hinter den Kulissen ablaufen mag, eine nüchterne Analyse des Attentates spricht jedenfalls eine deutliche Sprache.

Das mutierende Gewehr

Auf dem aktenkundigen Mannlicher-Carcano-Kleinkaliber-Gewehr finden sich keine Fingerabdrücke von Oswald. Er wurde am Tag seiner Verhaftung einem Nitrat-Test unterzogen, der bewies, daß er in den letzten 24 Stunden keine Waffe abgefeuert hatte. Diese Tatsache wurde zehn Monate lang unterschlagen.

Es gibt Indizien, daß der als Tatwerkzeug präsentierte italienische Schießprügel nicht die Waffe war, die kurz nach dem Attentat unter Bücherkisten verborgen in »Oswalds Versteck« gefunden wurde. Officer Seymour Weitzman, der bei der Untersuchung des Gebäudes teilgenommen hatte, war gelernter Maschinenschlosser und ehemaliger Besitzer eines Sportartikelgeschäftes. Er wurde daher von Captain Fritz als Waffenexperte zur Identifizierung der gefundenen Waffe herangezogen. Weitzman erkannte das Gewehr als 7.65er Mauser, eine deutsche Präzisionswaffe. Der gleichfalls anwesende Deputy Sheriff Roger Craig erinnerte sich, das Wort »Mauser« im Metall eingraviert gesehen zu haben. Deputy Sheriff Eugene Boone bezeichnete die Waffe in einer eidesstattlichen Erklärung als Mauser. Noch um Mitternacht des Attentatstages gab Bezirksstaatsanwalt Henry Wade den Medien bekannt, man habe ein Mauser-Gewehr gefunden. Welches umgehend verschwand.

Im selben Raum wurden neben dem (vorerst deutschen) Gewehr drei Patronenhülsen gefunden, die zu einem italienischen Mannlicher-Carcano gehörten, der späteren Tatwaffe. Sie lagen fast parallel nebeneinander, genauso, wie sie beim Auswerfen, besser gesagt Herausschleudern, *nicht* zu liegen pflegen.

Um noch eins draufzusetzen, entdeckte der Bezirksstaatsanwalt Jim Garrison auf einem Film, den eine unabhängige Filmgesellschaft gemacht hatte, wie Polizeibeamte ein Gewehr über die Feuerleiter herunterbringen, wobei sie es wie ein rohes Ei behandeln. Als sie unten angekommen sind, hält ein hochrangiger Polizeibeamter die Waffe kurz triumphierend in die Höhe. Davon gibt es eine Nahaufnahme mit der Bildlegende »Die Waffe des Attentäters«. Dieses Gewehr hatte jedoch — im Gegensatz zur verschwundenen Mauser wie auch zur offiziellen italienischen Tatwaffe — überhaupt kein Visier. Ein drittes Gewehr, das nie wieder auftauchte.

Die berühmten Fotos, auf denen Oswald mit dem (offiziellen) Gewehr und der kommunistischen Zeitung »The Daily Worker«, beziehungsweise mit der linken Zeitung »The Militant« posiert, sind in der Zwischenzeit mehrmals als Fälschung entlarvt worden. Unter anderem vom Fotosachverständigen des Warren-Untersuchungsausschusses, der ein nicht beachtetes Gegengutachten verfaßte. Untersuchungen haben ergeben, daß Oswalds Gesicht auf beiden Bildern identisch ist, nicht aber der dazugehörende Körper. Die zwei »Oswalds« sind nicht einmal gleich groß. Es gibt auf jedem Foto Schatten in verschiedene Richtungen und noch andere Ungereimtheiten. Trotz all der Ungereimtheiten gelten sie als Beweise.

Vertuschung und Beweisentfernung

Auch die Vorgänge bei der und rund um die Autopsie geben vielen zu denken. Im Aufnahmeformular des *Parkland Hospitals*, unterschrieben von Dr. Robert McClelland, ist von »massiven Kopf- und Gehirnverletzungen des Präsidenten durch eine Schußwunde in der linken Schläfe« die Rede (die klassische Formulierung für eine Schußwunde, bei der die Kugel von vorne gekommen ist). Eine Autopsie wäre Vorschrift, doch FBI-Beamte hinderten den zuständigen Arzt mit Waffengewalt daran und verfrachteten den Leichnam in die Präsidentenmaschine. Die Autopsie wurde von Ärzten des Marinekrankenhauses *Naval Medical Centre* in Bethesda, Bundesstaat Maryland, vorgenommen, von denen kein einziger über gerichtsmedizinische Erfahrung verfügte. Einer von ihnen gab später an, sie hätten den Schußkanal im Körper des Präsidenten nicht freigelegt (was für die Bestimmung des Schußwinkels von entscheidender Bedeutung gewesen wäre), weil eine »hochrangige Persönlichkeit«, wahrscheinlich ein General, sie daran gehindert habe.

Während der Autopsie wurden fünfzehn bis zwanzig Fotos und Röntgenbilder gemacht. Laut Staatsanwalt Garrison hat die Warren-Kommission kein einziges dieser Fotos und keine der Röntgenaufnahmen untersucht. Statt dessen ließ der Leiter der Obduktion, Commander James J. Humes, für die Kommission Zeichnungen von den verschiedenen Autopsieteilen anfertigen. Seltsamerweise durften die Zeichner weder Fotos noch Röntgenbilder sehen, sondern mußten nach mündlichen Angaben arbeiten.

Völliges Unverständnis löst bei Fachleuten die Tatsache aus, daß Kennedy beerdigt wurde, ohne daß bei irgendeiner Untersuchung sein Körper auch nur ein einziges Mal umgedreht und von beiden Seiten begutachtet worden wäre. In Dallas schien es niemand für notwendig erachtet zu haben, nach der Schußwunde am Rücken des Präsidenten zu sehen, die in Bethesda wohl bemerkt, aber nicht mit der Verletzung an der Kehle des Präsidenten in Verbindung gebracht wurde. Mittlerweile sprechen starke Indizien dafür, daß während des Transportes vom Krankenhaus in Texas zu dem in Maryland am Körper des toten Präsidenten manipuliert worden ist.

Eine Untersuchung von Kennedys Gehirn könnte sogar heute noch die alles entscheidende Frage klären, ob ihn eine Kugel von vorne getroffen hat. Allerdings nur, wenn etwas zum Untersuchen da wäre, was nicht der

Fall ist. Kennedys Gehirn sowie einige Gewebeteile sind nämlich verschwunden und bis zum heutigen Tage nicht wieder aufgetaucht.

Wenig beachtet wird der Umstand, daß der *Secret Service*, der vor Kennedys Todesfahrt alle Agenten entlang der Fahrtroute zurückgezogen haben soll, obwohl der französische Geheimdienst die US-Führung aufmerksam gemacht hatte, daß die Bewachung des Präsidenten schon von Haus aus unzulänglich war und mehrere hundert Warnungen eingegangen waren, nach dem Attentat in einem Anfall extremer Reinlichkeit Gouverneur Connallys Anzug mit den Einschußlöchern und allen weiteren Beweisen, die sich vielleicht darauf befanden, zum Reinigen und Bügeln in die Wäscherei schickte und dann die Präsidentenlimousine gründlich säuberte. Eine Vorgehensweise, die keineswegs zur Erhaltung wichtiger Blut-, Kugel- und Knochenspuren beitragen konnte.

Das »zauberhafte« Geschoß

Jetzt wird es noch bizarrer als bisher, denn nun scheint Zauberei ins Spiel zu kommen. Laut offizieller Lesart hat Oswalds dritte Kugel (besagtes 6.5-Millimeter-Wundergeschoß) Kennedy und den vor ihm sitzenden Gouverneur Connally getroffen, wobei sie Kurven beschrieb, zwischen beiden Opfern hin- und herpendelte, und zwischendurch kurz einmal anhielt. Entdeckt wurde das Geschoß schließlich — wie hingelegt und fast intakt — auf der Bahre von Gouverneur Connally im Parkland-Krankenhaus. Seltsamerweise fanden sich in Connallys Handgelenk mehr Splitter der Kugel, als an dem Geschoß fehlten. Jahre später wurde bekannt, jedoch nicht zur Kenntnis genommen, daß bei der Autopsie eine weitere Kugel in Kennedys Leichnam gefunden worden war. Connally war von Anfang an überzeugt, von einem zweiten Geschoß getroffen worden zu sein. Warum der Zirkus mit der Zauberkugel?

Die Regierung hatte bereits zugegeben, daß eine Kugel den Präsidenten verfehlt hatte, wobei einer ihrer Splitter die Wange des Zuschauers James Tague traf, und daß die zweite für die Zertrümmerung von Kennedys Schädel verantwortlich war. Daher *mußte* die *dritte* Kugel für *alle* restlichen Verletzungen bei Kennedy und Connally herhalten. Das konnte wohl nur eine Zauberkugel. Daher wurde das Geschoß auch folgerichtig als »Magic Bullet«, Kommissions-Beweisstück Nr. 399, registriert.

Der verfälschte Film

An sich hätte der berühmte, 26 Sekunden dauernde, aus 480 Einzelbildern bestehende 8-mm-Film des Attentats-Zeugen Abraham Zapruder zumindest klarstellen sollen, ob Kennedy von vorne, von hinten oder aus mehreren Richtungen getroffen wurde, aber mit diesem »Beweisstück« scheint es auch eine besondere Bewandtnis zu haben.

Der Öffentlichkeit wurde der — vom FBI sofort beschlagnahmte — Film über fünf Jahre lang vorenthalten. Für die Untersuchung der Warren-Kommission fertigte das FBI ein Kopie an, bei der die entscheidenden Einzelbilder 313, 314 und 315 unglücklicherweise vertauscht wurden, die in Momentaufnahmen zeigen, wie Kennedys Kopf zurückgeworfen wird und Blut und Gehirnmasse hervorschießen. Durch diese Vertauschung entsteht der Eindruck, Kennedy sei von hinten getroffen worden. Laut FBI-Chef J. Edgar Hoover war das »ein unabsichtlicher Fehler bei der Kopie.« Da ein gebremster oder beschleunigter Körper hin- und hergeschleudert werden kann (Stichwort Peitschenschlagsyndrom), wurde argumentiert, Kennedys Kopf wäre nicht wegen des Aufpralls eines vorne einschlagenden Geschosses nach hinten geruckt, sondern weil der Wagen beschleunigte. Tatzeugen sagten jedoch aus, Kennedys Ford Lincoln hätte nicht beschleunigt. Er sei im Gegenteil langsamer geworden, ja geradezu stillgestanden. Dummerweise fehlt die von Tausenden bestätigte Verlangsamungsphase im Film, was den Verdacht hervorgerufen hat, der Streifen könnte — neben der zufälligen Vertauschung der entscheidenden Einzelbilder — manipuliert, beziehungsweise ein möglicherweise verräterisches Stück herausgeschnitten worden sein. Als Indiz dafür werden die unerklärlichen Schlieren auf der linken Seite des Films angeführt, die in keinem vergleichbaren Film aus dieser Zeit zu finden sind. In dieselbe Kerbe könnte die Tatsache schlagen, daß der Film von den Behörden nach Rochester gebracht wurde, wo sich das damals modernste Filmlaboratorium der Welt befand.

1969 wurde der *korrekte* Zapruder-Film erstmals öffentlich vorgeführt. Danach sagte der außerordentliche Professor für Pathologie und Experte für Gerichtsmedizin Dr. John Nichols: »Nachdem ich mir die Dias, Fotos und Zapruders Film angesehen habe, bin ich zu dem Schluß gelangt, daß sie einen von vorne kommenden Schuß zeigen.«

Filme sind unbestechliche Zeitnehmer, da sie mit einer bestimmten Geschwindigkeit ablaufen. Die Geschwindigkeit des Zapruder-Films beweist, daß Oswald maximal 5,6 Sekunden Zeit zum Feuern hatte. Das schließt selbst bei den ihm zugestandenen Superfähigkeiten einen vierten Schuß aus. Daher anscheinend der Eiertanz mit der Zauberkugel und das Negieren eines vierten Schusses.

Der Öffentlichkeit so gut wie unbekannt ist der 8-Millimeter-Film, den die Nachtklubsängerin Beverly Oliver mit ihrer Kamera vom Attentat gedreht hat, da er von Regierungsbeamten sofort beschlagnahmt wurde und nie wieder aufgetaucht ist.

Der mehrfache Attentäter

Staatsanwalt Jim Garrison gelang es, einem Mann auf die Spur zu kommen, der Oswald nach Zeugenaussagen ähnelte, oder nicht ähnelte, seine Größe hatte, oder nicht hatte. Ungeachtet dieser Diskrepanzen hinterließ dieses Phantom unübersehbare Spuren von schwer zu überbietender Auffälligkeit.

So erschien »der zweite Oswald« Mitte September 1963 in Begleitung einer Frau mit Kopftuch im Mexikanischen Konsulat in New Orleans (merke: Russinnen tragen Kopftücher, und Oswalds Frau Marina war Russin). Dort fiel der Mann erwartungsgemäß auf, als er sich in verschwörerischer Weise erkundigte, wie man eine Schußwaffe am besten über die Grenze bringen könne.

Anfang November 1963 bewarb sich ein junger Mann unter dem Namen Lee Oswald beim *Southland Hotel* um den Job als Parkwächter. Dabei erkundigte er sich auffällig, ob man von diesem Gebäude einen guten Blick auf die Innenstadt von Dallas habe.

Bei der Autohandlung *Downtown Mercury*, die genau gegenüber dem Ort des späteren Attentates lag, erschien ein junger Mann, der Interesse an einem roten Mercury Comet zeigte. Während der Probefahrt raste er wie ein Amokfahrer. Als er danach erfuhr, daß für den nagelneuen Wagen zwei- bis dreihundert Dollar Anzahlung zu leisten wären (wer hätte das gedacht?), zeigte er sich überrascht und betroffen. Zwei Verkäufer hörten ihn sagen: »Vielleicht muß ich nach Rußland zurück, um mir einen Wagen kaufen zu können.« Dann meinte er, er werde in einigen Wochen wiederkommen, wenn er flüssig sei. Als Name gab er Lee Oswald an, den Namen eines Mannes, der nicht Auto fahren konnte. Verständlicherweise merkten sich die Verkäufer diese Schmierenkomödie. Trotzdem konnten sie den Betreffenden nicht mit Sicherheit als Oswald identifizieren. Frank Pizzo, der Besitzer des Autohauses, erinnerte sich der Größe des Kunden (sie war fast zwanzig Zentimeter geringer als die des Attentäters Oswald). Bei der Befragung durch den Rechtsberater der Warren-Kommission Albert Jenner fand Pizzo Oswald nicht unter anderen Männern heraus. Als ihm ein Foto von Oswald allein vorgelegt wurde, quälte sich Pizzo herum. Schließlich meinte er: »Na, ja, ich bin mir nicht sicher … Aber wenn ich mich eindeutig äußern muß, würde ich sagen, daß er es nicht ist.«

Viele Zeugen identifizierten Oswald nicht als den Mann, der den jungen Polizisten Tippit kaltblütig ermordete (eine Tat, die Oswald auf der Flucht begangen haben sollte). Manche Zeugen sprachen sogar von zwei Polizistenmördern, keiner davon Oswald. Verwertet wurden jedoch nur ins Bild passende Aussagen, die nicht selten suggestiv zustande gekommen sein sollen. Abgesehen davon ergaben Auswertungen, daß Oswald zur Zeit des Tippit-Mordes anscheinend gar nicht am Tatort sein konnte. Last not least ist da auch noch der bereits erwähnte Nitrat-Test.

Bei der Autopsie wurden vier Kugeln aus Tippits Leiche herausgeholt, die zu zwei verschiedenen Munitionssorten gehörten. Die Mordkommission von Dallas schickte nur ein Geschoß an das FBI-Labor in Washington D. C. mit dem Vermerk, es sei die einzig gefundene Kugel. Die paßte zur allgemeinen Verblüffung allerdings nicht zu Oswalds Revolver. Dasselbe galt für die mühsam beschafften drei weiteren Geschosse.

Nicht weniger ungewöhnlich ist die Tatsache, daß kein Protokoll des zwölfstündigen Verhörs von Oswald existiert, und daß bei dieser extrem wichtigen Befragung kein Tonband mitgelaufen ist.

Die ignorierten Zeugen

Mehrere Personen wollen deutlich gesehen haben, daß die Kugel Kennedy in die Stirne getroffen hat. Viele Zeugen beschworen, den Knall eines vierten Schusses gehört, in der Baumgruppe auf dem später zu Berühmtheit gelangten Grashügel Mündungsfeuer und Rauch gesehen und Männer mit FBI-Marken bemerkt zu haben, von denen das FBI nichts wußte. Hunderte Menschen liefen zum Ort der Schüsse — zum Grashügel, nicht zum Schulbuchlagerhaus. Einige Tatzeugen, die zwischen dem Grashügel und dem getroffenen Präsidenten standen, warfen sich sogar zu Boden, weil sie sich in der Schußlinie wähnten. Männer, die sich als *Secret-Service*-Agenten auswiesen, wurden auf und beim Grashügel gestellt, obgleich sich nach offizieller Darstellung außer bei der Wagenkolonne kein einziger *Secret-Service*-Mann am Tatort befunden hatte.

Eine Lehrerin und ein Polizist waren einem Mann nachgelaufen, der vom Parkplatz zu einem Auto gerannt und eilig davongefahren war. Diesen Vorfall hatte der Weichensteller Lee Bowers jr. zu seinem späteren Leidwesen von seinem Logenplatz im Glasturm fünf Meter über dem Rangierbahnhof ebenfalls beobachtet.

Ein Zeuge sah einen Gewehrträger vom Grashügel wegrennen, der die Waffe mit geübten Griffen zerlegte, in einem Gewehrkoffer verstaute und davonfuhr. Ein weiterer Zeuge, der den Gewehrmann auf dem Grashügel ebenfalls gesehen hatte, erregte sich fast dreißig Jahre später bei einem Interview immer noch heftig darüber, daß die Polizei sich geweigert hatte, seine Aussage zur Kenntnis zu nehmen.

Der Student Arnold Rowland blickte vor dem Eintreffen von Kennedys Wagenkolonne zufällig zum Schulbuchlagerhaus hinauf und bemerkte an dem am weitesten rechts befindlichen Fenster im fünften Stock, hinter dem zu dieser Zeit Oswald schon gelauert haben müßte, einen älteren dunkelhäutigen Mann. Am entgegengesetzten Ende des Gebäudes sah er hinter dem Fenster ganz links einen Mann stehen, der ein Gewehr in militärischer Weise vor dem Körper hielt. Rowland dachte, es sei ein sichernder *Secret-Service*-Agent. Als der Student am nächsten Tag dem FBI davon berichtete, legte man ihm nahe, die Sache zu vergessen. Carolyn Walther, die im benachbarten *Dal-Tex*-Gebäude arbeitete, hatte Rowlands Gewehrmann gleichfalls bemerkt. Ein Gewehrmodell wie seines hatte sie noch nie gesehen. Auch Carolyn Walther wurde von der Warren-Kommission nicht als Zeugin geladen.

Der sechzehnjährige Amos Euins sah sogar den Schützen im ganz rechten Fenster des fünften Stockes während der Tat und beschrieb ihn als älteren Schwarzen. Weder der hellhaarige Gewehrmann im linken noch der ältere dunkelhäutige Schütze im rechten Fenster ähnelten dem jungen dunkelhaarigen Weißen Lee Harvey Oswald im geringsten. Gleichlautende Aussagen machten auch Insassen des fünften Stocks im Bezirksgefängnis in der Houston Street, die von ihren Fenstern den besten Blick auf den nahen und in gleicher Höhe befindlichen fünften Stock des Schulbuchlagerhauses gehabt hatten.

Zahlreiche Verdächtige — darunter auch solche, die unmittelbar nach dem Attentat aus dem Schulbuchlagerhaus rannten — sind von der Polizei laufengelassen worden. Es erfolgte nicht einmal der Versuch, die Inhaber eines Kombiwagens ausfindig zu machen, dessen drei Insassen aus dem Buchlager gestürmt, in den Wagen gesprungen und dann gegen eine Einbahnstraße davongerast waren, obwohl dieser Vorfall dem Chef der Mordkommission gemeldet wurde.

Einige Zeugen berichteten, vier der Sicherheitskräfte, die Kennedy begleiten sollten, hätten am Vortag bis 3.30 Uhr des Tatmorgens in einer Bar gezecht. Seltsamerweise verlor keiner von ihnen seinen Job. Als dann die Schüsse auf den Präsidenten fielen, sprang nur ein einziger Sicherheitsbewacher aus dem hinter den Präsidentenlimousine fahrenden Wagen, um den schwer verletzten Kennedy zu schützen, worauf ihm ein FBI-Agent befahl, wieder in den Wagen zurückzukehren. Ein allen Gepflogenheiten widersprechender Befehl, da Sicherheitsbewacher das Leben des Präsidenten auch mit ihrem Körper zu schützen haben, was in der amerikanischen Geschichte schon mehr als einem Präsidenten das seine gerettet hat (beispielsweise Reagan).

All diesen Zeugenaussagen wurde beim Warren-Report keine größere Bedeutung zugemessen. Manche der Zeugen wurden gar nicht erst angehört und wenn ja, fanden ihre Aussagen nicht Eingang in den Report oder in die 26bändige Dokumentation. Damit hatten sie keinen Einfluß auf die abschließende Einzeltäter-Erklärung der Warren-Kommission. Ein interessantes Schlaglicht auf die Warren-Kommission wirft vielleicht die Tatsache, daß auch Ex-CIA-Chef und Hitler-Sympathisant Allan Dulles in besagte Kommission berufen wurde. Genau der Mann, den John F. Kennedy mit dem Versprechen entlassen hatte, die CIA zu »reinigen« und in tausend Stücke zu zertrümmern — wozu es durch die Ermordung des Präsidenten allerdings nicht kommen sollte …

Staatsanwalt Garrison war besonders darüber ergrimmt, daß die Anwälte und Rechtsberater der Warren-Kommission Joseph A. Ball und David Belin bei den Verhören die Zeugen nicht nach den von ihnen beobachteten Ungereimtheiten befragten. Einige Aussagen waren in den offiziellen Berichten so verändert worden, daß sie den genau gegenteiligen Sinn ergaben. Darüber beklagten sich Betroffene bei Jim Garrison.

Spätere Befragungen der Nicht-Angehörten oder Ignorierten waren in vielen Fällen nicht mehr möglich, da alsbald nach dem Attentat eine veritable Massenwanderung der Zeugen ins Jenseits einsetzte.

Die zum Schweigen gebrachten Zeugen

Der Bahnwärter Lee Bowers jr. starb bei einem seltsamen Autounfall.

Deputy Sheriff Roger Craig, der die ursprüngliche Tatwaffe als »Mauser« erkannt hatte und dem seltsame »Amtshandlungen« nach dem Attentat aufgefallen waren, zog für einige Zeit nach New Orleans, nachdem auf ihn geschossen worden war. Er erzählte Jim Garrison, die Behörden hätten ihn regelrecht vertrieben. Wieder nach Dallas zurückgekehrt, wurde sein Wagen in die Luft gesprengt. Obwohl Craig sich darin befand, überlebte er. Nicht lange, denn schon bald wurde er daheim erschossen aufgefunden.

Deputy Sheriff Buddy Walthers, der auf der Daley Plaza beobachtete, wie ein unbekannter Zivilist mit einem Funkempfänger-Ohrstöpsel eine Kugel aufhob, wurde ermordet. Die aufgehobene Kugel tauchte nie auf.

James Worrell sagte der Warren-Kommission, er hätte einen vierten Schuß gehört. 1966 starb er bei der Kollision seines Motorrades mit einem PKW. Richard Carr, der Worrells Aussage bestätigte, überlebte ein Messerattentat und den fehlgeschlagenen Versuch, seinen Wagen in die Luft zu sprengen, um Haaresbreite.

Warren Reynolds, der einen Schützen auf der Jefferson Street laufen gesehen hatte, zögerte zuerst, ihn als Oswald zu identifizieren. Kurz darauf wurde er im Dunkel einer Tiefgarage in den Kopf geschossen. Nach seiner Genesung stand es für Reynolds fest, daß der rennende Mann Oswald gewesen war.

Nicht nur Zeugen raffte es dahin. Ein gewisses Nahverhältnis zu den Akteuren im Kennedy-Fall, mitunter lediglich zu laut geäußerter Unglauben an der offiziellen Version, scheint ausgereicht zu haben, um das Interesse des Sensenmannes zu wecken. Eine Sterbewelle verschloß auch Zweiflern oder Randfiguren den Mund.

Bis heute hält sich die Behauptung, die offiziellen Autopsiefotos seien gefälscht. Die »echten« soll Lieutenant William Pitzer an sich genommen haben. Pitzer erzählte herum, Uniformierte hätten ihn zu der Aussage geprügelt, er wisse überhaupt nichts. Wenig später beging der *Links*händer Pitzer mit einer 45er Selbstmord, die er im Tod mit seiner *rechten* Hand umklammerte.

Ein makaber-pikantes Gegenstück ist der Selbstmord des früheren CIA-Agenten Gary Underhill. Der *Rechts*händer Underhill vertraute Freunden an, die CIA sei in das Kennedy-Attentat verwickelt. Bald darauf schoß er sich in die *linke* Schädelseite.

An die vierzig Zeugen erlagen bizarren Unfällen, tückischen Krankheiten oder begingen spontan Selbstmord. Einer davon wurde in seinem eigenen Hinterhof irrtümlich für ein Reh gehalten und erschossen. Zu dieser ungewöhnlichen Aktivität des Sensenmannes stellte ein Versicherungsfachmann eine mathematische Studie an, wie sie bei Lebensversicherungen üblich ist. Danach hätte 1963 die Wahrscheinlichkeit, daß sich nur drei Jahre später alle genannten Personen, von denen die meisten noch jung waren, unter der Erde befinden würden, *1:100 000 Billiarden* betragen.

Mehr als ein *Einzeltäter*

Neben der Sterbewelle entfaltete sich die ebenso unwahrscheinliche Zusatzgroteske »Einzeltäter liquidiert Einzeltäter«: Der Mord an Oswald durch den Barbesitzer Jack Ruby am 24.11.1963 im Kellergeschoß des Polizeipräsidiums von Dallas. Die Polizisten, die keine Maus an Oswald heran ließen, hatten den wohlbekannten Barbesitzer mit mehr als nur vermuteten Mafiaverbindungen nicht am Betreten des Kellers gehindert, obwohl er nicht einmal den unbedingt erforderlichen Presseausweis vorweisen konnte. Später wurde sogar die Vermutung laut, mit Oswalds Überstellung sei bewußt gewartet worden, bis ein vierfaches Hupsignal von der Straße Rubys Eintreffen signalisiert hätte. Danach wurde Oswald gebracht, und prompt von Ruby erschossen.

Der zu lebenslangem Zuchthaus verurteilte Ruby verlangte im Gefängnis von Dallas vier Jahre lang verbissen, nach Washington überstellt zu werden. Nur dort würde er sich sicher genug fühlen, um über die wahren Hintergründe des Kennedy-Attentates auszusagen. Dieses Ansinnen wurde vom Leiter der Warren-Kommission Earl Warren konsequent abgelehnt. Als Ruby diese Anhörung 1967 endlich doch zugesagt wurde, verstarb »der Rächer seines Präsidenten« unerwartet an Lungenkrebs.

Eine unsichtbare Macht

Jim Garrison zeigte seinem Assistenten Frank Klein die Titelseite der »Dallas Morning News« vom 22. November 1963. Sie wurde zu fast fünf Sechsteln von einer graphischen Darstellung der vorgesehenen Fahrtroute beim Kennedy-Besuch eingenommen. Laut dieses Plans sollte die Präsidentenparade nicht von der Main Street abbiegen, wie es später geschehen war. Wie schon betont, hätte Oswald ohne die unerwartete Richtungsänderung bis zum Sankt Nimmerleinstag auf Kennedy warten können. Da der Präsident der Vereinigten Staaten jedoch buchstäblich im letzten Moment umgeleitet wurde, wobei seine Kolonne eine 120-Grad-Linkskurve beschreiben mußte, die eine Verringerung der Geschwindigkeit auf knapp über zwanzig Stundenkilometer erforderte, fuhr Kennedy direkt in die Arme des oder der Attentäter. Zyniker ätzen, der Umstand, daß vorher das Funksystem der Polizei um 12 Uhr 29, vier Minuten vor dem Attentat, aus bis heute ungeklärter Ursache ausgefallen ist, gehört wohl zur Reihe wundersamer Zufälle, die der nicht weniger wundersame Oswald anscheinend fix in seinen Attentatsplan eingebaut hat. Darüber, ob der fast zeitgleich mit den Todesschüssen von Dallas in Washington D. C. erfolgte Zusammenbruch des Telefonsystems ein Teil des Attentates war oder nicht, wird heute noch gestritten. Eines ist klar: dieser weitere »Zufall« behinderte alle Such- und sonstigen Aktionen erheblich.

Die Warren-Kommission mußte sich mit dem Titelseiten-Rätsel nicht herumschlagen. Ihr wurde eine alternative Titelseite vorgelegt. Sie zeigt keine Fahrtroute, sondern nur eine große graue Fläche. In Jim Garrisons

Buch »Wer erschoß John F. Kennedy?« findet sich seine Antwort auf die Frage Kleins, wie man es nennen soll, wenn derartiges als offizielles Beweisstück akzeptiert wird. Sie lautet: »So etwas nennt man einen Staatsstreich.«

Carl Oglesby, der Begründer und Direktor des *Assassination Information Bureau*, meinte zum Kennedy-Attentat: »Eine geheime Macht, die wir nur schwach erkennen können und der wir kaum Widerstand zu leisten wissen, scheint Schlüsselpositionen der Regierung in Besitz genommen zu haben ...«

Wer sich eingehend über eine ganze Palette von möglichen Hintergründen zum Kennedy-Attentat und über die verblüffenden Parallelen zur Ermordung von Abraham Lincoln, fast genau hundert Jahre vorher, informieren möchte, der kann das in meinem Buch »VERTUSCHT. Wer die Welt beherrscht« tun (Argo-Verlag, siehe auch meine Homepage www.farkas.at).

Wir wollen uns nun der Frage zuwenden, ob eine »geheime Macht« vielleicht auch hinter anderen Todesfällen stecken könnte, die nach offizieller Lesart entweder auf das Konto von Einzeltätern gehen oder als Unfälle zu den Akten gekommen sind. Um nicht völlig im Verschwörungssumpf zu versinken, bleiben wir bei der vom Schicksal mehr als einmal schwer getroffenen Kennedy-Familie, von der möglicherweise nicht nur JFK den viel zitierten »Dunkelmächten« im Wege gewesen sein könnte.

Kennedy-Mord Nummer *zwei*

In den Langzeitwellen, die das Attentat an JFK verursacht hat, ist der spätere Mord an seinem Bruder Robert Kennedy fast untergegangen, obwohl auch hier Ungereimtheiten sonder Zahl auftreten, die sich mit denen bei der Ermordung seines »großen Bruders« John F. durchaus messen können. Abermals ein derangierter Einzeltäter — und wieder heftige Zweifel an genau diesem Umstand.

Nachdem Senator Robert »Bob« Kennedy am 5. Juni 1968 in Kalifornien die Vorwahlen der demokratischen Partei gewonnen hatte, gab es wenig Zweifel daran, daß er im November desselben Jahres der nächste US-Präsident sein würde. In besagter Juninacht feierten er und seine Wahlhelfer im *Ambassador*-Hotel in Los Angeles. Als Robert Kennedy in den frühen Morgenstunden inmitten seiner Leibwächter nach einer Pressekonferenz durch die mit Personen gefüllte Küche des Hotels geschleust wurde, trat ein junger Mann von orientalischem Äußeren aus der Menge heraus, auf den Senator zu und eröffnete das Feuer aus etwa einem Meter Entfernung. Der Getroffene stürzte zu Boden, Blut an Kopf und Oberkörper.

In rasender Fahrt ging es ins Krankenhaus, wo Robert Kennedy 25 Stunden später verstarb, ohne das Bewußtsein wiedererlangt zu haben. Ein trauriger, aber klarer Fall, so schien es zu der Zeit: Mord vor Dutzenden Zeugen, ausgeführt vom Pakistani Sirhan Bishara Sirhan, der noch am Tatort verhaftet wurde.

So klar aber auch wieder nicht, wie sich herausstellen sollte.

Zuerst einmal erschien es vielen rätselhaft, wieso Kennedys Wunden Kordit-Spuren von Schüssen aus nächster Nähe aufwiesen, obwohl der »Attentäter« aus mindestens einem Meter Entfernung geschossen hatte.

Noch seltsamer mutet an, daß nach der Beweislage *mindestens neun* Kugeln im Tatbereich abgefeuert worden waren, obgleich die Trommel von Sirhans Revolver vom (sehr kleinen) Kaliber 22 nur acht Patronen in der Trommel faßte. Der FBI-Agent William Bailley, der ebenfalls den Bereich des Anrichtraums inspizierte, registrierte zwei weitere Kugellöcher im Holz der Haupttüre. Ein weiterer Einschuß soll darüber hinaus von den Polizeioffizieren Rozzi und Wright entdeckt worden sein. Insgesamt sollen nach Zeugenaussagen 12 Kugeln geborgen worden sein. Feststellungen, die vom LAPD ignoriert wurden. Möglicherweise war die Beamten des *Los Angeles Police Department* (LAPD) von Sirhans Täterschaft dermaßen überzeugt, daß sie einfach zu zählen aufhörten, nachdem sie acht Kugeln festgestellt hatten. Andere Vermutungen sind schlimmer.

Beispielsweise wurden den beiden LAPD-Officers Leutnant Pena und Sergeant Hernandez, die bei der Untersuchung federführend waren, starke CIA-Verbindungen nachgesagt. Robert F. Kennedy stand der CIA sehr mißtrauisch gegenüber. Im März 1967 deckte er auf, daß zahlreiche von Prominenten ins Leben gerufene Stiftungen als Durchgangsschleusen für geheime CIA-Gelder dienten, die dann für Geheimprojekte eingesetzt wurden. Das dürfte ihm wenige Freunde bei der mächtigen Geheimdienstorganisation eingebracht haben.

Zeugen berichteten von einem Mädchen in einem gepunkteten Kleid, das vom Tatort weggerannt sein und dabei geschrieen haben soll: »Wir haben Senator Kennedy umgebracht.« Die Polizei stellte diese Zeugen später einer gewissen Kathy Fulmer gegenüber, die besagte junge Frau gewesen sein soll, doch es kam zu keiner Identifikation.

Der Coroner (amtliche Leichenbeschauer) Dr. Thomas Noguchi legte Beweise vor, daß Robert Kennedy in Wirklichkeit aus einer Distanz von maximal 2,5 Zentimetern in den Rücken geschossen worden war. Eine dritte Kugel hatte ihn in den Hinterkopf getroffen. Das LAPD verlangte von Dr. Noguchi, seine Beweise so zu verändern, daß eine Schußentfernung von etwas einem Meter möglich wurde, was er ablehnte. In der Folge wurde Druck auf ihn ausgeübt, nicht über seine Entdeckungen zu sprechen, was er abermals ablehnte. Schließlich wurde ihm der Fall wegen »Unfähigkeit« entzogen, was er gerichtlich anfocht und gewann. Sein Ruf wurde wiederhergestellt und er wurde wieder eingesetzt. Die von ihm zur Ermordung von Senator Bob Kennedy vorgelegten Beweise wurden allerdings niemals offiziell gewürdigt. Die Verteidigung machte keinen Gebrauch von Dr. Noguchis Beweisen oder brachte die mögliche zweite Waffe ins Spiel.

Wenn all das stimmt, und die genannten Fakten gibt es, bedeutet das die Verwendung von mindestens zwei Waffen. Das wiederum bedeutet *Verschwörung*. Und das ist nur der Anfang.

Mehrere Zeugen von Sirhans Arretierung berichteten von seinem kranken Lächeln und seinem glasigen Blick. Beim Verhör stammelte er unzusammenhängend mit schwacher Stimme. Ein Gesamteindruck, der manche Fachleute zu der Aussage brachte, Sirhan hätte unter Hypnose gestanden. Der Umstand, daß er am Tatort war und eine Waffe abfeuerte, macht ihn für viele zum mißbrauchten (unfreiwilligen?) Mitspieler bei dem Drama, eine Art Oswald im neuen Gewande. Manche verweisen in dem Zusammenhang auf die Bewußtseinsveränderungs- und Konditionierungsprogramme gewisser Regierungsstellen, die unter anderem als »MK Ultra« bekannt geworden sind und die beispielsweise so etwas wie »Roboter-Attentäter« geschaffen haben sollen. Der US-Autor Ken Thomas findet es bemerkenswert, daß der Psychiater Dr. Bernard Diamond, der eine Anfälligkeit Sirhans für hypnotische Beeinflussung festgestellt hatte, dreizehn Jahre später Mark David Chapman, den Mörder von John Lennon, besuchte. Und vielleicht noch bemerkenswerter, daß Chapman, der bis dahin behauptet hatte, unter Hypnose gehandelt zu haben und daher unschuldig zu sein, nach diesem Besuch nunmehr auf »schuldig« plädierte. (Ausführliches über diese »Gedankenkontrolle« findet sich in meinem Buch »VERTUSCHT. Wer die Welt beherrscht«.)

Der englische Journalist John Kimche recherchierte, daß Sirhan Sirhan Geheimdienstkontakte hatte, wenn auch nicht klar herauskam, zu welchem Dienst, und daß dies dem FBI bekannt gewesen war. Nichts davon kam bei Sirhans Prozeß zur Sprache oder wurde in einem US-Medium publiziert, wohl aber in den Wochen nach dem Attentat in drei aufeinander folgenden Artikeln im Londoner »Evening Standard«, deren Nahostkorrespondent Kimche war.

Sirhan Sirhan wurde zu lebenslangem Zuchthaus verurteilt, hauptsächlich allerdings wegen einer wirren Notizbucheintragung, in welcher er laut der Anklage von seinem »Drang«, Senator Kennedy zu ermorden, geschrieben haben soll. Was die Anklage als sein »Tagebuch« in den Vordergrund stellte, war in Wirklichkeit ein Notizbuch, in dem er während eines Kurses am *Pasadena College* herumgekritzelt hatte. In diesen Schmierereien finden sich unzusammenhängend mehrmals die Zeilen »RFK muß sterben« und »RFK muß ermordet werden«. Während die Anklage daraus seine klare Attentatsabsicht herauslas, wendeten manche Fachleute ein, hier könnte es sich um sogenanntes »automatisches Schreiben« handeln, wie es Personen unter Hypnose vollführen. Darüber hinaus finden sich in dem Notizbuch auch Eintragungen einer dritten Person. Beim Prozeß gab Sirhan wohl zu, in dem Notizbuch geschrieben zu haben, behauptete aber, dies wäre nicht sein Stil. Manche der Eintragungen überraschten ihn selbst und er verhedderte sich mehrmals, als er aufgefordert wurde, seine eigenen Worte vorzulesen.

Im Zusammenhang mit dem Hypnose-Verdacht erinnerten sich manche daran, daß der Mörder von John F. Kennedy und ebenfalls »Einzeltäter« Oswald im Luftwaffenstützpunkt Atsugi in Japan Soldat einer Luftabwehreinheit gewesen war. Und daran, daß in Atsugi die bereits erwähnten Bewußtseinsveränderungsprogramme an den Soldaten vorgenommen worden sein sollen.

Auch wenn das Attentat auf Robert Kennedy nicht ein solches Echo hervorgerufen hat wie die Ermordung von John F. Kennedy, viel klarer ist es — und andere Attentate — auch nicht.

Kennedy-Mord Nummer *drei*?

Seit einiger Zeit kursieren auch zum Tod von JFKs Sohn, der von seinen Freunden und dem Volke »John John« genannt wurde, interessante Theorien, die es zumindest wert scheinen, diskutiert zu werden. Wurde auch JFK jr. ermordet? Diese provokante Frage stellten nicht wenige kritische Geister angesichts der Tatsache, daß — wie schon bei JFK sen. — wichtige Dokumente über den Flugzeugabsturz am 16. Juli 1999 noch Jahrzehnte lang der Geheimhaltung unterliegen. Warum eigentlich, wird gefragt, wenn es sich doch um einen normalen Unfall gehandelt hat?

Betrachtet man besagten Unfall unter dem Gesichtspunkt des Einflusses, den die vorzeitig abgetretenen Kennedys bei einem längeren Leben auf die Geschicke Amerikas und der Welt gehabt und damit möglicherweise gewisse Langzeitpläne empfindlich gestört hätten, eröffnen sich diskussionswürdige Aspekte. Das gilt auch für den jüngsten Hoffnungsträger der vielgeprüften Familie trotz aller enthüllter Eheprobleme.

JFK jr. erblickte 1960 das Licht der Welt und wuchs gut ausgebildet heran. Obwohl er lange Zeit erklärt hatte, mit Politik »nichts am Hut zu haben« und sich lieber seinem Magazin »George« zu widmen, vertraute er seinen treuesten Freunden an, daß er im Jahre 2000 als Präsidentschaftskandidat antreten wolle. Das wollte man bis zum 1. August 1999 als großes Geheimnis hüten.

Es gibt Aussagen darüber, daß JFK jr. überzeugt war, sein Vater sei einer Verschwörung zum Opfer gefallen und nicht von Oswald erschossen worden. Sollte er Präsident werden, so JFK jr. weiter, würde er die hinter dem Mord an JFK sen. stehende Clique an den Galgen bringen und zu diesem Zweck ein Spezialgericht ins Leben rufen.

Bekannte von JFK jr. geben an, daß er auch plante, in seinem Magazin »George« über einen Kuhhandel zwischen George Bush sen. und Saddam Hussein zu berichten. Gute und böse Schurken, ein heikles Thema, zu dem sich auf der Rückseite des Buches des bekannten Linguisten, Professors am MIT, Trägers von zehn Ehrendoktorwürden und zahlreicher Auszeichnungen Noam Chomsky »War Against People. Menschenrechte und Schurkenstaaten« folgende ketzerischen Zeilen finden: »Schurkenstaaten sind die USA und ihre Verbündeten, und die Menschenrechte sind ihr Vorwand, Gegenspieler und Opfer.« Chomsky wies nicht nur einmal darauf hin, daß die US-Präsidenten Ronald Reagan und George W. Bush sen. mit Saddam Hussein selbst dann noch »ungewöhnlich herzliche Beziehungen gepflegt hatten«, als dieser Giftgas gegen die eigene Bevölkerung einsetzte. »Saddam ist nicht wegen seiner umfangreichen Verbrechen zur »Bestie von Bagdad« avanciert, sondern weil er die ihm gesetzten Grenzen überschritt«, so Chomsky. »Ein ›Schurkenstaat‹ ist nicht einfach ein Verbrecherstaat, sondern einer, der die Regeln der Mächtigen mißachtet.« Wie man Mediendarstellungen entnehmen kann, waren die amerikanische und die britische Regierung 1988 die engsten Verbündeten des später zum neuen Hitler mutierten Saddam Hussein, als er am Ende des Ersten Golfkriegs gegen den Iran Tausende von nordirakischen Kurden hinmetzeln ließ. Dieses Massaker hinderte die davon wissende US-Regierung nicht daran, Hussein ein Jahr später eine Milliardenhilfe zu gewähren. Darüber hinaus lieferte sie ihm Milzbrand-Erreger sowie Hubschrauber und Material, das auch zur Produktion von chemischen und biologischen Waffen eingesetzt werden konnte.

Nach diesem Exkurs über die politische Kultur zurück zu den Kennedys.

Es kursieren Gerüchte, George Herbert Walker Bush sen. habe etwas mit dem Kennedy-Attentat von 1963 zu tun gehabt. Ein FBI-Dokument soll zeigen, daß Bush sen. zumindestens bei der Vertuschung des Attentats eine Rolle gespielt haben soll. Wie auch immer, eines scheint auch seriösen Naturen klar: Bushs Sohn, George W. Bush jun., hätte keine große Chance gehabt, die Präsidentschaftswahl von 2000 gegen einen »skandalfreien« Kennedy, wie es »John John« in den Augen der Öffentlichkeit war, zu gewinnen, und wußte das wohl auch. Viele Demokraten waren überzeugt, JFK jr. würde die Opposition zur Seite fegen und die Demokratische Partei bei der Wahl von 2000 zu einem fulminanten Sieg führen.

»John John« soll sich wenig Illusionen über die Macht und die Rolle des US-Geheimdienstes gemacht haben. Seiner Meinung nach war der amerikanische Geheimdienst mitschuldig an der Ermordung der Präsidenten Lincoln, Garfield, McKinley und auch an der seines Vaters. Seinen vertrautesten Kreisen sagte er, daß er es trotzdem wagen werde zu kandidieren. Er beabsichtige, am 1. August 1999 bekanntzugeben, daß er sich als Präsidentschaftskandidat aufstellen lassen wolle, entweder als traditioneller Demokrat oder — infolge des Mißtrauens des Wahlvolkes in beide Parteien — als unabhängiger Kandidat einer dritten Partei.

Wenn man Verschwörungstheorien Glauben schenken will, wäre ein neuer Präsident Kennedy absolut nicht im Sinne der Betreiber der »Neuen Weltordnung« gewesen, die von George Bush jun. nach seinem Wahlsieg im Jahr 2000 in die Wege geleitet werden sollte, ganz im Sinne der zehn Jahre zurückliegenden öffentlichen Aussage seines Vaters George Bush sen. Die mit einem Wahlsieg von »John John« verbundene Langzeitperspektive einer neuen Ära Kennedy hätte manche Langzeitpläne empfindlich gestört, so wird vermutet. Schon einmal hatte die Etablierung einer möglichen längeren Reihe von US-Präsidenten mit dem Namen Kennedy begonnen. Sie war durch zwei Attentate abgewürgt worden. Wieso nicht ein weiteres Mal durch ein drittes Kennedy-Attentat? Das fragten manche, nachdem eine Untersuchung der nach dem Absturz geborgenen Leichen ergeben hatte, daß Carolyn Bessette Kennedy mit einem Jungen schwanger war. Sie argumentieren, daß JFK jr. eine klare und gegenwärtige Gefahr darstellte, wie es im Geheimdienstjargon heißt (clear and present danger). Er hätte das Land geweckt, die Bankiers entmachtet und die wuchernden Geheimdienste in die Schranken gewiesen; mit einem Wort: den sogenannten »Dunkelmächten« kräftig in die Suppe gespuckt. Ganz so wie das sein Vater 1963 versuchte, bevor er von einem »Einzeltäter« aus dem Weg geräumt wurde. John F. Kennedy sen.

wollte die CIA auflösen, die USA bis 1965 vollständig aus Vietnam zurückziehen und Israels Nuklearkraft zerstören. Kennedy, wie Lincoln auch, wollten amerikanische Dollars herausgeben, getrennt von den großen Banken. (Für viele ein sicherer Weg, um als Präsident ermordet zu werden).

Soviel zu den Konspirationstheorien zum Tode des vorerst letzten Kennedys, der Ambitionen — und vor allem *Chancen* — auf das Präsidentenamt und auf die Gründung einer neuen Kennedy-Präsidentendynastie gehabt hätte. Da alle Theorien bekanntlich grau sind, ist es wohl das Beste, einen Blick auf die mehrfach publizierten Fakten zu werfen und sich dann eine Meinung zu bilden:

Nach fast allen Nachrichten hätte jeder glauben müssen, das von JFK jr. gesteuerte Flugzeug wäre wegen eines Pilotenfehlers, verlorenem Orientierungssinn und beeinträchtigten Sichtverhältnissen ins Meer gestürzt. Dem widersprechen manche vehement. JFK jr. war zwar ein relativ frischgebackener Pilot, aber absolut kein leichtsinniger. Der Grund für seine Vorsicht liegt darin, daß er einer der wenigen Überlebenden des Flugzeugabsturzes vom Sommer 1964 gewesen war, bei dem sein Onkel Edward Kennedy fast ums Leben gekommen wäre (daß auch hier von Sabotage die Rede war, versteht sich fast schon von selbst). »John John« war durch die international angesehene Schule für Piloten in Florida ausgebildet worden. Dort hatte er professionell gelernt, mit Notsituationen, mit räumlicher Orientierungslosigkeit und mit Blindflug umzugehen. Sein Training und Wissensstand müssen als hervorragend angesehen werden.

Zur Zeit des »Unfalls« gab es keine Turbulenzen, weder Regen noch Sturmböen. JFK jr. war ca. 10 Meilen von der Küste entfernt und befand sich im Sinkflug für den Anflug zum Flughafen. Seine Stimme war normal und zeigte weder Panik noch Streß. Die Sicht betrug ungefähr zehn Meilen, so daß er bereits den Garten seines Standortes ausmachen konnte. Die beiden Flughäfen von Hyannis und das Gelände der Kennedys verfügten über ILS, VOR und andere Leuchtfeuer. Selbst wenn das Wetter sich verschlechtert hätte, wären sie mühelos auszumachen gewesen. Darüber hinaus hätte Kennedy einen Notfall durchgeben können und einen IFR GCA (eine vom Boden gesteuerte Annäherung an den Flughafen unter Zuhilfenahme der Instrumente) anfordern können.

Marineoffiziere und Besitzer von Kleinmaschinen sind sich ziemlich einig, daß es sich um keinen »normalen« Flugzeugabsturz gehandelt haben kann. Nach ihren Aussagen hätte die von JFK jun. gesteuerte Maschine selbst dann in einem Stück eine weiche Landung machen können, wenn sie kopfstehend, seitwärts oder wie auch immer geflogen wäre. Das Flugzeug war das neueste Modell (Baujahr 1995) einer Piper Saratoga (PA32R300) mit der Seriennummer 3213100, der US-Zulassungsnummer N9253N, registriert unter seinem Firmennamen *Random Ventures, Inc.* Eine hochmoderne Maschine ihrer Tage, ausgerüstet mit jeder denkbaren Einheit. Sie entspricht etwa dem Typ des älteren »Cherokee Six«, das als sehr zuverlässiges Flugzeug gilt. Die Piper ist leicht zu steuern, und der Motor ist nur schwer abzuwürgen. Den Textron/ Lycoming-6-Zylinder-Motoren wird zwar gelegentlich nachgesagt, sie hätten Probleme mit den Kolbenköpfen, weil die Deckel abfallen und sich der Motor während des Fluges abstellen soll. Doch selbst wenn das passiert wäre, hätte das Unglücksflugzeug eine Gleitlandung auf dem Wasser durchführen können.

Das Flugzeug hatte ein 406-MHZ-Satelliten-Notsignalsystem, über das die Luftfahrtbehörde FAA (*Federal Aviation Authority*) sofort über die Position und die Höhe des Flugzeugs informiert werden kann. Dieses Gerät muß vom Piloten eingeschaltet werden, da es nicht automatisch funktioniert. Der Umstand, daß es nicht aktiviert war, läßt auf eine plötzliche katastrophale Situation schließen. Das würde erklären, warum weder ein Mayday-Notruf noch ein Funkspruch über Probleme an Bord erfolgte.

Ein gefundenes, vom Flugzeug abgetrenntes Rad und eine Kopfstütze deuten darauf hin, daß sich Flugzeugzelle und Kabine in ihre Bestandteile aufgelöst haben müssen. Das, sowie ein frei herumschwimmend gefundenes Gepäckstück, sind für manche klare Indizien, daß der Rumpf durch eine Bombe zerrissen wurde. Wenn das Flugzeug auf dem Wasser hart aufgeschlagen wäre, hätte das die Flügel abgerissen. Das Fahrgestell und die Kabine wären zwar durchgeschüttelt worden, aber intakt geblieben. Diese Umstände verleihen nach Ansicht mancher einigen Meldungen besonderes Gewicht, die nicht an die große Glocke gehängt worden sind.

Laut eines Berichtes der *United International Press* (UPI) vom 17. Juli 1999 soll ein Journalist der Zeitung »Vineyard Gazette« dem Sender *WCVB-TV* in Boston erklärt haben, er sei am Freitagabend zur Zeit des Absturzes spazieren gegangen. Dabei hätte er einen großen weißen Blitz am Himmel über dem Strand von Philbin gesehen, genau in dem Moment, als die Maschine von JFK jun. von den Radarschirmen verschwand. Andere Zeugen berichteten ebenfalls von dem Lichtblitz am Himmel. Ein Zeuge hatte die Explosion deutlich gehört und sagte, sie sei viel näher gewesen, als dies von den Untersuchungsbehörden bekanntgegeben wurde. Er war sehr betroffen, als er vernahm, das Suchgebiet sei 17 Meilen westlich von Vineyard im Meer. Nach dem gehörten Lärm war er nämlich überzeugt, die Absturzstelle müßte viel näher an der Küste liegen, ungefähr in der Nähe einer kleinen Insel außerhalb der südwestlichen Küste von Vineyard namens No Mans Land.

Die beiden anderen Zeugen, die zur gleichen Zeit eine Explosion gehört haben wollen, wurden von UPI, *WCBV-TV* Boston und von einem Reporter der ABC-News erwähnt. Zu ihnen gesellt sich noch ein weiterer Zeuge, der sich am Strand von Philbin oder ganz in dessen Nähe befand. Auch er hörte und sah die Explosion. Dieser Mann wurde von Shepherd Smith vom FOX-TV während einer Live-Übertragung am Samstagmorgen, 17. Juli 1999, wiederholt erwähnt.

Aufgrund dieser Aussagen deutet der schnelle Absturz und das Fehlen eines Notsignals für manche auf einen Abschuß durch eine Stinger-Rakete hin. Auch eine »Barometer«-Bombe an Bord mit einem Druckauslöser bei Höhenwechsel wird nicht ausgeschlossen. Kennedy näherte sich im Sinkflug dem Flughafen. Das könnte den Aneroidzünder der auf Luftdruck reagierenden Bombe in einer bestimmen Höhe ausgelöst haben.

Eines scheint vielen klar: Die Kennedys waren nicht die ersten und nicht die einzigen, die unter strittigen Umständen zu Tode kamen. Seit einiger Zeit werden sogar vehemente Zweifel daran geäußert, ob Dr. Martin Luther King am 4. April 1968, fast auf den Tag genau zwei Monate vor Robert Kennedy, tatsächlich vom »Einzeltäter« James Earl Ray auf dem Balkon des *Lorraine Motels* erschossen wurde. Selbst eine Wiederaufnahme des Prozesses nach mehr als dreißig Jahren geistert aufgrund der ruchbar gewordenen Ungereimtheiten (beispielsweise die Tatsache, daß niemals untersucht wurde, ob die tödliche Kugel aus der offiziellen »Tatwaffe«, einem Remington-Gewehr, stammt) durch die Medien.

Neben solchen spektakulären Ereignissen, die die Welt in Atem zu halten pflegen, orten manche eine schleichende Entwicklung, hinter der sie ebenfalls verborgene Drahtzieher vermuten, unter Umständen sogar jene, die Kennedy eins bis drei und noch andere aus dem Weg geräumt haben mögen. Unsere »Dunkelmächte« eben.

Besagte schleichende Entwicklung soll den Boden für die »Neue Weltordnung« bereiten, und zu diesem Zweck *ein* ganz konkretes Ziel verfolgen: *totale* Kontrolle! Im folgenden Abschnitt kommen jene zu Wort, die genau das befürchten und überzeugt sind, Beweise, oder zumindest Indizien, dafür zu haben.

Teil II:

Das Ende der Freiheit

Orwell war Optimist

Das Modell

»Wer heute eine vernünftige faschistische Diktatur schaffen wollte, würde dafür wohl das amerikanische Modell wählen.«
Noam Chomsky

Sie werden mir sicher zustimmen, daß die folgenden Worte der modernen Verschwörungs- oder Anti-Globalisierungsliteratur entnommen sein könnten, oder nicht?

»Ich erblicke eine Menge einander ähnlicher und gleichgestellter Menschen, die sich rastlos im Kreise drehen, um sich kleine und gewöhnliche Vergnügungen zu verschaffen, die ihr Gemüt ausfüllen. Jeder steht in seiner Vereinzelung dem Schicksal aller anderen fremd gegenüber. Über diesen erhebt sich eine gewaltige, bevormundende Macht, die allein dafür sorgt, ihre Genüsse zu sichern und ihr Schicksal zu überwachen. Sie ist unumschränkt, ins einzelne gehend, regelmäßig, vorsorglich und mild. Sie wäre der väterlichen Gewalt gleich, wenn sie wie diese das Ziel verfolgte, die Menschen auf das reife Alter vorzubereiten; statt dessen aber sucht sie bloß, sie unwiderruflich im Zustand der Kindheit festzuhalten. Auf diese Weise macht sie den Gebrauch des freien Willens mit jedem Tag wertloser und seltener; sie beschränkt die Betätigung des Willens auf einen kleinen Raum, und schließlich entzieht sie jedem Bürger sogar die Verfügung über sich selbst.

Die Gleichheit hat die Menschen auf dies alles vorbereitet: sie macht sie geneigt, es zu ertragen und oft sogar als Wohltat anzusehen. Nachdem der Souverän auf diese Weise den einen nach dem anderen in seine mächtigen Hände genommen und nach seinem Gutdünken zurechtgeknetet hat, breitet er seine Arme über die Gesellschaft als Ganzes aus. Er bedeckt ihre Oberfläche mit einem Netz verwickelter, äußerst genauer und einheitlicher kleiner Vorschriften, die die ursprünglichsten Geister und kräftigsten Seelen nicht zu durchbrechen vermögen, um sich über die Menge hinauszuschwingen; er bricht ihren Willen nicht, aber er weicht ihn auf und beugt und lenkt ihn; er zwingt selten zu einem Tun, aber er wendet sich fortwährend dagegen, daß man etwas tue; er zerstört nicht, er hindert, daß etwas entstehe; er tyrannisiert nicht, er hemmt, er drückt nieder, er zermürbt, er löscht aus, er stumpft ab.

Während der Arbeiter seinen Verstand mehr und mehr auf die Beschäftigung mit einem einzigen Gegenstand beschränkt, läßt der Industrieherr täglich seine Blicke über ein umfassenderes Ganzes schweifen, und sein Geist erweitert sich im selben Verhältnis, wie der des anderen einschrumpft. Der eine gleicht immer mehr dem Verwalter eines umfassenden Reiches und der andere einem Vieh.«

Diese unangenehm aktuellen Worte stammen aus dem neunzehnten Jahrhundert, und zwar von Alexis de Tocqueville (1805–1859), einem französischen Adeligen, der 1831 die USA bereiste, um dort die Entwicklung einer freien bürgerlichen Gesellschaft zu studieren, während sein Heimatland von Revolution und Restauration zerrissen wurde. Die meisten von uns werden den amüsanten Film mit Gene Kelly »Ein Amerikaner in Paris« kennen. Als weit weniger amüsant, sondern als düsterprophetisch empfinden viele, was dieser Franzose in Amerika erleben und von dort berichten sollte.

Sein 1835 erschienenes Werk »Über die Demokratie in Amerika« lobt zwar die Institutionen und Sitten der Neuen Welt, ist aber gleichzeitig auch eine düstere Prophetie — besonders für einen Zeitgenossen von heute. Für den französischen Aristokraten stand schon damals fest, daß hinter der scheinbar so idealen Verfassung und Lebensweise der Vereinigten Staaten ein neuer Despotismus lauere, der alle bekannten Despotismen übertreffe. Die Fürsten hätten mit unverhüllter Gewalt geherrscht, schreibt Tocqueville. Dagegen würden die demokratischen Republiken auf die Malträtierung des Körpers verzichten, um der Psyche Gewalt anzutun. In den Augen der Mehrheit würde dadurch der Despotismus seiner widerlichen Erscheinung und seines erniedrigenden Wesens entkleidet. Für eine Minderheit würde die neue Tyrannei, die ohne den Umweg der Folter auf den Geist losgeht, um so drückender. Für Tocqueville gab es »kein Land, in dem im allgemeinen weniger geistige Unabhängigkeit und weniger wahre Freiheit herrscht als in Amerika«. Zitat:

»Unter der unumschränkten Alleinherrschaft schlug der Despotismus in roher Weise den Körper, um die Seele zu treffen; und die Seele, die diesen Schlägen entwich, schwang sich glorreich über ihn hinaus. In den demokratischen Republiken jedoch geht die Tyrannei nicht so vor; sie übergeht den Körper und zielt gleich auf die Seele. Der Herrscher sagt nicht mehr: entweder du denkst wie ich oder du bist des Todes; er sagt: du bist frei, nicht so zu denken wie ich; du behältst dein Leben, deinen Besitz, alles; aber von dem Tag an bist du unter uns ein Fremdling. Du behältst deine Vorrechte in der bürgerlichen Gesellschaft, aber sie nützen dir nichts mehr; denn bewirbst du dich um die Stimme deiner Mitbürger, so werden sie dir diese nicht geben, und begehrst du bloß ihre Achtung, so werden sie tun, als ob sie dir auch diese verweigerten. Du bleibst unter den Menschen, aber du büßest deine Ansprüche auf Menschlichkeit ein. Näherst du dich deinen Mitmenschen, werden sie dich wie ein unreines Wesen fliehen; und selbst jene, die an deine Unschuld glauben, werden dich verlassen, denn auch sie würden gemieden. Ziehe hin in Frieden, ich lasse dir das Leben, es wird aber für dich schlimmer sein als der Tod.«

Und im 13. Kapitel seines Werkes geht er der Frage nach, »weshalb die Amerikaner inmitten ihres Wohlstandes so ruhelos sind«. Die Antwort, die er gibt, ist erschreckend, denn so geht es mittlerweile auch im Europa unserer Tage zu:

»Der Amerikaner hängt so an den Gütern dieser Welt, als sei er gewiß, nicht sterben zu müssen. Zugleich habe er es so eilig, alle ihm greifbaren Güter zu erfassen, als befürchte er jeden Augenblick zu sterben, bevor er sich ihrer erfreut habe. Die Amerikaner wirkten ernst und sogar in ihren Vergnügungen meist traurig. Er habe den Eindruck, daß meist eine Wolke ihre Züge überschatte. Hauptursache dieser verborgenen Unruhe sei ›die Vorliebe für die materiellen Genüsse‹. Da der Genuß das Endziel sei, müsse das Mittel zu seiner Erreichung schnell und bequem sein, um nicht die Mühe des Erringens größer als den Genuß werden zu lassen.«

Die hochgejubelte Gleichheit stellte schon für den Amerika-Reisenden des Jahres 1831 in Wirklichkeit das Mittel dar, mit dem eine neue Aristokratie in Gestalt der Unternehmer und Finanztycoone daran ging, eine nie zuvor dagewesene Unfreiheit für eine wachsende Masse neuer Heloten, wie die Staatssklaven im alten Sparta hießen, in Gestalt der Arbeiter, Bauern und anderer unzähliger Abhängiger zu etablieren. Dazu bedarf es auf lange Sicht allerdings gründlicher Vorarbeiten. Zuerst einmal muß man dafür sorgen, jedermann überall und jederzeit unter Kontrolle zu haben. Wenn man den unterschiedlichsten Quellen glauben will, soll das bereits seit Jahrzehnten in die Wege geleitet werden.

Der Staat hört mit

»Wenn uns die Freiheit frei zu sprechen genommen ist, können wir, stumpf und schweigend wie Schafe, zur Schlachtbank geführt werden.«
George Washington

Als in den 1970er Jahren im Zuge des RAF-Terrors das Abhören von Telefongesprächen vom deutschen Bundesverfassungsgericht erlaubt wurde, war die Befürchtung groß, das Grundgesetz würde durch solch eine einschneidende Maßnahme ausgehebelt werden. Darum verweigerten drei der acht Richter ihre Zustimmung. In der Zwischenzeit haben sich alle an eine mögliche Telefonkontrolle gewöhnt, so daß sich wenig gerührt hat, als Anfang 1998 das Grundgesetz geändert wurde, um den großen Lauschangriff zu ermöglichen.

Meldungen besagen, daß es einer Genehmigung durch die Regulierungsbehörde bedürfen soll, bevor ein Unternehmen eine interne Telefonanlage in Betrieb nehmen kann. Sie soll nur erteilt werden, wenn die technischen Voraussetzungen zum Abhören gegeben sind. Es wird angeprangert, daß die Unternehmen damit den Aufbau eines Überwachungsnetzes sogar mit eigenen Mitteln finanzieren müssen. Um Abhören von Telefoneinrichtungen zu ermöglichen gibt es eine spezielle Telekommunikations-Überwachungsverordnung (TKÜV), durch die Unternehmen und Organisationen gezwungen werden sollen, ihre Telefonanlage den Fahndern jederzeit zugänglich zu machen.

Nach Angaben des Bundesdatenschutzbeauftragten stieg die Zahl der Telefon-Lauschangriffe 1998 auf einen Höchststand von 9802, mehr als doppelt so viele wie 1995. Das ist weltweite Spitze. Zusätzlich sollte 1999 die gesetzliche Regelung zur Speicherung von Verbindungsdaten von 80 Tagen auf bis zu drei Jahre ausgedehnt werden. Verbindungen können also über lange Zeiträume nachvollzogen werden. Unterstützend soll das Bundesverfassungsgericht beschlossen haben, daß der *Bundesnachrichtendienst* (BND) den internationalen Fernmeldeverkehr weiterhin mit elektronischen Mittel abhören darf. Darüber hinaus hat sich die Europäische Union schon 1998 darauf geeinigt, daß die Netzbetreiber alle Verschlüsselungsmöglichkeiten für Telefone, aber auch Paßwörter für das Internet, offenlegen müssen. Die Maßnahmen sollen nicht nur auf Deutschland beschränkt sein, sondern weltweit vorangetrieben werden. Das Wachstum des Internet und des E-Commerce hat zu einer gewaltigen Zunahme an Daten geführt, die sich sammeln und auswerten lassen.

Für den Präsidenten des Verbandes Deutscher Sicherheitsunternehmensberater steht fest, daß ein weltweiter Wirtschaftskrieg tobt. Durch den zunehmend verschärften internationalen Konkurrenzdruck kommen die Staaten auch untereinander in Konflikte, bei denen die Bandagen immer härter zu werden scheinen. Spionage und Diebstahl können sogar unter »Freunden« zu normalen und sogar legalen Mitteln werden, wenn sie es nicht schon sind. Viele befürchten, daß »man« dazu übergehen wird — oder bereits dabei ist —, alles zu tun, um sich wissenschaftliche und wirtschaftliche Vorteile zu verschaffen. Das Instrumentarium ist nach Expertenmeinung bereits vorhanden und wird nach Ansicht Besorgter auch genützt.

»Echelon«

Das dem Europa-Parlament zugeordnete *Amt zur Bewertung von Technikfolgen* legte im März 2000 einen Bericht vor, wonach kein Telefonat, kein Fax, egal ob über Festnetz oder mobil, und keine E-Mail, vor dem Abhören durch den amerikanischen Geheimdienst *National Security Agency* (NSA) sicher sein soll. Hier soll vor allem das globale Überwachungssystem »Echelon« eine wichtige Rolle spielen, mit dem Amerikaner, Australier, Neuseeländer, Kanadier und Engländer rund um die Uhr die weltweite Telekommunikation belauschen können.

Die historischen Wurzeln von »Echelon« liegen in dem 1947 geschlossenen, geheimen Übereinkommen zwischen USA, England, Australien, Neuseeland und Kanada, mit dem Ziel, auch nach Ende des Zweiten Weltkrieges bei globalen COMINT-Operationen zusammenzuarbeiten. Unter COMINT (*Communications Intelligence)* versteht die NSA alle technischen und nachrichtendienstlichen Informationen hinsichtlich ausländischer Kommunikation, die nicht nur an den beabsichtigten Empfänger weitergeleitet werden, sondern auch an Dritte. Der frühere NSA-Agent Wayne Madsen meinte, die NSA hätte schon 1985 die hundertprozentige Abhörbarkeit jeder Kommunikation zu ihrem Hauptziel erklärt.

Aus der COMINT-Zusammenarbeit sollen die mittlerweile bekannten Abhöreinrichtungen des »Echelon«-Systems entstanden sein, die heute ein globales Netzwerk bilden. Es soll in der Lage sein, jeden Tag über drei

Milliarden Telefongespräche, Faxe und Internetverbindungen auf Schlüsselwörter zu kontrollieren, Tendenz angeblich steigend. Nach Auskunft eines früheren Direktors der NSA verarbeitete das System schon 1992 zwei Millionen Nachrichten pro Stunde. Gespräche, Faxe oder E-Mails können nicht nur stichprobenartig überprüft, sondern total überwacht werden. Hochentwickelte Sprecher-Erkennungsprogramme sind in der Lage, Zielpersonen mit Hilfe von einprogrammierten »Stimmabdrücken« (Voiceprints) bei Telefongesprächen automatisch zu identifizieren und aufzuzeichnen. Das Verstellen der Stimme nutzt nichts mehr, da die heutigen Programme jede Stimme zu einhundert Prozent identifizieren können.

Um dieses Abhörsystem, dessen Existenz erst im März 2000 von den Regierungen der EU zugegeben wurde, zu betreiben, sind nur wenige Beschäftigte erforderlich. Im Gegensatz zu früher ist es heute nicht mehr notwendig, daß Menschen die Gespräche mithören und auswerten. Diese Arbeit wird nun vollautomatisch von hochentwickelten Computern erledigt.

Kritiker beklagen besonders, daß sich »Echelon«-Anlagen ganz offiziell in Ländern wie Deutschland befinden, die angeblich damit ausspioniert werden. (Dieses Arrangement wird von manchen als modernes Trojanisches Pferd bezeichnet, wobei die heutigen »Trojaner« im Gegensatz zu den antiken Bewohnern Trojas sehr wohl wissen dürften, was sich in dem »Geschenk« befindet, das sie in ihre Grenzen geholt haben.)

Zu »Echelon« einiges aus öffentlich zugänglichen Informationen: In den USA werden die in Fort Meade empfangenen Daten über das Geheimdienstnetzwerk INELINK mit den anderen amerikanischen Geheimdiensten wie CIA, DIA usw. ausgetauscht. Die Abhöreinrichtungen sollen auf Satelliten-, Mobil- und Richtfunkstrecken, Unterseekabel sowie auf Festnetzleitungen spezialisiert sein. Im Detail:

1. Abhöreinrichtungen, die die Intelsat- und Inmarsat-Satelliten überwachen. Diese Satelliten werden von vielen Telekommunikationsunternehmen zur transkontinentalen Übertragung von Telefonaten, E-Mails und Faxen genutzt.
2. Abhöreinrichtungen, die die nationalen/regionalen Kommunikationssatelliten überwachen. Über diese Satelliten (keine Intelsat-Satelliten) verlaufen kontinentale Kommunikationsübertragungen.
3. Abhöreinrichtungen, die die kontinentalen Anschlußstellen der Unterseekabel überwachen. Über diese Anschlußstellen wird ein weiterer Teil transkontinentaler Kommunikation übertragen. Das können Mikrowellenradio- und Hochfrequenz-Radio-Empfangstürme sein oder Kabelverbindungen nationaler Telekommunikationsunter-

nehmen als Bestandteile nationaler Telekommunikationsnetzwerke.

4. U-Boote und Tiefseetaucheinrichtungen, mit deren Hilfe Langzeitrekorder oder Signalverstärker an die Unterseekabel angeschlossen werden.
5. Neben den Bodenstationen und Bodenabfangantennen sollen die Geheimdienste selbst Satelliten unterhalten, die je nach Typ für COMINT-Operationen zum Abfangen abgestrahlter Mikro- und Radiowellen benutzt werden.

Aufgrund der Vielseitigkeit der »Echelon«-Anlagen soll es völlig nebensächlich sein, auf welchem Wege der Kommunikationsaustausch stattfindet, da alle Anlagen über »Echelon« zu einem großen integrierten System verknüpft werden. Mit Hilfe des KI(Künstliche Intelligenz)-Analyseprogramms MEMEX sollen Informationskanäle nach relevanten Schlüsselwörtern (Keywords) durchgescannt werden, um potentielle Operationsziele der NSA und verbündeter Geheimdienste zu »markieren«. Ausgewertet werden sollen Daten in unterschiedlichen Zentralen, unterteilt in folgende Überwachungsbereiche: Deutschland und Europa, Afrika und Westrußland, Lateinamerika, Karibik und Hauptauswertung Welt, Nordrußland, Nordeuropa, Kanada und Nordamerika, Südostasien, Südwestpazifik und östlicher indischer Ozean sowie eine eigene Sektion für den Südpazifik.

Intensive Verhandlungen zwischen der Europäischen Union und den USA mit dem Ziel, den grenzüberschreitenden Telefon- und Internetverkehr gezielt zu kontrollieren, lassen viele unheilvoll vermuten, wohin die Reise gehen könnte: in eine total überwache Welt. Die »Alte Welt« ist ebenfalls voll auf Kurs, wie es vielen Warnern heute scheint. Neue »biometrische« EU-Pässe werden bereits mit Hochdruck entwickelt, auf denen die einmaligen Körperdaten jedes EU-Bürgers gespeichert werden sollen, wie da sind: Aufbau des Gesichts, besonders von Nase und Bakken, Charakteristika der Iris, Struktur der Hand und eine Palette weiterer biometrischer Informationen. Wie man Medien entnehmen kann, kommt es auf »Wunsch« (auf Befehl, sagen manche) der USA zur Entwicklung besagter Pässe. Und bereits seit einiger Zeit gibt es auf unserem Kontinent einen europäischen »Echelon«-Ableger.

»Enfopol«

Dabei soll es sich nach kritischen Stimmen um ein breitangelegtes, paneuropäisches »Überwachungs- und Abhörkomplott« handeln, basierend auf einer geheimen Arbeitsgruppe aus FBI und den Geheimdiensten aller europäischen Länder namens ILETS (*International Law Enforcement Telecommunications Seminar*). ILETS soll eine US-dominierte Expertengruppe aus dem Sicherheits- und Strafverfolgungsbereich sein, in der es weder Vertreter der Industrie noch Berater von Bürgerrechts- und Datenschutzanwälten gibt. Während der letzten Jahre soll ILETS im Alleingang Regierungen und Standardisierungs-Organisationen gezwungen haben, die »Anforderungen« von ILETS zum Bestandteil von Gesetzen, Netzwerken und Kommunikationssystemen zu machen. Die Aktivitäten dieser Gruppe wurden bisher noch in keinem Parlament vorgetragen, weder einem nationalen Parlament noch dem Europa-Parlament und auch nicht dem US-Kongreß.

»Enfopol« soll drei grundsätzliche Ziele anpeilen:

1. Die Umsetzung von Überwachungs- und Abhöranforderungen der Geheimdienste in internationale technische Standards und Normen der beiden großen Standardisierungsorganisationen ITU (*International Telecommunications Union*) und ISO (*International Standards Organisation*).
2) Die Umsetzung dieser Normen in technische Überwachungs- und Abhörschnittstellen aktueller und zukünftiger Telekommunikationstechnologie (das umfaßt Telekommunikationsanlagen, Telefone, Netzwerke, Mobiltelefone, Handys und den gesamten Internetverkehr), die es jedem Geheimdienst ermöglichen sollen, jederzeit in Echtzeit jeden Kommunikationsverkehr abzuhören.
3) Europäische Adaption des amerikanischen »Communications Assistance for Law Enforcement Act«-Gesetzes (CALELA): die Umsetzung der oberen Punkte in eine einheitliche, paneuropäisch-transatlantische Gesetzgebung mit nationalen Ablegern wie beispielsweise die deutsche Telekommunikations-Überwachungsverordnung.
   Seine Ergänzung im osteuropäischen Raum könnte dieses System im russischen »System of efficient research measures«-Projekt SORM-2 finden, das vorsehen soll, daß der russische Geheimdienst FSB jederzeit ohne behördliche Genehmigungspflicht Daten über Standleitungen abrufen kann, die alle Provider einzurichten haben. In Rußland hat übrigens das FBI ebenso wie in Ungarn ein Büro eröffnet. Man soll die Russen auch beraten haben, ein solches System einzuführen.

Das alles ist vielleicht nur Zukunftsmusik, da die klammheimliche Einführung von »Enfopol« nicht ganz geklappt haben dürfte. Wie kolportiert wird, soll die Vorbereitung, Planung und Durchführung von 1992 bis 1999 vorgesehen gewesen sein, und das möglichst abseits der nationalen Parlamente und fernab von jeder Öffentlichkeit. Das hat jedoch offensichtlich nicht ganz so wie geplant funktioniert, denn einiges wurde darüber 1998 im Online-Magazin »Telepolis« veröffentlicht, in dem auch die Ungereimtheiten des 11. September 2001 ausführlich diskutiert worden sind und noch diskutiert werden. Aufgrund der daraufhin aufgekommenen Proteste sollen die umstrittensten Maßnahmen aus dem Abkommen entfernt und in geheimen Ausführungsvorschriften versteckt worden sein.
Daß US-amerikanische Wünsche langsam, aber sicher auch in Europa exekutiert werden, zeigt für manche beispielsweise die Tatsache, daß sich die deutsche Lufthansa nach Meldungen im Frühjahr 2003 aus freien Stücken und ohne gesetzlichen Zwang bereiterklärt hatte, dem US-Gesetz für Flugreisen in die USA zu entsprechen. Das bedeutet den »gläsernen Passagier« bei der Lufthansa, da über das Buchungssystem »Amadeus« nicht nur Flugbuchungsdaten, sondern auch Mietwagen-, Hotel- und Bahnreservierungen neben der Kreditkartennummer und deren Gültigkeit gespeichert werden. Außerdem hält das Buchungssystem Telefonnummern der Kunden und deren Essenswünsche fest. Lufthansa-Gäste, die dem Zugriff bei der Buchung nicht zustimmen, sollen keinen Flug bekommen. Ab Mai 2003 werden bei der Einreise in die USA willkürlich Fingerabdrücke genommen, Fotos und biometrische Vermessungen angefertigt. Und ab Oktober 2004 soll man das freieste Land der Erde nur noch betreten dürfen, wenn man einen der bereits erwähnten »biometrischen EU-Pässe« vorweisen kann …

Nicht wenige befürchten, daß es allen Widerständen zum Trotz zu einer Realisierung der »Enfopol«-Pläne in neuen Gewändern kommen wird, da man ihrer Ansicht nach ein solches Projekt nicht jahrelang in zahllosen Treffen und durch immer wieder aktualisierte Gesetzestexte vorbereitet, um dann alles aufgrund einiger Proteste zu begraben. Wie es hier auch immer weitergehen mag, eines ist vielen klar: schon jetzt hat »Big Brother« für fast jeden Staatsbürger ein offenes Ohr.

Bahn frei zum Lauschangriff

Die heutige Wohlstandsgesellschaft bietet dem modernen Zeitgenossen die unterschiedlichsten technischen Annehmlichkeiten. Manche davon weisen allerdings »Fähigkeiten« auf, auf die man verzichten könnte: Moderne ISDN-Telefone lassen sich mit speziellen Codes aktivieren, so daß die Räume, in denen sie stehen, mit dem eingebauten Mikrofon überwacht werden. Jeder Computer am Netz macht es möglich, daß Fremde über die in ihm eingebauten Mikrofone oder sogar über den Lautsprecher die Gespräche im Raum jederzeit belauschen können. Schnurlose Telefone können problemlos auf größere Distanzen belauscht werden, selbst wenn sie eine Abhörsicherung besitzen. Handy-Benutzer tragen freiwillig und unbewußt ständig ein Abhörgerät mit sich herum, da Mobiltelefone jederzeit von außen unbemerkt aktiviert und so die Gespräche im weiten Umkreis mitgehört werden können. Zusätzlich läßt sich mit dem Handy jederzeit der genaue Standort des Nutzers erfassen — und das bis auf wenige Meter genau.

Fachleute äußern die Ansicht, alles sei noch weit »orwellscher« als von Bürgerrechtlern vermutet, da ihrer Meinung nach die bekanntgegebenen Methoden in der Regel zehn Jahre hinter dem Stand liegen, der jeweils tatsächlich technisch möglich ist. Der Überwachungsstaat ist ihrer Ansicht nach schon weiter fortgeschritten, als man es sich träumen läßt: Technikverweigerer und andere Widerspenstige dürften von jenen Satelliten in erdnaher Umlaufbahn erfaßt werden, von denen die Mär geht, sie könnten jeden gewünschten Punkt zu jeder Zeit gezielt abhören. Nicht zu vernachlässigen wären auch die »guten alten« konventionellen Abhörmöglichkeiten, die natürlich mit neuester Technik aufgemotzt sind. Mit Richtmikrofonen lassen sich sogar auf viele Kilometer Entfernung Gespräche gezielt verfolgen. Lasergeräte können die Schwingungen einer Fensterscheibe erfassen und die Signale wieder in Sprache umwandeln. Die neueste Errungenschaft sollen »echte« Wanzen (bugs) sein. Eine mit einer Abhörwanze verbundene Kakerlake macht es sich in einem Raum gemütlich. Das Insekt kann sodann von jedem Ort auf der Welt aus durch das Telefon aktiviert werden.

Gleiches gilt für das digitale Fernsehen. Da der Anschluß normalerweise über einen Decoder erfolgt, der eine »black box« ist, kann auf diesem Wege ein Lauschangriff bei jedem einzelnen Benutzer erfolgen. Eine kolportiere Aussage des australischen Medienzars Robert Murdoch sagt wohl alles in luzider Kürze: »Wir werden durch es (das digitale Fernsehen) nicht nur erfahren, wer unsere Kinder sind, sondern auch was sie kaufen, was sie sich ansehen, was sie lesen und was sie sich wünschen.«

Der Präsident des Verbandes Deutscher Sicherheitsunternehmensberater soll laut der Zeitung »Die Welt« vom 3. August 2000 auf die Frage, warum die Staaten nichts gegen die Abhöraktionen unternehmen, gemeint haben, daß Politiker und Geheimdienste von betroffenen Nationen insgeheim hofften, an den Daten teilhaben zu können.

Niemand wird wohl mit absoluter Sicherheit sagen können, ob all diese mehr als effizienten Schnüffeleinrichtungen »nur« zur Wirtschaftsspionage benutzt werden, oder ob nicht die Privatbürger damit weltweit kontrolliert werden sollen. Es ist für manche durchaus denkbar, daß die herrschende Schicht herausfinden will, wo kritische Personen zu finden sind, um diese im Fall einer Krise gezielt festnehmen zu können, bevor sie eine Gefahr für das System darstellen. Mit Lauschen allein muß es aber noch lange nicht getan sein …

Der Staat sieht alles

Die Überwachung beschränkt sich heute keineswegs mehr nur auf Telefone oder elektronische Kommunikationsmittel. Mit der Parole, Verbrechen verhindern zu wollen, fordern immer mehr Politiker die konsequente Videoüberwachung von öffentlichen Plätzen, wogegen Datenschützer und andere Sturm laufen, weil sie die persönliche Freiheit bedroht sehen. Sie verweisen auf die Forderung der CDU vom März 2000, in ganz Deutschland die Straßen und Plätze mit Video-Kameras zu überwachen, um »Kriminalitätspunkte zu entschärfen«. Gleichzeitig sollten die Ausnahmeregelungen beim großen Lauschangriff zu Gunsten von Ärzten, Anwälten, Steuerberatern und Journalisten wieder abgeschafft werden, da sonst »abhörfreie Räume« entstehen würden, in die sich die organisierte Kriminalität zurückziehen könnte. Zusätzlich wurde der Spähangriff, also die Wohnungsüberwachung mit Kameras, gefordert. Außerdem müßten in ganz Deutschland verdachtunabhängige Kontrollen erlaubt werden, wie man unter anderem der »Süddeutschen Zeitung« bereits im Jahr 2000 entnehmen konnte.

Der Einsatz Hunderttausender computerunterstützter Kameras, die Gesichter biometrisch identifizieren und Personen damit gezielt verfolgen können, würde nach Ansicht von Kritikern zu einer »Industrialisierung der Überwachung« führen. Ganze Stadtteile Londons werden bereits heute schon von »intelligenten Kameras« kontrolliert, die auffälliges Verhalten einzelner Personen registrierten. Schon 1998 stellte das Nachrichtenmagazin »Der Spiegel« fest, daß ein Bewohner von New York statistisch zwanzigmal pro Tag auf einem Überwachungsband festgehalten wird.

In Großbritannien überwachen jetzt schon mindestens 1,5 Millionen »Closed-Circuit Television Systems«(CCTV)-Kameras Straßen, Bürogebäude, Schulen, Einkaufszentren und Landstraßen. Damit ist Großbritannien eine der am meisten überwachten Nationen auf unserem Planeten, und die Regierung gibt nochmals umgerechnet 115 Millionen Euro für noch mehr Systeme aus. Doch anstatt daß die Verbrechensrate durch diese Kameras reduziert würde, steigt sie im ganzen Land an. *United Press International* (UPI) meldete im März 2002, eine von der britischen Regierung in Auftrag gegebene und vom Schottischen Zentrum für Kriminologie durchgeführte dreijährige Studie hätte gezeigt, daß »Spion«-Kameras keine oder nur wenig Wirkung auf die Verbrechensrate haben. Installiert werden sie dennoch allerorten.

Immer kleinere Geräte lassen sich immer leichter verbergen, monierte die »Süddeutsche Zeitung« schon 1999. Ein Jahr früher hatte sie bereits auf ein neues Computerprogramm mit dem originellen Namen »Phantomas« hingewiesen, das anscheinend nach dem berühmten Meisterverbrecher benannt wurde. Es soll jede Person, die von einer Kamera erfaßt wurde, genau identifizieren können. Verkleidungen mit Perücke, Brille oder Bart können das System in keinster Weise täuschen. Es kann jedes Gesicht erkennen und sofort die staatlichen Organe alarmieren, daß eine gesuchte Person gesichtet wurde.

Nicht einmal in der Wohnung kann man sich unbeobachtet fühlen, selbst wenn dort keine Kameras installiert wurden. Laut »Süddeutscher Zeitung« und anderer Medien soll es nämlich Satelliten geben, welche die Menschen auch in geschlossenen Räumen anhand ihrer Körperwärme erkennen können.

Nach einer Meldung der Zeitung »Die Welt« vom März 2000 sollen neben der ständigen Videokontrolle seit 1998 in Deutschland Projekte im Laufen sein, mit denen jedes Haus fotografisch erfaßt wird. Dabei fährt ein technisch ausgerüsteter Transporter durch die Straßen, aus dem heraus eine automatische Kamera die Häuser von verschiedenen Seiten fotografiert. Wie schnell diese Aufnahmen im Kasten sind, zeigt ein Beispiel, über das »Der Spiegel« 1998 berichtete: Um alle Häuser von Hannover zu erfassen, benötigte die damit beauftragte Firma gerade einmal 48 Kameras und 120 Stunden Zeit. Als offizielle Begründung für das Projekt wird angegeben, die Daten sollten Feuerwehr und Krankenwagen zur besseren Orientierung dienen. Der Haus- und Grundbesitzerverband nannte diese Argumentation wenig stichhaltig und forderte ein Verbot.

Selbst die Überwachung der Bevölkerung mit Hubschraubern wird zunehmend verstärkt. Dabei kann jede Person, auch in völliger Dunkelheit, durch Wärmebildkameras ausgemacht werden. Es ist geplant, so die »Süddeutsche Zeitung« in einem Bericht aus dem Jahr 1998, die Daten gleich per Funk in die Zentrale zu übertragen, wo sie ausgewertet werden.

Viele glauben nicht, daß noch eine Bremse gezogen werden kann. Sie sind mißtrauisch und vermuten, daß diese Entwicklung voll im Gang und in Teilbereichen bereits abgeschlossen ist. Ihrer Ansicht nach könnten etwa die Fotoaufnahmen nach dem von ihnen erwarteten wirtschaftlichen und sozialen Zusammenbruch dazu dienen, Polizeitruppen die Erstürmung von Wohnungen zu erleichtern, in denen systemkritische Bürger vermutet werden. Durch die permanente Kontrolle aller Straßen und Plätze dürfte mißliebigen Personen eine Flucht oder ein Untertauchen innerhalb des Landes nicht mehr möglich sein. Ein Entkommen ins Ausland ebenfalls nicht. Wozu auch, denn dort würde lediglich ein Überwachungsstaat mit anderem Namen auf den Flüchtigen warten!

Totale Kontrolle

Wer die aktuellen Geschehnisse mit wachen oder gar mißtrauischen Augen beobachtet, muß nicht zwangläufig ein Paranoiker sein, kann aber durchaus zu einem solchen werden. Nicht zuletzt durch die steigende Anzahl von Kassandrarufen aus den unterschiedlichsten Quellen mit dem gemeinsamen Tenor, die Freiheit sei in Gefahr, weil die Machthaber möglichst jeden Bürger unter ständiger Kontrolle halten wollen. Diese Bestrebungen sollen, neben ihrem Langzeitaspekt einer globalen Weltordnung (Weltkontrolle), auch deswegen im Gang sein, weil sich die wirtschaftlichen und damit die soziologisch-gesellschaftlichen Verhältnisse in den nächsten Jahren dramatisch verschlechtern werden. Nach häufig geäußerten Vermutungen plant die herrschende Kaste offensichtlich die Kontrolle der Bürger durch lückenlose Überwachung, damit sie selbst dann nicht aus dem Sattel gehoben werden kann, wenn die Gürtel *drastisch* enger geschnallt werden müssen.

Desillusionierte äußern die Überzeugung, daß es bei vielen Maßnahmen, die in den letzten Jahren im »freien Westen« gang und gäbe geworden sind, in erster Linie um die Stützung des Zinskapitalismus geht. Sie verweisen auf die Forderung des US-amerikanischen Finanzministers, die USA müßten grundsätzlich bei Krisen eine stark interventionistische Rolle spielen. Der Kapitalismus nach amerikanischem Vorbild sollte überall das langfristige Ziel sein.

Immer öfter wird unverhohlen gefordert, die Souveränität von Staaten aufzuheben, beziehungsweise gar nicht erst anzuerkennen. An Stelle des internationalen Völkerrechtes, das bisher dafür sorgte, daß Starke nicht mit windigen Vorwänden über Schwache herfallen konnten, solle der völlig nebulöse, in alle Richtungen auszulegende »Schutz der menschlichen Würde und des menschlichen Lebens« treten. Die Behauptung, Interventionen wären schon allein deshalb legitim, weil in der NATO ausschließlich demokratische Rechtsstaaten vertreten sind, scheint vielen der ultimate Freibrief für Gewaltaktionen aller Art zu sein. In letzter Konsequenz bedeutet diese neue Doktrin nämlich nicht mehr und nicht weniger, als daß jeder Staatenverbund, der sich selbst »demokratisch« nennt, rechtmäßig jeden anderen Staat angreifen darf, weil dort angeblich oder tatsächlich Minderheiten diskriminiert werden. Doch damit nicht genug: Zunehmend werden Pläne ausgearbeitet, militärische Einheiten für den Einsatz im Inland bereitzustellen.

Für viele ist das der erste Schritt zu einem in letzter Konsequenz globalen Polizei- und Gewaltstaat mit anonymen Herrschern (wir wissen, wie sie genannt werden), in dem die Grundrechte mit Füßen getreten werden. Ein Demonstrations- oder Protestrecht könnte es in Zukunft nicht mehr geben. Da der schrankenlose Handel in Europa Vorrang hat, könnten dagegen gerichtete Unmutsäußerungen möglicherweise auch militärisch aufgelöst werden. Wer an Demonstrationen teilnimmt, kann heute innerhalb kurzer Zeit identifiziert werden.

Eigentlich müßte es für den Überwachungsstaat mit den derzeit zur Verfügung stehenden Mitteln eine Kleinigkeit sein, eine organisierte Terrorbande auszuheben. Da dies jedoch nicht der Fall ist, lassen viele das Argument der Verbrechensbekämpfung nicht gelten. Sie halten es für lächerlich, wegen eines winzigen Prozentsatzes krimineller Elemente ein ganzes Volk überwachen zu wollen. Ihrer Meinung nach stehen dahinter andere Interessen. Daß die beschriebenen Maßnahmen am wenigsten zur Verbrechensbekämpfung dienen, zeigen die erfolglosen Ermittlungen gegen die Terrororganisation *Rote Armee Fraktion* (RAF): Trotz eines Mitarbeiterstabs von Hunderten Beamten und großem Aufwand konnte nie besonders viel über die Organisation der RAF ermittelt werden. Keiner der Anschläge seit 1985 konnte auch nur ansatzweise aufgeklärt werden. Wegen der mangelhaften Ergebnisse konzentrierten sich die Fahnder vor allem auf die Bekennerschreiben, analysierten die Papiersorte und interessierten sich für die Orthographie und Grammatikfehler.

Nicht nur darum sehen viele den Zweck der von mir genannten Maßnahmen in der Kontrolle der Bevölkerung. Aus den heute schon bekannten Fakten wird für sie deutlich, daß der Überwachungsstaat keineswegs eine Gefahr in der fernen Zukunft darstellt, sondern bereits zügig ausgebaut wird. Seit Mitte der 1990er Jahre wird offiziell zugegeben, daß jeder Quadratmeter der Erdoberfläche von mehreren Satelliten beobachtet wird.

Wie schon betont, gibt es kein Zurück mehr, wenn der totale Überwachungsstaat erst einmal etabliert ist. Und man kann wohl auch sicher sein, daß die vorhandenen Mittel im Krisenfall konsequent genutzt werden. Um die dafür erforderlichen Maßnahmen zu »verkaufen«, werden Überwachungsmaßnahmen und Einschränkungen der Bürgerrechte nicht selten mit hohen Zielen begründet, primär mit der Bekämpfung der organisierten Kriminalität oder des Terrors. Das Überwachungsnetz wurde in der Vergangenheit langsam und unauffällig Schritt für Schritt geschaffen. Im Namen der Verbrechensbekämpfung werden private E-Mails, Faxe und Telefongespräche abgehört und aufgezeichnet. Im Namen der Verbrechensbekämpfung werden Betreiber von Fernmeldeanlagen durch neue Gesetze gezwungen, auf eigene Kosten Apparaturen einzubauen, die das Bespitzeln erlauben. Nach dem 11. September 2001 konnten die Maßnahmen offener durchgezogen und radikal verschärft werden. Durch die technischen Möglichkeiten kann der Überwachungsstaat heute alle Bürger rund um die Uhr kontrollieren. In Zukunft soll das Netz noch viel engmaschiger werden.

George Orwell stellte sich 1948 — als er seinen Roman »1984« zu schreiben begann — vor, die ständige Überwachung der Bürger würde durch ein dichtes Netz von Teleschirmen erfolgen, die sowohl Bildschirm als auch Kamera sind. Der Überwachungsstaat, den George Orwell für 1984 voraussagte, ist heute vielerorts zum Standard geworden. Mehr noch: die Realität hat Orwell längst überholt. Kameras und Satelliten, Richtantennen und Sonden, allgegenwärtige Belauscher und Beobachter, lassen die Welt von »1984« für viele als einen idyllischen Ort mit zahllosen Schlupflöchern und sicheren Plätzen erscheinen. Mittlerweile sollen nämlich bereits Methoden zum Einsatz kommen, die an Science Fiction erinnern, aber weit utopischer sind als alle Visionen von George Orwell.

So kann man beispielsweise Fachpublikationen entnehmen, die supergeheime *National Security Agency* (NSA) und andere Organisationen wären jetzt schon in der Lage, jedermann durch seine individuellen Gehirnwellen zu lokalisieren, die noch einmaliger sind als der persönliche Fingerabdruck. Basieren soll diese Methode auf den in Japan entwikkelten »Remote Touch«-TV-Geräten, die sich durch einen gedanklichen Befehl bedienen lassen. Eine Technik, die schon in den 1970er Jahren beim berühmten Delpasse-Experiment eingesetzt wurde, über das ich in meinem Buch »*Neue* UNERKLÄRLICHE PHÄNOMENE« aus dem Michaels-Verlag ausführlich berichte (siehe meine Homepage www.farkas.at).

Obwohl sich am Horizont bereits die Konturen eines weitreichenden, multinationalen Registrier- und Überwachungssystems ausmachen lassen, sind viele Zeitgenossen der Annahme, daß niemand sich davor fürchten müßte, der nichts auf dem Kerbholz hat. Ein gefährlicher Trugschluß, denn wer sagt denn, daß der Begriff »Kriminalität« immer so gefaßt sein wird, wie *wir* ihn verstehen? Heute schon kann ein unbescholtener Bürger, der keinerlei kriminelle *Handlung* gesetzt hat, aufgrund einer unüberlegten Aussage für Jahre hinter Gittern landen. George Orwell nannte dergleichen »Gedankenverbrechen«. Besorgte Bürger nennen es »Gesinnungsterror«, wenn Meinungen bestraft werden und strafbare Tatbestände ohne klares Tatbild existieren. Sie murmeln hinter vorgehaltener Hand sogar gelegentlich etwas von Diktatur, wenn ein dummer Schwätzer zu einer höheren Strafe verurteilt wird als ein Mörder. Wer definiert — so wird gefragt —, was als verhetzerisch, rassistisch, sexistisch oder staatsfeindlich gilt, und was nicht? Was ist, wenn einmal Gesetze beschlossen werden, die vorschreiben, daß jeder die Hälfte seines Besitzes an den überschuldeten Staat abgeben muß? Dann ist jeder staatsfeindlich und damit kriminell, der nicht bereit ist, für die Bedienung der Schulden als Bettler zu leben. Wer weiß, vielleicht wird einmal allgemeine Zwangsarbeit eingeführt, um die Verzinsung der Schulden sicherzustellen. Damit wäre jeder ein Verbrecher, der sich weigert, für fremde Schulden zu schuften. Um das alles unter Kotrolle zu bekommen und zu halten, ist es nach Meinung vieler offenbar notwendig, den Bürger immer und überall unter Kontrolle zu haben, damit er nicht aus der Reihe tanzen kann, wenn es an sein Eingemachtes geht.

Nicht nur nach Meinung von Paranoikern und Verschwörungsfetischisten arbeitet der Überwachungsstaat mit Volldampf daran, eine transportable Informationsquelle zu entwickeln und ihr Mitführen dem Bürger bindend vorzuschreiben. Dieser kleine Universalschnüffler müßte logischerweise alle Funktionen in einem Plastikkärtchen vereinigen, wie da sind: Ausweis, Zahlungsmittel/Kreditkarte, medizinische Daten, Vorstrafen, persönliche Merkmale, usw. usf. In den USA wird genau diese sogenannte »smart card« bereits seit einiger Zeit in den Medien beworben. Die EU-Kommission fördert mit Nachdruck ein Projekt zur Entwicklung eines Personalausweises auf Chipkarte. Als Vorstufe für eine europaweite Identitätskarte soll die sogenannte »Fasme-Karte« unter anderem den Wohnungs- und Arbeitsplatzwechsel innerhalb Europas festhalten. Der Ausweisinhaber soll sich nach den Plänen der Entwickler per Fingerabdruck identifizieren. Im Februar 2000 meldete »Die Welt«, daß in Finnland alle herkömmlichen Identifikationsmittel mit größter Geschwindigkeit gegen Chipkarten ausgetauscht werden. In Großbritannien will die Regierung bis 2008 *alle* Transaktionen auf elektronischem Wege abwickeln. Dann kann sich wohl niemand mehr einer einheitlichen Kontrollkarte verschließen. Für Besorgte ist damit die internationale Überwachung so gut wie sichergestellt.

Ihrer Meinung nach könnte sich nach voller Einführung dieses Systems folgendes Alptraum-Zukunftsszenario entfalten: Im Krisenfall werden überall Kontrollpunkte aufgestellt, bei denen jeder seine Karte in einen Automaten schieben muß, um weiteren Durchgang zu erlangen. Wer keine Karte hat oder wessen Karte gesperrt wurde, kann ausgesondert und festgenommen werden. Im Gefängnis geht es ihm vielleicht sogar besser als draußen, denn ohne funktionierende Karte ist er von jeglicher Bedarfsversorgung ausgeschlossen, die man zum Überleben braucht. Einfacher gesagt: Er existiert nicht. Wie schnell man zu existieren aufhören kann, zeigte der Film »Das Netz« so anschaulich, daß er eine Fernsehrserie nach sich gezogen hat.

Internet – entblößt im Netz

Um geeignete Profile aller Personen zusammenzutragen, eignet sich das Internet ganz hervorragend. Da sich immer mehr Lebensbereiche des Menschen im Internet abspielen, bietet es perfekte Voraussetzungen für eine Totalüberwachung, die alle Bereiche erfaßt: Kommunikation, Lektüre, Einkaufsverhalten, sexuelle Vorlieben und vieles mehr. Wer genau das befürchtet, verweist beispielsweise auf die 1-Terabyte große Datenbank der britischen *Defence Evaluation and Research Agency*, in der alle Usenet Postings der letzten 90 Tage gesammelt werden. Auch die Schnüffel-Programme, die von der NSA an neun Internetknotenpunkten installiert und seit 1995 tätig sein sollen, werden ebenso gerne genannt wie die NSA-Webrobots, die laut Berichten regelmäßig Websites aufsuchen, um die dort publizierten Daten zu sammeln und abzugleichen. Nicht weniger bedenklich erscheint manchen die von der EU-Datenschutzdirektive erlaubte, wenn auch nicht vorgeschriebene »Vorratsdatenspeicherung«, die am 31. Mai 2002 vom deutschen Bundesrat beschlossen wurde. Hinter diesem wenig aussagenden Namen verbirgt sich nicht weniger als die

Speicherung sämtlicher Verbindungsdaten aller Internet-Kunden über einen gewissen Zeitraum. Es wird befürchtet, daß Polizei und Geheimdienst sich hier nach Lust und Laune bedienen könnten. Scharfe Proteste kamen von den Datenschutzbeauftragten, dem Verband der Internet-Wirtschaft *eco*, der Bürgerrechtsbewegung »*Stop 1984*« sowie dem Justizminister von Rheinland-Pfalz.

Eine wachsende Anzahl von »Usern« greift mittlerweile zum Schutz ihrer Internet-Privatsphäre auf Dienste wie Anonymizer zurück, da in der Internet-Gemeinde Hand in Hand mit den totalen Überwachungsmöglichkeiten der Wunsch gewachsen ist, Daten jedweder Art verschlüsselt übertragen zu können und die eigene Identität zum Schutz gegen Überwachung zu verschleiern. Tatsächlich erwiesen sich starke Anonymisierungsverfahren in der Hardware (ISDN-Telefon mit Kryptoprotokoll, Kryptosmartcards) und der Software (PGP, Remailer), um nur ein paar zu nennen, als taugliche Mittel, die Möglichkeiten des »Echelon«- oder eines »Enfopol«-Systems außer Kraft zu setzen. Das konnte den Sicherheits- und Geheimdienstbehörden aller Staaten natürlich nicht verborgen bleiben und mußte zwangsläufig zu Gegenmaßnahmen führen.

Das 1996 von 33 Staaten unterzeichnete Waasenaar-Abkommen soll den Export von Kryptografiesoftware verhindern, die nicht frei verfügbar ist (Public Domain). Die USA, England, Neuseeland und Australien haben mit nationalen Zusatzparagraphen (Amendments) zum Abkommen einschränkend festgehalten, daß Public-Domain-Kryptografie-Software, die zur Verschlüsselung von Nachrichten dient, ebenfalls unter das Exportverbot fällt. Mit Hilfe von Vereinigungen wie der *Key Recovery Alliance* sollen Softwareproduzenten schon im Vorfeld darauf eingeschworen werden, in ihre Produkte »Hintertüren« (Back Doors) einzubauen, durch die Überwacher unbemerkt eindringen können. Mit deren Hilfe kann der US-Geheimdienst *National Security Agency* (NSA) nicht nur den Datenverkehr zwischen verschiedenen Rechnern belauschen, sondern auch auf die Festplatten zugreifen. »Die Welt« wies im Juni 1999 darauf hin, daß sogar E-Mails, die innerhalb Deutschlands ausgetauscht wurden, lange Zeit ausschließlich über die USA gelaufen wären, da alle Internet-Anbieter mit Amerika Verträge besitzen. Auf europäischer und internationaler Ebene werden immer wieder unter dem weitreichenden Deckmantel des Kinderschutzes Überlegungen zur Identifizierungspflicht und -möglichkeit jedes Internetbenutzers und zur Abschaffung von Anonymisierungsdiensten angestellt.

Wie es scheint, sind Anonymität oder Schutz persönlicher Daten und Inhalte im Internet letztlich eitler Wahn. Die amerikanischen Software-

Hersteller sind jetzt schon per Gesetz dazu verpflichtet, bei allen Exportversionen ihrer Programme die Verschlüsselungsmöglichkeiten im Datenverkehr zu begrenzen und den Behörden einen Teil der Codes bekanntzugeben, damit ein Zugriff jederzeit möglich ist, so die »Augsburger Allgemeine« im Mai 1998. Der Chiphersteller *Intel* soll bekanntgegeben haben, daß alle Chips ab Pentium III Seriennummern tragen werden, die sich von außen abfragen lassen. Damit läßt sich weltweit jeder Computer genau lokalisieren. Außerdem soll der Chip auch einen festen Algorithmus für die Verschlüsselung von Nachrichten benutzen, den Geheimdienste einfach lesen können, womit alle Geheimhaltung im Computerbereich unmöglich gemacht wird. Das meldete die »Züricher Zeitung« im Juni 1999.

Neben der Kontrolle durch Geheimdienste wird auch die normale Polizei verstärkt, um das Internet zu kontrollieren. Sie durchforstet es bereits heute rund um die Uhr nach sogenannten verdächtigen Inhalten. Dabei wird nicht nur das Internet überprüft, sondern auch das oftmals skurrile Treiben in den Chatrooms. Wie die »Frankfurter Allgemeine Zeitung« 1999 aufzeigte, handelt sich dabei um sogenannte »anlaßunabhängige Kontrollen«, deutlicher gesagt, um Überprüfungen ohne Verdacht. Wie das »Handelsblatt interaktiv« in mehreren Meldungen des Jahres 2000 vermerkte, sollen Ermittlungsbeamte des Bundeskriminalamtes und der Länderpolizei im Internet »auf Streife gehen«, daneben würde in einer geheim tagenden Regierungsarbeitsgruppe die Bildung einer Eingreiftruppe geplant. Die Formen der Recherche im Netz werden geheimgehalten. Wie jeder Überwachungsbereich soll auch diese Kontrolle schnellstens ausgebaut werden. Nicht vergessen sollte man, daß das Internet über Telefonleitungen funktioniert, die bekanntlich schon seit längerem unter Kontrolle stehen.

Besonders konsequente Verschwörungsfans gehen sogar davon aus, das weltweite Netz wäre überhaupt nur deshalb geschaffen worden, um den hochgejubelten neuen »Weltbürger« in einer globalisierten »One World« jederzeit und überall kontrollieren und überwachen zu können. Um besagten Weltbürger selbst dann umgehend dingfest machen zu können, wenn er sich in puncto Internet bedeckt hält, fährt »Big Brother« anscheinend noch weitere Geschütze auf.

»Wo ich auch geh' und steh' ...«

Spinnen wir die Horror-Visionen weiter: Damit der herrschenden Klasse keine Bewegung jedes einzelnen Bürgers entgeht, sie also ständig über den Aufenthaltsort ihrer Untertanen Bescheid weiß, ist die Erstellung von Bewegungsprofilen sehr hilfreich. Dabei leistet der PKW-Verkehr gute Dienste. Um Autodieben nach offizieller Lesart das Leben schwer zu machen, wurde ein System vorgestellt, das es erlauben soll, einen Wagen mit Hilfe des codierten Autoschlüssels per Satellit aufzuspüren und aus der Ferne zu stoppen (einen gestohlenen Wagen natürlich). Das System wurde von der NASA mit großem Interesse zur Kenntnis genommen und soll schnellstmöglich in der neuen Raumstation ISS erprobt werden, so »Die Welt« bereits im Februar 1998.

In mehreren Ländern ist die PKW-Überwachung bereits Realität. Laut »Süddeutscher Zeitung« führte Singapur 1998 ein Buchungssystem für Straßenbenutzungsgebühren ein. Jedes in Singapur zugelassene Fahrzeug muß dabei ein kleines Gerät enthalten, in das eine kreditkartengroße Karte geschoben wird, über welche die Straßennutzungsgebühr automatisch beim Passieren von Kontrollpunkten abgebucht wird. Müßig zu erwähnen, daß sich das nebenbei zur idealen Überwachung eignet.

Wie die Nachrichtenagentur *Reuters* 1998 meldete, soll ein ähnliches System auch für Deutschland in Planung sein, bei dem durch permanente Satellitenortung über eine Geldkarte die Straßenbenutzungsgebühr für jeden gefahrenen Kilometer laufend abgebucht wird. Nach Expertenmeinung könnte in einigen Jahren in England ein satellitengesteuertes Automobil-Überwachungssystem mit dem unverfrorenen Namen »Big Brother« die Fahrzeuggeschwindigkeit kontrollieren, um — wie es heißt — die Einhaltung der vorgeschriebenen Beschränkungen zu messen und Autoraser aus der Ferne zu bremsen. Nebenbei würde ein solches System den Aufenthaltsort des Fahrzeuges jederzeit feststellen können.

Eine Lücke war hier bisher die Bahn, da Fahrkarten anonym gekauft werden und der Kunde das Beförderungsmittel zu beliebigen Zeiten nutzen konnte. Damit soll bald Schluß sein. So regten sich beispielsweise in Österreich Pensionistenverbände laut, aber vergeblich darüber auf, daß Pensionisten ihre verbilligten Bahnkarten nur dann erhalten sollten, wenn sie diese via Internet bestellen.

Laut »Die Welt« vom März 2000 plant die *Deutsche Bahn* eine Änderung der bisherigen Regeln und will die Fahrpreise vom Buchungstag vor dem Reisebeginn abhängig machen. Kunden, die mehrere Tage vor der Reise buchen, sollen günstigere Preise erhalten. Ähnlich wie beim Flugverkehr soll es für die Tickets voraussichtlich eine Zugbindung und eine Reservierungspflicht geben. Bevorzugt sollten die Fahrkarten am Computer über das Internet bestellt werden. Zur Einführung des Systems gewährte die Bahn bereits Anfang des Jahres 2000 denjenigen Kunden

Rabatte, die ihre Fahrkarten im Internet bestellten. Befürchtungen gehen dahin, daß in Zukunft die Bahnschalter vollkommen geschlossen werden. Wer dann immer noch auf der Schiene eine Fahrt machen möchte, muß seine Fahrkarte über das (kontrollierte) Netz lösen, wobei er sich auf eine bestimmte Fahrt festlegen muß. Die Überwachungsstelle weiß genau, wer wann wohin fährt. Zusammen mit anderen Daten können leicht Rückschlüsse auf den Aufenthaltsort oder den Zweck der Reise gezogen werden. Von solchen Möglichkeiten konnte man in der verblichenen DDR nur träumen. Wie auch von anderen …

Handlich, lieb und klein …

Noch vor wenigen Jahren konnte man problemlos sein Leben verbringen, ohne an den unmöglichsten Orten ununterbrochen mit sinnlosem Geschwätz bombardiert zu werden. Diese goldenen Zeiten der Ruhe sind vorbei. It's Handy Time! Manche fragen sich allerdings, ob die konsequente Einführung der Mobiltelefone, verbunden mit der ebenso konsequenten Demontage von Telefonzellen, nicht vielleicht letztlich der Kontrolle dienen könnte. Ihrer Ansicht nach ist der Handy-Boom ideal für einen Überwachungsstaat und wird deshalb auch entsprechend gefördert. Wie schon erwähnt, läßt sich die Umgebung des Nutzers abhören, da dieser sein persönliches Überwachungsgerät mit sich trägt oder vor sich auf dem Tisch liegen hat. Es mag kein Zufall sein, daß manche Großunternehmen, beispielsweise einige Banken, ihre Angestellten mit Handys ausstatten und normale Telefonanlagen zurücknehmen. Neben fortwährendem Belauschtwerden erlaubt die »mobile Nervensäge« die permanente Lokalisierung des Gerätes. Mit den Aufenthaltsdaten des Handynutzers lassen sich genaue Bewegungsprofile erstellen, selbst wenn der Betreffende meilenweit zu Fuß unterwegs ist. Laut »Inter Info« soll in Amerika die zuständige Behörde mit Genehmigung des Präsidenten die Mobilfunkgesellschaften dazu anhalten, die technische Voraussetzung dafür zu schaffen, jederzeit über den Standort jedes Handys Auskunft geben zu können. Begründet wurde diese Regelung damit, daß die Polizei und Feuerwehr rund um die Uhr darüber informiert sein muß, woher ein Hilferuf kommt.

Man kann sogar auf die Vermutung stoßen, daß der Wunsch nach totaler Kontrolle in Wirklichkeit der Hauptgrund dafür war, Mobiltelefone mit aggressiver Werbung unter dem Motto »Kein Schüler und keine Oma soll mehr auf ständige Erreichbarkeit verzichten!« in der Bevölkerung zu verbreiten. Daß Schüler wie Oma mit ihrem Handy einen Bewegungsmelder und Beichtstuhl mit sich führen, wird weniger hervorgehoben. Da massenpsychologisch ausgefeilt, erzielte die Werbung natürlich eine beachtliche Wirkung: In Deutschland besaßen Anfang des Jahres 2000 schon 23 Millionen Bürger ein Handy, 72 Prozent mehr als ein Jahr davor. In anderen Ländern ist man noch weiter: Jeder dritte Franzose, 40 Prozent der Briten und die Hälfte der Italiener telefonieren bereits mobil. Ende 2002 wurde froh verkündet, die Verbreitung von Handys habe bei der Jugend in den meisten Ländern der EU bereits die 90-Prozent-Marke überschritten und bewege sich unaufhaltsam auf die 100 Prozent zu. Gleichzeitig war zu vernehmen, die meisten Handy-Besitzer, ob jung oder alt, würden ihr Handy gar nicht mehr abschalten, um immer und überall erreichbar zu sein, nicht zu vergessen der Trend zum Zweithandy.

An dieser Stelle scheint ein kleiner Schwenk zu einigen physikalisch-physiologischen Effekten der kleinen mobilen Plaudertaschen nötig, auf die gelegentlich hingewiesen wird: Fast verschämt kann man den Medien am Rande (in Kleinnotizen oder auf Leserbriefseiten) Informationen über den hochgejubelten Mobilfunk entnehmen, die dem einen oder anderen doch zu denken geben könnten, der sich das Gerät unentwegt an den Kopf hält. Leider erreichen die folgenden Informationen die Handy-Generation so gut wie nicht, weil sie viel zu beschäftigt ist, Sinnlosigkeiten über den Äther zu plappern und sich dabei immer mehr zu verschulden. Manche halten den Handy-Boom für eine breitflächige Vernichtung von Volksvermögen. Den Beweis dafür sehen sie in Zeitungsmeldungen wie: »Allein erziehende Mutter ist über 10 000-Euro-Telefonrechnung verzweifelt, die der Nachwuchs mit dem Handy verursacht hat.« Wie auch immer, das sind eben radikale Meinungen.

Medien-Meldungen zufolge wollen Forscher am Zentrum für Neuropsychopharmakologie der australischen *University of Technology* in Swinburne belegen können, daß ein 20minütiges Gespräch mit dem Handy etwa die Wirkung einer Hypnose haben soll. Ihr Bericht könnte unter anderem erklären, warum immer mehr Leute über Müdigkeit und Kopfschmerzen klagen, wenn sie ihr Handy intensiv benützen. Mobil-Telefonieren erhöht die Alpha-Wellen im Gehirn. Es muß also mehr arbeiten. Der Neurologe Rodney Croft drückte das so aus: »Das Gehirn hat mehr Arbeit, obwohl es dieselben Dinge tut, beispielsweise lesen oder schreiben. Während einer Hypnose ergäben sich ähnliche Muster«, so Croft.

Die Testpersonen wußten übrigens nicht, wann die Handys eingeschaltet waren. Wenn die Funktelefone in Betrieb waren, gingen die Alpha-

Wellen rasch in die Höhe, und die Probanden lösten die ihnen gestellten Aufgaben langsamer und fehlerhafter als zuvor. Besonders Paranoide meinen, auch das sei ganz im Sinne der geheimen Drahtzieher, die an einem absolut nicht interessiert sind: an einem mündigen Weltbürger, der seine Sinne beisammen hat.

Aber es geht nicht nur uns an den Kragen — auch Tiere scheinen durch die lieben kleinen Quatscher gleichermaßen zum Handkuß zu kommen.

Singvögel in Städten verlernen das Singen, weil sie nur noch Zivilisationslärm hören können, den sie zu imitieren versuchen. Ganz besonders das unglaublich variantenreiche Gedudel der Handy-Anrufsignale hat es ihnen angetan und verleitet sie zum Nachahmen. Fazit: Ende des Paarungsgesanges und damit auch der jeweiligen Gattung. Manche Vögel erledigt der Handy-Boom anscheinend auch ohne den Umweg über unwirksamen Balzgesang. Unter der Überschrift »Zuerst die Spatzen, dann der Mensch?« führte ein Leserbriefschreiber in der größten österreichischen Tageszeitung folgendes aus:

»Am 27. November 2002 war auf Radio BBC zu hören, daß in England Vogelschutzvereine und Ornithologen Alarm schlagen, weil in London innerhalb eines Jahres ein Rückgang der Spatzenpopulation um ein Viertel festgestellt wurde. Etwas noch nie Dagewesenes. Die Leute sind schockiert und rätseln herum. Für Mobilfunk-Sachverständige ist das überhaupt nichts Rätselhaftes. London gehört zu den Hauptstädten Europas mit dem dichtesten Elektrosmog. Mobilfunk-Feldstärken von 4 V/m auf öffentlichen Plätzen sind fast überall die Norm. Das ist noch weit unter dem politischen, aber bereits weit über dem biologischen Grenzwert. Bekannt ist, daß Brieftauben, Eulen und Turmfalken schon bei 1,4 V/m mit der Aufzucht von Jungen aufhören. So darf man sich nicht wundern, daß selbst die Zähesten und Anpassungsfähigsten in der Vogelwelt, die Londoner Spatzen, das Brutgeschäft bei 4 V/m aufgeben. Ebenso bekannt sind Fortpflanzungsschäden beim Vieh ab hochfrequenten E-Feldstärken von 0,6 V/m. Daß die Mobilfunk-Strahlung auch zu Unfruchtbarkeit beim Menschen führen kann, pfeifen jetzt sogar die Londoner Spatzen von den Dächern.«

Der Mensch ist, auch wenn er es nicht gerne hört, schließlich nichts anderes als ein hoch entwickeltes (und dementsprechend entartetes) Säugetier, das — wenn es Pech hat — durch die Hervorbringungen seiner Technik vielleicht die Produktion von eigenem Nachwuchs einstellen wird. Wir werden es erleben, beziehungsweise nicht erleben, wenn wir aussterben sollten …

Abgesehen davon, daß immer wieder Stimmen laut werden, ob es sehr gesund ist, sich ein Gerät zur Erzeugung gepulster Mikrowellen stundenlang an den Schädel zu halten (weswegen der Disney-Konzern sogar das Anbringen von Micky-Maus-, Donald-Duck- und anderen Stickern auf Kinderhandys verboten haben soll, um Klagen vorzubeugen), fragen sich über die Entwicklung Besorgte, ob man es etwaigen Überwachern und Kontrollierern eigentlich *noch* einfacher machen *kann*?

Beim bereits im Zusammenhang mit dem bei »Enfopol« erwähnten »Communication Assistance for Law Enforcement Act« (CALEA) soll es im wesentlichen um die totale Überwachung der Handys gehen. Dieses US-Gesetz enthält die vom FBI aufgestellten Forderungen (die nach dem Willen des FBI Welt-Kommunikations-Gesetz werden sollen), daß jeder, der über ein Handy ein Gespräch führt oder Daten sendet, erkannt werden kann und sein Gespräch aufgezeichnet wird, um bei den Sicherheitsdiensten nach Bedarf Verwendung zu finden. CALEA schreibt Telefongesellschaften und Herstellern von Telefongeräten den Einbau von Lauschmöglichkeiten vor. Laut Medienberichten gab es schon 1991 rege Treffen zwischen dem FBI und europäischen Regierungen. Die FBI-Leute wollten erreichen, daß ihr CALEA-Vorschlag in die europäische Gesetzgebung übernommen wird. Die EU-Ministerkonferenz soll die FBI-Forderungen im Januar 1995 wortwörtlich übernommen haben, was verständlicherweise nicht an die große Glocke gehängt wurde. Daß dennoch darüber publiziert wurde, zeigt, daß sich eben doch nicht alles geheimhalten läßt — was aber dennoch nicht viel an der besagten Entwicklung zu ändern scheint.

Die entscheidende Frage ist offenbar: Gibt es ein Entkommen vor dem ultimativen »Großen Bruder«, der im Auftrag nebelhafter Gruppierungen nicht nur an ständigen Informationen über den Aufenthaltsort der Bürger interessiert zu sein scheint, sondern auch — und ganz besonders — daran, was diese mit ihrem Geld machen.

Bargeld ade!

Unter dem Hinweis auf Geldwäsche, mit dem man anscheinend fast alles begründen kann, wird dem Bürger in seinen intimsten Intimbereich gespäht: in die Brieftasche. Während die Österreicher zähneknirschend ihr geliebtes »Anonymes Sparbuch« mit jahrhundertelanger Tradition offenlegen mußten (entgegen der Versprechungen, die ihnen vor der Volksabstimmung zum EU-Beitritt gemacht wurden), interessieren sich die Fahnder auch für Schecks, Wechsel, Edelmetalle und Edelsteine. In die gleiche

Richtung gehen Forderungen der EU-Kommission, wonach jeder Steuerberater, Anwalt und Diamantenhändler künftig melden muß, wenn er den Verdacht hat, daß seine Mandanten oder Kunden in dubiose Geldgeschäfte verstrickt sein könnten. Die Meldepflicht soll dabei im weiteren Verlauf auf alle Berufe ausgedehnt werden, bei denen ein Geldwäscherisiko besteht. Der vielzitierte »kleine Mann« fühlt sich von solchen Maßnahmen nicht betroffen, da er mit Geldwäsche nichts am Hut hat. Aus diesen süßen Träumen wird es, so meinen Kritische, ein schlimmes Erwachen geben, denn auch der »kleine Mann« ist schon lange im Visier. Korrekter gesagt: der Inhalt seines Portemonnaies.

Da in unserer Welt ohne Geld nichts läuft, läßt sich den Einwohnern eines Staates am wirksamsten über die Schulter schauen, wenn man ihre Zahlungsvorgänge unter Kontrolle bekommt. Ein Erlaß aus dem Jahr 1997 erlaubt den Finanzbehörden zwar die Überwachung sämtlicher Bewegungen zwischen Girokonten, so »Die Welt« aus dem gleichen Jahr, doch *ein* Faktum steht der totalen Kontrolle auf diesem Gebiet noch im Wege: Das gute alte *Bar*geld. Es lassen sich zwar alle Zahlungsvorgänge auf dem bargeldlosen Weg überwachen, doch nicht die Geldtransfers, die in »cash« abgewickelt werden — vom Einkauf einer Zahnbürste bis zum Erwerb einer Liegenschaft.

»Na und«, kann man gelegentlich hören, »was ist schon so toll am Bargeld?« *Bargeld*, also die ausgegebenen Scheine und Münzen, stellen ein verbrieftes Dokument für die Kaufkraft dar, während das bargeldlose »Geld« nur ein Versprechen der Banken darstellt, bei Bedarf Bargeld ausgeben zu können. Sind die Kreditinstitute dazu im Krisenfall nicht mehr in der Lage, so ist das Versprechen hinfällig und das bargeldlose Scheingeld wertlos. Nichtsdestotrotz wird die Abschaffung des Bargeldes konsequent in Szene gesetzt und von der Mehrheit der Bevölkerung begrüßt, die sich offenbar nicht ganz klar ist, *was* sie an Stelle von Scheinen und Münzen mit sich herumträgt.

Mit dem Kartengeld räumt der nichtsahnende Bürger bereitwillig einer unbekannten Instanz absolute Kontrolle über sein Leben ein. Wenn von oben her das Konto gesperrt wird, weil man vielleicht systemkritische Gedanken geäußert hat, steht man schnell vor dem Nichts, da man weder kaufen noch verkaufen, seine Miete bezahlen oder sonst irgend etwas tun kann, um über die Runden zu kommen. Wenn man nicht verhungern will, muß man fast zwangsläufig kriminell werden. Ein Teufelskreis, der dem System durchaus in die Hand arbeiten würde.

Bedenklich stimmt aus diesen und anderen Überlegungen heraus viele, daß seit geraumer Zeit in der EU die Möglichkeiten eingeschränkt werden, Bargeld über Ländergrenzen hinweg zu transferieren. Auch im Inland wird der Bargeldgebrauch zunehmend problematischer. So berichtete beispielsweise die »Euro-Zeitung« vom 21. Mai 2000, daß in Frankreich ein Gesetz erlassen wurde, das Barzahlungen von Beträgen von umgerechnet über 1500 DM für Geschäftsleute und 6000 DM für Privatpersonen verbietet. Schon heute ist es manchenorts nicht mehr möglich, ein Mietauto zu bekommen, wenn man keine Kreditkarte hat und Bargeld auf den Tisch legt. Auch eine Domain im Netz gibt es nur noch bei elektronischer Bezahlung. Und für besonders hartnäckige Barzahler plant die EU sozusagen »Verfolgungschips« in die Euro-Banknoten zu integrieren.

Doppelbödige Plastikkarten

»Wer sie nicht tragen will auf seiner Hand
oder Stirn, der kann nicht mehr kaufen
oder verkaufen! Wer sie aber trägt, der
bekennt sich zur Anbetung Satans!«
Apokalypse 13, 16–18,
(bezogen auf die ominöse Zahl 666)

Weltweit sind intensive Bestrebungen im Gange, das Bargeld durch bargeldlose Systeme zu ersetzen. Als besonders kritisch ist dabei die Verwendung von EC- und Kreditkarten für Zahlungsvorgänge anzusehen, weil damit alle Kaufvorgänge zentral gespeichert werden, womit der Kunde einer totalen Überwachung unterliegt. Nicht nur ausgewiesene Fortschrittsverweigerer beklagen, daß sich kaum ein Zeitgenosse darüber Gedanken macht, welche Macht er nicht nur den Banken mit der Verwendung von EC-, Chip- oder Kreditkarten in die Hand gibt. Mit ihnen läßt sich jederzeit nachvollziehen, wer wann wo was bezahlt hat.

Der deutsche Bundesbeauftragte für Datenschutz hat darauf hingewiesen, daß aufladbare Geldkarten — der neueste Schrei im bargeldlosen Zahlungsverkehr — die systematische Überwachung der Besitzer erlauben. Der Benutzer hinterläßt damit Datenspuren über Zeit, Ort und ausgegebenen Betrag. Auf Knopfdruck können von jedem Kartennutzer exakte Verhaltens- und Kaufprofile erstellt werden; Daten, die jahrelang gespeichert bleiben sollen. Das kann auch für Unbescholtene fatale Folgen haben. Wer zum Beispiel regelmäßig in einer Luxusboutique einkauft oder in einer Nobelherberge übernachtet, die von der Mafia als Geldwaschanlage benutzt wird, der könnte schnell — und ziemlich permanent, wie Beispiele zeigen — als Verdächtiger in Polizeicomputern registriert werden, auch wenn er nicht die geringste Ahnung hatte, was in besagten Etablissements vor sich geht.

Wie beim Handy wird auch hier die Werbetrommel kräftig und mit Erfolg gerührt, um die Vorteile ins rechte Licht zu rücken, die das »moderne Zahlungsmittel« gegenüber dem alten, »schmutzigen« Bargeld hat, das durch Millionen Hände geht und in der Brieftasche immer unansehnlicher wird. Und tatsächlich: Ende 1999 verfügte beinahe jeder Einwohner der Bundesrepublik über eine EC-Karte oder eine Karte mit Zahlungsmittelfunktion.

Der Jugendschutz liefert ein weiteres Argument, um die Bürger von der Notwendigkeit der Chipkarte zu überzeugen. Damit der Zigarettenverkauf an Jugendliche eingeschränkt wird, wollen die Mitglieder der Nichtraucherschutzinitiative im Bundestag die Zigarettenindustrie zwingen, ihre Automaten auf ein neues, bargeldloses System umzustellen. Denkbar sei dabei die Einführung spezieller Chip-Karten oder der Einsatz von Eurocheque- und Kreditkarten, so die »Augsburger Allgemeine« im Januar 2000.

Nun können Kunststoffkarten aber verloren, gestohlen, verborgt oder gefälscht werden, wodurch der Besitzer absichtlich oder unabsichtlich einer möglichen Überwachung durch die Lappen gehen würde. Um diese Lücke zu schließen, soll der Überwachungsstaat nach Meinung Besorgter dem Bürger buchstäblich an die Haut gehen, unter Umständen sogar *unter* die Haut.

Vom genetischen Fingerabdruck zu implantierten Chips

Damit die Identität jedes Staatsbürgers zu jeder Zeit todsicher ermittelt werden kann, müssen logischerweise Daten registriert werden, die mit dem Betreffenden untrennbar verbunden sind. Noch signifikanter als der normale Fingerabdruck ist der vielzitierte »genetische Fingerabdruck«. Die ideale Begründung für eine großangelegte Gendatei ist naheliegenderweise die Verbrechensbekämpfung, bei der eine solche Maßnahme in der Tat überaus hilfreich sein kann. Während man sich in Europa mit einer kontinentweiten Gendatei sowohl aus technischen Gründen wie auch aufgrund geäußerter Bedenken noch etwas schwer tut, besteht in den USA schon seit einiger Zeit eine landesweite Gendatei, auf die Behörden jederzeit zurückgreifen können.

Das Nonplusultra der Überwachung und Erfassung wäre es natürlich, wenn jeder Bürger mit einem oder noch besser, mit mehreren implantierten Chips ausgerüstet wird. Durch den Chip, oder die Chips, wäre auch sein Aufenthaltsort über Satellit jederzeit feststellbar. Und noch so manches andere. Genau davor wird seit Jahren immer vehementer gewarnt. Wer glaubt, es bei solchen Horrorvisionen mit dem sprichwörtlichen an die Wand gemalten Teufel zu tun zu haben, dem sei versichert: der Teufel ist schon recht real, wenn auch noch nicht voll entwickelt.

Bei Tieren sind implantierbare Chips bereits lange Realität und werden da und dort sogar schon gesetzlich vorgeschrieben. So mußten etwa in Catania auf Sizilien alle Hunde mit einem implantierten Chip versehen werden. Im Sommer 2000 entbrannte in Deutschland eine Kampagne gegen sogenannte Kampfhunde, bei der für viele nicht alles mit rechten Dingen zugeht. Sie führte jedenfalls dazu, daß beispielsweise das Bundesland Rheinland-Pfalz eine Vorschrift erließ, wonach alle mit der Gummibezeichnung »gefährlich« versehenen Hunde einen implantierten Chip verpaßt bekommen müssen, wie sich der Gefahrenabwehrverordnung Rheinland-Pfalz vom 30. Juni 2000 entnehmen läßt. Manche Bundesländer stellen Listen solcher stigmatisierten Vierbeiner auf, die nicht selten Hunderassen beinhalten, die gar nicht existieren (etwa ein »römischer Kampfhund«, der wahrscheinlich Gladiatorenfilmen entlehnt wurde).

In den Vereinigten Staaten sollen Pläne laufen, einen pfenniggroßen Chip mit Satellitennavigation unter die Haut von Personen einzupflanzen, damit diese ständig zu lokalisieren sind. Bürgerrechtler, die dieser Entwicklung mit Sorge entgegensehen, halten in der Mehrzahl seit dem 11. September 2001 den Mund, um nicht des Anti-Amerikanismus, der Sympathie mit Terroristen und anderer Dinge geziehen zu werden, die einen Unbescholtenen heutzutage in der Wiege der Demokratie schneller ins Gefängnis bringen können, als er für möglich halten würde. Im Dezember 2001 konnte man über »ZDF heute online« erfahren, daß die US-Firma *Applied Digital Solutions* einen VeriChip genannten Mikrochip entwickelt hat, der Menschen unter der Haut eingepflanzt werden kann. Laut *Applied Digital* ist der RF(Radio Frequency)-Chip 12 x 2,1 Millimeter groß und eignet sich daher gut als Implantat für den Menschen. Jeder Chip besitzt eine eigene Identifikations-Nummer (ID) und soll wichtige medizinische Informationen enthalten, die ein externer Scanner über RF-Technologie lesen kann. Den Angaben des Herstellers zufolge lassen sich die Daten auch über Telefon oder das Internet übertragen. Seit einiger Zeit werden auch in Europa Forderungen nach implantierten Chips lauter. So forderte ein CDU-Abgeordneter schon 1996, daß die Entführung von Kindern dadurch unterbunden werden solle, daß an ihnen Minisender angebracht werden.

In Singapur ging man bereits 1998 aufs Ganze. Wie man der Zeitschrift »COGITO« entnehmen kann, wurde damals 10000 Einwohnern ein Vierteljahr lang probeweise ein elektronisch ablesbares Zeichen auf das Handgelenk und auf die Stirn verpaßt, mittels dem sie nunmehr kaufen und verkaufen mußten (erinnert das nicht an etwas?), rund um die Uhr kontrolliert von einem Zentralcomputer.

Der Traum aller repressiven Systeme und hinter ihnen stehender »Dunkelmächte« sind technische Einrichtungen, die dafür sorgen, daß die Bürger nicht einmal daran denken, aufmüpfig zu sein.

Gedankenkontrolle

»Die glücklichen Sklaven sind die
erbittertsten Feinde der Freiheit.«
Marie von Ebner-Eschenbach

Geräte, die systemkritische Gedanken erst gar nicht aufkommen lassen, würden sogar die von George Orwell vorausgesehene »Gedankenpolizei« nicht mehr erforderlich machen. Einen ersten Ansatz in eine solche Richtung erblicken Besorgte in der sogenannten »Remote Neural Monitoring«-Technik (RNM). Diese eignet sich nicht nur dazu, Personen zu verfolgen und ihre Gedanken — konkreter gesagt bestimmte Gefühlszustände — bis zu einem gewissen Grad zu lesen, sondern auch dazu, die Anvisierten direkt zu beeinflussen. Mit RNM sollen sich codierte Signale direkt in den auditiven Cortex (die für das Hören zuständige Hirnregion) senden lassen. Die Zielperson vermeint, Stimmen zu hören und beginnt an ihrem eigenen Verstand zu zweifeln. Selbst die Übertragung von visuellen Eindrücken ist möglich, wenn der Betreffende schläft. Auf diese Weise kann sein Gehirn regelrecht programmiert werden. Mehr noch: RMN soll es erlauben, das Wahrnehmungsvermögen eines Menschen, wie auch seine Stimmungslage, zu verändern. Selbst eine Kontrolle über seine motorischen Handlungen soll mittels dieser Technik möglich sein.

Zum Leidwesen aller »Dunkelmächte«, die an einer Bevölkerung interessiert sind, die sich noch mehr als ohnedies schon kneten und formen läßt, stehen diese radikalen Techniken (angeblich) für einen Masseneinsatz noch nicht zur Verfügung. Wird schon werden, meinen

Desillusionierte, aber bis es soweit ist, reichen die bereits vorhandenen Möglichkeiten sicher auch.

Ein erster Schritt in eine modernisierte Kombination »1984« und »Schöne Neue Welt« könnte darin bestehen, Teile des Gehirns gezielt auszuschalten. Wer im neuen Überwachungsstaat nicht richtig »spurt«, bekommt in seinen Schädel einfach ein Implantat eingepflanzt, das systemkritische Gedanken ausblendet. Genau das soll laut »Die Welt« schon 1999 in Australien gelungen sein. Ein kleines Kästchen, das getaktete magnetische Impulse erzeugt, am Hinterkopf befestigt, und schon nimmt der Nutzer alle Informationen gefiltert auf. Er konzentriert sich nur noch auf einen einzigen Bereich, beispielsweise seine Arbeit. Andere Gedanken werden unterdrückt, bzw. komplett ausgeblendet. Sein alleiniger, alles dominierender Wunsch besteht darin, dem System zu dienen, wozu ihn das Implantat heftig und völlig einseitig befähigt, um nicht zu sagen »hochrüstet«. Ein solcher Zustand ist bei sogenannten genialen Idioten, wissenschaftlich »Idiot Savants« genannt, bekannt. Diese oftmals autistischen Menschen können beispielsweise zentimetergenau Entfernungen nennen, 24 Sprachen sprechen, ohne Uhr die Zeit auf die Sekunde genau angeben oder sich alle Spielkarten merken — wie der von Dustin Hoffmann brillant dargestellte Autist im preisgekrönten Film »Rain Man.« Derart einseitige Genien sind jedoch oftmals unfähig, Personen zu erkennen oder auch nur einen verständlichen Satz herauszubekommen. Verschwörungsfreunde sehen im Hinarbeiten auf solche Individuen nicht mehr und nicht weniger als die Schaffung von Idealbürgern der künftigen »Neuen Weltordnung«.

Neben der perfekten Überwachung müssen Machthaber auch an einer möglichst wehrlosen Bevölkerung interessiert sein, wie man immer häufiger vernehmen kann. In dem Zusammenhang weisen manche darauf hin, daß der zweite Zusatz (second amendment) der amerikanischen »Constitution« das Recht auf Waffenbesitz nicht deswegen so rigide vertritt, damit sich der weiße Bürger vor Verbrechern, beziehungsweise vor den damals noch nicht völlig unterworfenen »Rothäuten« schützen kann, die sich dauernd im eigenen Land »im Aufstand befanden«. Nein, die ursprüngliche amerikanische Verfassung beharrt deswegen auf freiem Waffenbesitz, damit — und jetzt aufgepaßt! — der Bürger nicht wehrlos ist, wenn im eigenen Lande die Demokratie zu verkommen droht. Ein Gesichtspunkt, der (absichtlich?) so gut wie nie in der Waffendiskussion angesprochen wird.

In den USA, wo es über 100 Millionen *registrierte* Waffenbesitzer mit fast einer halben Milliarde Waffen gibt (die Dunkelziffer ist astronomisch höher), ist eine Entwaffnung dieser ohnedies bereits sehr mißtrauischen und wehrbereiten Massen völlig unmöglich. Wie soll eine Armee von 1,7 Millionen Mann 100 Millionen Bürgern die Waffen abnehmen, die — im Gegensatz zu Europa — zum nicht geringen Teil mit militärischem Gerät ausgerüstet sind, von Schnellfeuerwaffen bis hin zu Panzern? Da nützen auch die jahrzehntelangen Bemühungen der amerikanischen *Arms-Control*-Bewegung nichts, die interessanterweise von der CIA gesponsert wird. (Es ist überhaupt interessant, wer manchen Bewegungen hilfreich unter die Arme greift. So kennen beispielsweise nur sehr wenige die spärlich veröffentlichten Informationen, daß die deutsche Grünen-Bewegung in ihrer Startphase von der US-Ölindustrie finanziell unterstützt worden sein soll.)

In der »Alten Welt« tut man sich in puncto Entwaffnung entschieden leichter.

Sicherheit durch Wehrlosigkeit

»Wenn nur noch Lügen uns begleiten,
soll auch die Wahrheit oft man sagen.«
Johann Wolfgang von Goethe

Gleich nach der Machtübernahme von Tony Blair im Jahr 1997 wurden nach dem Anlaßfall des Massakers an der Schule von Dunbleen alle Feuerwaffen in Großbritannien eingesammelt. Auch Sportschützen mußten ihre Waffen (sogar Kleinkaliber) abliefern. Eine Verschiebung der Maßnahme lehnte Blair persönlich ab und forderte die sofortige Umsetzung. Wie von Fachleuten erwartet, haben nach der Totalentwaffnung der Briten mit Waffen begangene Verbrechen im Inselkönigreich merkbar zugenommen.

In Deutschland wurden sogar relativ harmlose Verteidigungswaffen waffenscheinpflichtig: Im März 2000 sprach sich der Bundesrat für schärfere Waffengesetze aus, nach denen sogar Schreckschuß-, Reizstoff- und Signalwaffen waffenscheinpflichtig werden sollten. Wie viele Blutbäder, so fragen manche, sind eigentlich schon mit Gas- und Schreckschußwaffen verübt worden?

Nach dem Amoklauf von Erfurt wurde die Schraube, wie zu erwarten war, noch weiter angezogen, nicht zuletzt nach öffentlichkeitswirksamer Erinnerung an das Gemetzel in der *Columbine High-School* im Denver-Vorort Littleton im US-Bundesstaat Colorado vom April 1999 mit 13 Toten und 28 Schwerverletzten. Damals hatten zwei Mitglieder einer sogenannten »Trenchcoat-Mafia« Salven auf ihre Mitschüler abgefeuert und mit Nägeln gefüllte Splitterrohrbomben geworfen. Um ein Massaker in größtem Umfang zu veranstalten, hatten sie im Schulgebäude über 50 große Sprengsätze verteilt, die allerdings entschärft werden konnten. Nach Littleton wurden in den USA sogar Trenchcoat-Verbote ausgesprochen.

Wie das Amen im Gebet tönt nach solchen Untaten aus bestimmten Ecken der von vielen gedankenlos aufgenommene Slogan: »Waffen weg!« (natürlich nur die legalen, die anderen lassen sich nicht »wegbringen«, wie die geradezu rührenden Versuche zeigen, beispielsweise Besitzer von Pumpguns zur Rückgabe ihrer Knarre zu motivieren).

Kritiker der Entwaffnungseuphorie weisen auf Studien hin, die unmißverständlich belegen, daß ein Land alles andere als sicher wird, wenn am Ende *nur noch* die Verbrecher bewaffnet sind, und das auch *wissen*. Die berühmteste dieser Studien wurde von Prof. John Lott aus Chicago verfaßt. Aus ihr geht unmißverständlich hervor, daß in den US-Bundesstaaten mit liberalem Waffengesetz weniger Gewalttaten verübt werden, weil die Verbrecher wissen, daß die Bürger bewaffnet und bereit sind, zurückzuschießen.

Besonders Gewissenhafte melden Kritik an den Statistiken an, mit denen nachgewiesen werden soll, daß in den »bewaffneten« USA auch bei Einrechnung der unterschiedlichen Bevölkerungszahlen ein Mehrfaches an Toten durch Schußwaffengebrauch zu beklagen ist als beispielsweise in Deutschland. Zerlegt man manche Statistiken in Einzelbereiche, so zeigt sich, daß in den USA etwa die Hälfte der Erschossenen Mitglieder von Banden sind, die einander bekriegen und dabei ums Leben kommen. Von der verbleibenden Hälfte ist die Hälfte Verbrecher, die von bewaffneten Bürgern in Notwehr erschossen werden. Damit reduziert sich der Zahl der unbescholtenen Verbrechens*opfer* auf ein *Viertel*. Selbst wenn diese Zahl auch in der Relation immer noch höher ist als in der »Alten Welt«, so kommen die Argumente der Entwaffner dennoch ins Wanken, denn in Europa sind nämlich so gut wie *alle* Getöteten anständige, wenn auch nicht bewaffnete Bürger.

Gerne wird argumentiert, in einem Rechtsstaat genüge es, wenn die Polizei bewaffnet sei, um zum Schutz des Bürgers mit der Waffe einzugreifen. Abgesehen davon, daß die Verbrecher auch bewaffnet sind, egal wie rigide Waffengesetze sind, kann die Exekutive die Bürger keineswegs mit der Waffe in der Hand davor schützen, einem Verbrechen zum Opfer zu fallen, da bei Bluttaten im seltensten Fall Beamte zugegen sind.

Mißtrauische fragen klipp und klar: »Dient es *wirklich* der Sicherheit, wenn der Bürger wehrlos gemacht wird, konkreter gesagt, *wessen* Sicherheit — vielleicht schlicht und einfach der Sicherheit gewisser ›Dunkelmächte‹«? Noch Mißtrauischere malen geschichtliche Vorbilder an die Wand, in denen Bürgerentwaffnung Demokratieverlust voranzugehen pflegte. In dieselbe Kerbe schlagen Hinweise auf die bereits erwähnten Bemühungen der *Arms-Control*-Bewegung mit behauptetem CIA-Backing. Für manche ist das ein klares Indiz dafür, daß »die da oben« hilf- und wehrlose Bürger schaffen wollen. Soweit wollen wir nicht gehen. »Begnügen« wir uns mit der Entwicklung, die das Rechtswesen zu nehmen und die in dieselbe Richtung zu gehen scheint, wenn man immer mehr kritischen Stimmen glauben will.

Alles, was Recht ist

In den meisten Verfassungen steht in etwa »Das Recht geht vom Volke aus«. Zynische ergänzen jedoch immer öfter: »Es kehrt nie mehr zurück«. Wer sich mit juristischen Mitteln gegen staatliche Repressalien wehren will, könnte immer schlechter Karten in die Hand bekommen. Wie die »Frankfurter Allgemeine Zeitung« schon 1999 aufgezeigt hat, soll in Zukunft eine Klage vor dem Bundesverfassungsgericht nicht mehr für jeden möglich sein. Und laut »Süddeutscher Zeitung« vom März 2000 wurde im Dezember 1999 ein Referentenentwurf vom Bundesjustizministerium veröffentlicht, der die erste Instanz stärken möchte, um einen Rechtsstreit schon dort möglichst ein für allemal zu erledigen (welch passendes Wort). Zu diesem Zweck soll nicht mehr die klar definierte Höhe des Streitwertes entscheiden, ob man in Berufung und Revision gehen kann, sondern die schwammige »Schwierigkeit der Sache«. Wenn eine berechtigte Klage im ersten Verfahren abgelehnt wurde, ist Schluß, egal, ob vor dieser Regelung eine höhere Instanz vielleicht anders entschieden hätte. Genausowenig hätte dann auch ein Systemkritiker die Chance auf die Aufhebung der Verurteilung zu einer unberechtigt hohen Gefängnisstrafe.

Totale Überwachung, Gedankenkontrolle, Chips, Entwaffnung, ein maßgeschneidertes Rechtssystem, das ist ja alles gut und schön, aber noch nicht die *Ultima Ratio*. Der *echte* Eine-Welt-Zukunftsstaat wäre nach der Meinung durchaus ernsthafter Zeitgenossen wohl erst dann perfekt, wenn kritische Menschen gar nicht erst *entstehen* können. Eine Utopie, Huxleys »Schöne Neue Welt« zum Quadrat? Wer weiß …

Von der Wiege bis zur Bahre …

Nach Medienberichten sollen bereits im Jahr 2015 einer britischen Mediziner-Studie zufolge Kinder nur noch in einer künstlichen Gebärmutter heranwachsen. Der Fötus darf jedoch nur dann gedeihen, wenn er durch eine Reihe von Tests als unbedenklich eingestuft wird. Daneben soll der Gesundheitszustand eines jeden Menschen von Geburt an durch implantierte Chips permanent kontrolliert werden, die bei Abweichungen von der Norm Alarm schlagen. Durch solche Maßnahmen sollen alle Krankheiten in Zukunft in den Griff zu bekommen sein. Eugenik im neuen Gewande, so kann man vernehmen. Interessanterweise und heute wenig hervorgekehrt, wurde Eugenik schon im 19. und Anfang des 20. Jahrhunderts heftig propagiert und auch praktiziert — und zwar in England und Amerika (und das bis in die 1960er Jahre, einschließlich großangelegter, wenn auch nicht an die große Glocke gehängter Massensterilisationen von »unerwünschten Personen«).

Mit all dem ist für viele eine Welt im Entstehen, in der niemand mehr ein Existenzrecht hat, der als »krank« gilt, soll heißen: zum nonkonformen Denken fähig ist.

In eine ähnliche Richtung könnte auch eine Untersuchung deuten, die ergeben hat, daß genmanipulierte Nahrung im Tierversuch zur Gehirnschrumpfung führt. Nur zwei Tage, nachdem ein englischer Wissenschaftler einen Artikel dazu veröffentlicht hatte, wurde er vom Dienst suspendiert. Besonders phantasievolle und verschwörungsanfällige Gegner von »Genfutter« argumentieren sogar, die Gennahrung würde überhaupt nur eingeführt und propagiert, damit der durchschnittliche Intelligenzquotient in der Bevölkerung herabgesetzt werden kann. Dumme Menschen sind wiederum leichter lenkbar und stellen keine Gefahr für das System dar. Das erinnert viele an die gezielte Etablierung der Rauschgiftgesellschaft im Westen durch die CIA und durch andere offizielle Stellen. Wer mehr darüber erfahren will, kann das sehr ausführlich in meinem Buch »VERTUSCHT. Wer die Welt beherrscht« tun (siehe meine Homepage www.farkas.at).

Nehmen wir einmal an, daß »Dunkelmächte« die Schaffung der »One World«, bevölkert mit entwurzelten, gleichgeschalteten, auf Schritt und Tritt kontrollierten Individuen, betreiben, so erhebt sich für viele die Frage, wie ein solch gigantisches Unterfangen wohl zu bewerkstelligen wäre. Verschwörungsfreunde haben eine Antwort parat.

Teil III:

Stufen zum Endziel

Weltordnung durch Geldordnung?

»Mächtige Staaten verhalten sich wie Gangster,
schwache Staaten wie Prostituierte.«
Unbekannter Zyniker

Zu Tode liberalisiert

»Wir werden mit jedem Handel treiben,
ob er will oder nicht. Wer uns seine Märkte
nicht öffnen will, dem treten wir die Türe ein.«
US-Präsident Woodrow Wilson

»Freihandel bringt Wohlstand für alle«, tönte es beim Berlin-Besuch im Sommer 2002 aus dem Munde von US-Präsident George W. Bush, »er ist die einzige Quelle (»the only source«) des Wohlstands«. Ein Wohlstand, dessen Quelle immer mehr Fachleute kennen und offen zu benennen wagen: Die Verschwendung von unwiederbringlichen Ressourcen. Darin stehen die Vereinigten Staaten an der Spitze, hilfreich unterstützt von IWF, Weltbank und zahlreichen »Entwicklungsbanken«. Täglich werden mehr kritische Stimmen laut, die behaupten, die von den USA ausgehende »Globalisierung« würde aus der unterentwickelten Welt ein einziges Elendsviertel samt Abladeplatz für den Schrott und Müll der ganzen Welt machen. »Auf ihre Bodenschätze und Wälder stürzen sich die Hyänen«, so wird der unter dem schönfärberischen Begriff der »freien Marktwirtschaft« betriebene große Ausverkauf der Erde gelegentlich melodramatisch angeprangert.

Papst Pius der XI. hatte dazu schon vor vielen Jahren passende Worte gefunden: »Der Kredit, das Lebenselement der Wirtschaft, ist derart unter ihrer Faust, daß niemand gegen ihr Geheiß auch nur zu atmen wagen kann.« John F. Kennedy, der gegen dieses in privaten Händen befindliche Privileg aufmucken und anstelle des privaten *Federal-Reserve*-Systems eine staatliche Notenbank schaffen wollte, lebte nicht lange genug, um diese Absicht in die Tat umzusetzen. Seither haben selbst hochentwickelte Staaten ihre Währungshoheit Schritt für Schritt eingebüßt und hängen am Tropf jener, die aus dem Nichts »Geld schöpfen« und damit Kredite gewähren dürfen. Daß dabei auf lange Sicht die Sparer enteignet und den Arbeitnehmern Teile des sauer verdienten Lohnes aus der Tasche gezogen und in Spekulationsgeschäften oder durch maßlose Kreditinflation verbrannt werden, sind eben die Kosten des »Fortschritts«. Da kann es auch schon mal passieren, daß Pensionsfonds (die mit großem Trara etablierte »Dritte Säule«) durch Großbetrügereien Marke ENRON vernichtet werden.

Ökonomen, denen das »Nationale System der Politischen Ökonomie« des nach Amerika emigrierten Tübinger Volkswirtschaftsprofessors Friedrich List (1789–1846), des Verfechters und »Vaters« der Zollunion, nicht unbekannt ist, sind mißtrauisch. Weil sie wissen, daß gerade die USA Lists wirtschaftspolitischen Ratschlägen ihren ersten Aufstieg mitverdanken, fragen sie sich, ob das wohl ein Grund dafür ist, daß mächtige Kreise in den USA seit Jahrzehnten den Rest der Welt mit mehr oder weniger sanfter Gewalt »öffnen« wollen, während sie selbst hemmungslos Schutzzölle einführen, wie z. B. den auf ausländischen Stahl.

Für manche Analysten verbirgt sich hinter der schwammigen Forderung nach einer »offenen Gesellschaft« schlicht und ergreifend eine Kampfansage der Mächtigen, speziell in den USA, an die Welt. Wer Rohstoffe hat, möge diese zu den ihm diktierten Bedingungen verkaufen (ausländischen Investoren zugänglich machen), und wer über eine verfeinerte Infra- und Versorgungsstruktur verfügt wie die Industriestaaten, möge sie an dieselben Investoren verkaufen, auf daß die jeweiligen Völker nur noch Mieter im eigenen Land seien. Die nationalen Eliten sollen zu unterwürfigen, willfährigen Befehlsempfängern gemacht werden, die »im Notfall« gegen die eigene Bevölkerung mit Härte vorgehen.

Historisch gesehen, wurde Freiheit zunächst nur als »frei von den

Feudalherrn« verstanden. Und die Gleichheit (als Gegensatz zu den Privilegien des Feudalsystems) wurde nur zusammen mit der Brüderlichkeit als möglich angesehen. Heute wird jedoch ein brutaler Vulgärliberalismus praktiziert, der im krassen Gegensatz etwa zu dem von Adam Smith und auch von Ludwig Erhard vertretenen Verantwortungsliberalismus steht.

Kurzum: Wer begeistert von der »offenen Gesellschaft« oder gar von »One World« faselt, weiß entweder nicht, wovon er spricht, oder er will lediglich Weltherrschaftsambitionen verschleiern. Viele sind mittlerweile überzeugt, daß letzteres der Fall ist und weisen auf die Repressionen gegen alle hin, die hier nicht mitmachen. Globalisierungskritiker setzen sich heute schnell dem Verdacht aus, üble Nationalisten oder — schlimmer noch — Sympathisanten des Terrors zu sein. Uneinsichtige Nationen, die ihr Familiensilber absolut nicht verkaufen wollen, können dann schon mal zur Einsicht bombardiert und ihr Territorium filetiert werden, wie das nach Ansicht von kritischen Rechercheuren beispielsweise im ehemaligen Jugoslawien der Fall gewesen sein soll.

Die wenigsten Zeitgenossen haben eine konkrete Vorstellung davon, was Weltbank und Internationaler Währungsfonds nach Ansicht ihrer Kritiker wirklich tun. Laut offizieller Lesart bekämpfen diese wohltätigen Organisationen die Armut in der Dritten Welt, indem sie Wirtschaft und Währung von Entwicklungsländern durch langfristige Kredite stützen und mit zarter Hand in eine goldene Zukunft führen. Weniger gutgläubige Zeitgenossen sind anderer Meinung und versuchen das auch zu belegen. Für sie setzen Weltbank, die 1994 gegründete Welthandelsorganisation WTO und der IWF ihre Finanzinstrumente ein, um die Ökonomie dieser Länder unter Kontrolle zu bekommen. Daß heutzutage dabei jede Regierung unterstützt wird, die das gewährleistet, wie korrupt, diktatorisch oder unfähig sie auch sein mag, kann man mit wachem Geist aus den Nachrichten herauslesen oder ganz klar in den Veröffentlichungen zahlreicher NGOs und anderer Organisationen erkennen. Soweit ist die Kritik an IWF, WTO und Weltbank bekannt und wenig fruchtbar, denn diese Institutionen blühen und gedeihen — ganz im Gegensatz zu den von ihnen »Unterstützten«. Die müssen für jede Finanzspritze an ihr Land weitere rigide Einschnitte in ihre ohnedies nur rudimentären Sozialstandards hinnehmen. Für medizinische Betreuung oder Schulbildung, die in vielen Drittwelt-Ländern früher kostenlos waren, muß nun bezahlt werden. Wer dann eigentlich von dem Geld profitiert, wenn das jeweilige Volk es eindeutig nicht ist, beantwortet sich für die Kritiker besagter Organisationen von selbst.

Ende 2002 ist ein Buch auf dem Markt gekommen, das schonungslos mit der Globalisierung ins Gericht geht, hinter der manche die vielzitierten »Dunkelmächte« vermuten. Ein paar Worte dazu scheinen mir an dieser Stelle nicht fehl am Platze zu sein: Mit seinem Bestseller mit dem treffenden Titel »Global brutal« zerrt der Autor Michel Chossudovsky den aggressiven, antidemokratischen Geist der Globalisierung so deutlich ans Licht, wie es bislang noch kaum jemandem gelungen ist. So und ähnlich urteilen die Medien über die entlarvende Analyse des Professors für Wirtschaftsfragen an der Universität in Ottawa, der hohes internationales Ansehen als Berater verschiedener Regierungen und wichtiger Organisationen genießt. Professor Chossudovsky hat sich in vielen Ländern Afrikas, Asiens und Lateinamerikas, in den Staaten der ehemaligen Sowjetunion und auf dem Balkan umgeschaut. Als Resümee legt er in diesem Buch eine eindeutige Gegenrechnung zu den Glücksverheißungen einer rein marktrationalen Globalisierung vor. Er kommt in seinen Beispielen aus allen Teilen der Welt immer zu demselben Schluß:

Die weltweite Handelsfreiheit führt mitnichten zur besten aller Welten, sondern zu Unsicherheit, Armut und Krieg. Die vom Westen beherrschte Finanzindustrie verdient an instabilen Finanzmärkten. Die internationalen Konzerne, unter dem Druck der von ihnen selbst verschuldeten Überproduktion, setzen auf die Ausweitung der Märkte in den Entwicklungs- oder Transformationsländern, was nur möglich ist, wenn sie deren produktive Basis zerstören. Diese Länder hängen immer mehr am Tropf von Weltbank, IWF und WTO, werden rekolonialisiert, also zu offenen ökonomischen Territorien ohne eigene Veto-Möglichkeiten.

Die Allianz der Reichen unter Führung der USA forciert die Globalisierung der Armut, der Umweltzerstörung, der sozialen Apartheid, des Rassismus und der ethnischen Zwietracht. Nach der Ära des Kalten Krieges rutschen große Teile der Weltbevölkerung jetzt in eine beispiellose wirtschaftliche und soziale Krise, brutaler als die Weltwirtschaftskrise der 1930er Jahre. Ganze Volkswirtschaften brechen zusammen, ganze Zivilgesellschaften werden zerstört, Arbeitslosigkeit und Armut nehmen überhand.

Aufgrund von Deregulierung und »freiem Handel« sind die Lebenshaltungskosten in vielen Städten der Dritten Welt heute höher als in den USA. IWF und Weltbank untergraben systematisch alle Bereiche der städtischen und bäuerlichen Wirtschaft in den armen Ländern, die nicht direkt den Interessen des globalen Marktsystems der Multis dienen. Obwohl die Weltbank das Mandat hat, die Armut zu bekämpfen und zum Umweltschutz beizutragen, unterstützt sie den Prozeß der Entwaldung, die beschleunigte Zerstörung der Natur und die erzwungene Vertreibung von Millionen von Menschen, die der Entwicklung neuer Großprojekte im Wege sind.

Wie Chossudovsky darlegt, führen die erzwungenen »Strukturanpassungen« durch die bewußte Manipulation von Marktkräften in den armen Ländern zu einer Form »ökonomischen Völkermords«. Die Landwirtschaft wird geschwächt, die Selbstversorgung zerstört. Arme Länder werden von den Geberländern gezwungen, das bisher kostenlose Gesundheitssystem zu zerschlagen, es zu kommerzialisieren und der internationalen Pharmaindustrie zu öffnen. Folge: Die Mehrheit der Menschen kann sich Arzt und Medizin nicht mehr leisten. Der IWF zwingt arme Länder, das kostenlose Schulsystem zu zerstören und auch die Ärmsten nur noch gegen Geld zu unterrichten, wenn sie es denn hätten. Chossudovskys Buch zeigt, wie die WTO in eklatanter Weise in nationale Gesetze und in die Verfassungen der Mitgliedstaaten eingreift, während sie globalen Banken und multinationalen Konzernen ausgedehnte Rechte verleiht und ihnen Handelspraktiken erlaubt, die an kriminelle Handlungen grenzen und auch den Raub geistigen Eigentums mit einschließen.

Trotz einer Mediengleichschaltung in der »freien Welt«, die Zyniker mit der eines Goebbels verglichen haben, gibt es immer noch mutige Journalisten, die sagen, was ihrer Meinung nach Sache ist. Für manche von ihnen soll sich beispielsweise am Desaster in Argentinien zeigen, mit welchen kriminellen Methoden IWF und Weltbank operieren.

Einem solchen Journalisten sollen Kopien von geheimen Vereinbarungen zugespielt worden sein, deren Unterzeichnung von Ländern wie Argentinien verlangt wird, bevor sie in den »Genuß« von IWF/Weltbank-Krediten kommen können. Eine der Voraussetzung ist der — »Privatisierung« genannte — Verkauf von öffentlichen Versorgungseinrichtungen (Wasser- und Elektrizitätsversorgung, Verkehrssysteme, Telefonnetze, Ölpipelines), die ein seinen Verpflichtungen nachkommender Staat — nach immer lauter geäußerter Meinung — niemals aus der Hand geben dürfte, an internationale Unternehmen. Ähnliche »Vorschläge« sollen auch Milosevićs gemacht worden sein, der sich jedoch geweigert hat. Gewisse Zeit danach kam es zur Intervention im Kosovo aus »humanitären Gründen«.

Besorgte fragen in letzter Zeit: Wer garantiert eigentlich dafür, daß nur gegen Diktatoren militärisch interveniert wird? Apokalyptiker malen den Teufel an die Wand. Sie halten es für zumindest denkbar, daß in einer wirtschaftlichen Krise auch in einem europäischen Land Hungerrevolten ausbrechen könnten, worauf die Machthaber UN-Truppen zur Hilfe rufen, um die eigene Bevölkerung zur Räson zu bringen. Wer weiß, vielleicht genügen schon längere Blockaden verzweifelter Bürger gegen die riesige Transitwelle, um den geheiligten »freien Warenverkehr« mit militärischer Gewalt durchzusetzen? Eine neue Regelung in den EU-Staaten könnte tatsächlich in diese Richtung deuten. So müssen alle EU-Länder, in denen es zu Blockaden des Handels durch Demonstrationen kommt, innerhalb von fünf Tagen erklären, welche Maßnahmen sie gegen den Protest unternommen haben. Bleiben die gewünschten Aktionen aus, kann die EU-Kommission gegen das betreffend Land vorgehen. So Leute, schaut's aus.

Hinter der Maske

Der Hauptgrund der sich anbahnenden Wirtschaftsmisere ist das (absichtlich geschaffene?) Tollhaus der Finanzmärkte, die eine sinnvolle internationale Arbeitsteilung unmöglich machen. Für viele drängt sich der Vergleich mit den 1930er Jahren auf: Deflationspolitik, Arbeitslose, ein gezielt herbeigeführter Wirtschaftscrash — davon sind immer mehr Experten überzeugt. Manche von ihnen sagen heute klipp und klar, was ihrer Ansicht nach Sache ist.

Zu ihnen gehört auch der Professor für Wirtschaftswissenschaften an der *Columbia University* und Nobelpreisträger von 2001, Joseph E. Stiglitz, Ex-Leiter des wirtschaftlichen Beraterstabes von US-Präsident Bill Clinton und Ex-Vizepräsident der Weltbank. Daß er einer der profiliertesten Globalisierungskritiker ist, hat er beispielsweise in seiner Festrede zum 75jährigen Jubiläum des Österreichischen Wirtschaftsförderungsinstituts in Wien zum Ausdruck gebracht. Dieser renommierte Fachmann wurde gefeuert, als er nach Dienstreisen in die betroffenen Länder begann, kritische Fragen zu stellen. Der von Kanada aus operierende US-Journalist Greg Palast hat mit Professor Stiglitz ausführlich gesprochen. Als Ergebnis schildert er die Methoden, mit denen Staatsunternehmen unter die Kontrolle von IWF und Weltbank gebracht werden. O-Ton Palast:

»Er (Stiglitz) berichtete mir, daß er in Ländern gewesen sei, wo über Privatisierung und den Verkauf dieser Unternehmen gesprochen wurde. Und grundsätzlich wußten sie, sie wußten es ausdrücklich und schauten weg, als klar wurde, daß die Führer dieser Länder und die verantwortlichen Minister Hunderte Millionen Dollar einsackten …

Sie übergeben dann (die Unternehmen) üblicherweise an die Spezis wie die *Citibank*, die sich die Hälfte der argentinischen Banken schnappte. Oder an *British Petroleum*, die sich die Pipeline in Ecuador schnappte. Daß sich *Enron* überall die Wassersysteme unter den Nagel reißt, hatte ich schon erwähnt. Und das Problem ist, daß sie diese Systeme auch zerstören. Mittlerweile kannst du in Buenos Aires kein Trinkwasser mehr bekommen. Ich meine, das ist keine Frage von Diebstahl mehr. Du kannst den Hahn nicht mehr aufdrehen. Das ist mehr, als nur auf öffentliche Kosten reich zu werden ... IWF und Weltbank sind zu 51 Prozent im Besitz des US-Schatzamts. So fragt es sich, was wir für das Geld bekommen, das wir hier hineinstecken. Und es sieht aus, als bekämen wir in verschiedenen Ländern nur Chaos.

In Indonesien brennt es. Der Weltbank-Chefökonom Stiglitz sagte mir, daß er begann, Fragen zu stellen: In jedem Land, in das wir gehen und wo wir uns einmischen, zerstören wir die Ökonomie und setzen alles in Flammen. Und er meinte, daß er wegen dieser Fragen gefeuert wurde. Darüber hinaus sagte er noch, daß sie sogar Aufstände einplanen. Sie wissen, daß, wenn sie ein Land ausquetschen und seine Ökonomie zerstören, Straßenunruhen die Folge sind. Und sie sagen, tja, das ist der IWF-Aufstand. Mit anderen Worten, wenn du diese Aufstände hast, hast du verloren. Alles Kapital flüchtet aus deinem Land, und das gibt dem IWF die Möglichkeit, dann noch weitere Bedingungen zu stellen ...

Nach den Anschlägen vom 11. September rannte Bush herum und sagte, wir müssen 50 bis 100 Milliarden Dollar ausgeben, um die Wirtschaft in Gang zu halten. Wir kürzen nicht den Haushalt, wir versuchen, die Wirtschaft zu retten. Doch diesen Ländern erzählen sie nur eins: Ihr müßt kürzen, kürzen, kürzen. Und warum? Diesen internen Dokumenten zufolge vor allem deshalb, damit sie ihre Zahlungen an die ausländischen Banken leisten können — und diese Banken verlangen Zinsen zwischen 21 und 70 Prozent. Das sind Wucherzinsen. Tatsächlich war es so schlimm, daß sie von Argentinien verlangten, seine Gesetze gegen Kredithaie abzuschaffen, weil sonst alle Banken als Kredithaie dagestanden wären.« (Zitat Ende)

Unter den Bestimmungen der Welthandelsorganisation WTO und vor allem des Freihandelsabkommens NAFTA verlieren die Staaten die Kontrolle über das einheimische Wasser. Auch von der EU wurde anläßlich des »Internationalen Jahrs des Süßwassers 2003« eine »Liberalisierung des Wassersektors« ultimativ gefordert, gegen die speziell im wasserreichen Österreich Sturm gelaufen wird, weil man sich ausmalen kann, was eine »Öffnung des Wassersektors« bedeuten dürfte. Nachdem die Weltbank Bolivien zur »Wasserprivatisierung« gezwungen hatte, erhielt der amerikanische Baukonzern *Bechtel Group Inc. Corporation* 1999 von der bolivianischen Regierung die Konzession zur Wasserversorgung. Binnen weniger Wochen stiegen die Kosten für die Wasserversorgung um 200 Prozent. In Cochabamba, der drittgrößten Stadt des Landes, kam es zu Aufständen, die sich auf das ganze Land ausweiteten. Nach einigen Monaten heftiger Auseinandersetzung verließen die Manager fluchtartig das Land. Die Regierung zog die Konzession an den Konzern wieder zurück. Zwei Jahre später klagte Bechtel die bolivianische Regierung auf Schadenersatz. Der Prozeß, bei dem es um die Frage des sogenannten »freien Marktzugangs« geht und dessen Ausgang daher Modellcharakter zukommt, wird — wie nicht anders zu erwarten — unter strengstem Ausschluß der Öffentlichkeit geführt und dürfte sich viele Jahre hinziehen. Für viele sind diese Ereignisse nur die zarten Vorboten einer Entwicklung, die in nicht allzu ferner Zukunft in einen regelrechten Krieg zur gewaltsamen Marktöffnung münden wird, den noch Besorgtere als bereits im vollen Gang sehen. Weltstädte wie Mexico City, Hanoi, Buenos Aires, Moskau, San Francisco, Manila haben ihre Wasserversorgung bereits an Privatunternehmen abgegeben.

Ausführliches über die seltsame Zusammenarbeit zwischen Regierungen und Riesenunternehmen wie die *Bechtel Corporation* in Sachen Globalisierung/Privatisierung lege ich in meinem Buch »VERTUSCHT. Wer die Welt beherrscht« dar, wie auch manch andere sinistre Verknüpfung.

Die galoppierende Privatisierung von Volksvermögen läßt viele fragen: »Was kommt als Nächstes? Wird demnächst unsere Luft von den nationalen ›Volksvertretern‹ an Global Players verhökert?« Immerhin soll, wenn man beiläufigen Medienmeldungen glauben will, beispielsweise die Wiener Kanalisation großteils an ausländische Firmen verkauft worden sein — Stichwort »Cross Border Leasing« (CBS). Aufmüpfige fragen mittlerweile provokant: »Wozu Steuern zahlen, wenn sich der Staat von seinen Versorgungsaufgaben verabschiedet?«

Vom Schweizer Autor und Soziologen, von 1987 bis 1999 Nationalrat der Schweizer SP und UNO-Sonderberichterstatter für das Recht auf Nahrung, Professor Dr. Jean Ziegler, wird kolportiert, er habe einmal gemeint, die Endstufe der Globalisierung sei die organisierte Kriminalität. Sein 2003 erschienenes Buch »Die neuen Herrscher der Welt« wird unter anderem mit folgenden Worten angekündigt: »Die neuen Herrscher der Welt — die Beutejäger des globalisierten Finanzkapitals, die Barone der transkontinentalen Konzerne, die Börsenspekulanten — häufen ungeheure Vermögen an. Mit ihrem Tun zerstören sie den Staat, verwüsten die Natur und entscheiden jeden Tag darüber, wer sterben muß und wer überleben darf. Willfährige Verbündete stehen ihnen zu Diensten, allen voran die Funktionäre der Welthandelsorganisation, der Weltbank und des Weltwährungsfonds. Gegen die mörderische Ordnung dieser Herrscher und ihre absurde Doktrin von der ›Selbstregulierung‹ der Märkte regt sich Widerstand.«

Nicht nur Verschwörungstheoretiker, sondern immer mehr rabiate Kritiker meinen ein Schema erkannt zu haben, nach dem die »Segnungen« von IWF, WTO, Weltbank und ähnlichen Institutionen in der Regel abzulaufen scheinen. Hier sind die von ihnen zynisch aufgestellten »Regeln«:

- Knüpfe die Kreditvergabe an maximale »Privatisierung« öffentlichen Besitzes. Bestich die Verantwortlichen und bringe die Schlüsselindustrie unter Kontrolle.
- Verordne den Kreditnehmern zum Zwecke der »Konsolidierung« Haushaltskürzungen, Sparmaßnahmen, den Abbau des Sozialsystems etc., um die Bedienung der Kredite aufrechtzuerhalten. Nimm dabei den starken Niedergang der Inlandsproduktion, Bevölkerungsaufstände und Kapitalflucht in Kauf.
- Ist die Wirtschaft weitgehend zerstört und das Land zu einer Eigenversorgung nicht mehr in der Lage, öffne die Zollgrenzen für fremde Produkte und nimm für alles Lebensnotwendige (wie Medikamente) horrende Preise und Zinsen.
- Installiere eine militarisierte Firmen-Regierung, die fortan die Geschäfte der »Kolonie« wieder gewinnbringend betreibt und mögliche Sklavenaufstände im Keim erstickt.

Wer vermeint, hier ein »geheimes Protokoll« vor sich zu haben, der irrt. Dieses Regime eines globalisierten Handels spielt sich, abgesehen von besonders üblen Sondervereinbarungen, weitgehend offen und unter aller Augen ab. Man kann es fast täglich in den Medien miterleben. Kritische vermeinen deutliche Parallelen zur den Maßnahmen der EU-Granden in Brüssel zu erkennen. Noch Besorgtere sprechen offen von einer Kolonisierung der ganzen Welt, die Erste Welt diesmal mit eingeschlossen …

Wenn das Licht ausgeht

Kritische Fachleute weisen darauf hin, daß der angeblich mit Deregulierungen (die fast automatisch zu Privatisierungen führen) einhergehende sinkende Preis in vielen Fällen reine Illusion sein muß. Als gutes Beispiel dafür nennen sie die katastrophalen Zustände auf dem amerikanischen Stromsektor. Die Annahme, der Wettbewerb würde die Energiepreise nach unten drücken, stimmt nämlich nur dann, wenn es eine adäquate Versorgung durch die Stromerzeuger und einen gleichberechtigten Zugang zum Leitungsnetz für alle Versorger gibt. Diese Bedingungen existieren in den USA nicht und werden nach den Fachleuten auch nicht so bald existieren, wenn jemals überhaupt.

Im Detail: Zur Vorbereitung auf den Wettbewerb kürzten amerikanische Stromversorger ihre Ausgaben für die Wartung der Stromleitungen. Um zu sparen, wurden Bäume in der Nähe der Leitungen nicht beschnitten. Daraufhin wuchsen manche nahe an die Hochspannungsleitungen heran, so daß der Strom auf sie überspringen konnte. Derartige Kurzschlüsse verursachten 1996 zwei massive Stromausfälle in großen Teilen des Westens der USA. In einem Fall waren über fünfeinhalb Millionen Kunden in zehn Bundesstaaten und in Teilen von Mexiko und Kanada bis zu 16 Stunden lang mitten in einer sommerlichen Hitzeperiode ohne Strom. Im Juli 1999 verursachte die extreme Hitzewelle im Mittleren Westen und an der Ostküste Stromausfälle in Delaware, Long Island, Maryland, New Jersey, New York City, Virginia und in den südlichen Zentralstaaten. Die Innenstadt von Chicago war 19 Stunden lang ohne Strom. Mitte Juni 2000 litt San Francisco wegen des ungewöhnlich frühen heißen Wetters teilweise unter Stromausfällen, wodurch es auch zu Produktionsausfällen kam.

Aus Kalifornien war zu vernehmen, die Energiegesellschaften *Pacific Gas*, *Electric Co.* und *Southern California Edison* würden Anlageabschaltungen gleichzeitig (aus Wartungsgründen) vornehmen, um den Strompreis hinaufzutreiben, obgleich derartiges verboten ist. Seit Juni 1999 sind die Stromkosten in Kalifornien gegenüber dem Vorjahreszeitraum um durchschnittlich 270 Prozent gestiegen, so daß mehr als eine Milliarde Dollar zusätzlich für Energie bezahlt werden mußten. Im Sommer 1999 haben sich in San Diego, dem ersten Ort, wo der Wettbewerb auch beim Endverbraucher eingeführt wurde, die Preise für die örtlichen privaten Stromkunden verdoppelt und verdreifacht. In einigen Fällen wurde Strom, der normalerweise 30 bis 40 Dollar je Megawattstunde kostet, für mehr als 1500 Dollar verkauft, auf dem Spotmarkt im Sommer 1999 teilweise sogar für 9500 Dollar je MWh. Im ganzen Nordwesten der USA am Pazifik stiegen die Preise kurzfristig massiv. Die Firmen *Kaiser Aluminium* und *Vanalco* im Staat Washington mußten wegen der höheren Stromkosten 400 Mitarbeiter entlassen. Die Kupfermine *Continental* in Montana mußte aus dem gleichen Grund schließen, und die fast 325 Mitarbeiter saßen auf der Straße. Rentner und ärmere Familien mußten ihre Kühlschränke abschalten, weil sie sonst die Stromrechnung nicht hätten bezahlen können. Um eine noch größere Katastrophe zu verhindern, mußte der Staat den Strommarkt schließlich mit 24 Milliarden Dollar subventionieren.

Natürlich müssen nicht alle Menschen unter der Deregulierung leiden: Wie man vernehmen konnte, soll der Vorstandschef des Versorgungsunternehmens in Nevada ein Abschiedsgeschenk von 3 Millionen Dollar erhalten haben, als er zurücktrat. So schaut's aus mit dem viel gepriesenen deregulierten Konsumentenmarkt.

Eine Ansicht kann man immer öfter vernehmen: Wenn die globalisierten neuen »Weltbürger« endgültig begriffen haben, was mit ihnen geschehen ist, kann nur eine große Katastrophe verhindern, daß sich die Volkswut an den Verantwortlichen für den »globalen Raubzug« entlädt. Ein in der Vergangenheit zur »Lösung« von wirtschaftlichen Sackgassen gesuchter und gefundener Ausweg wäre ein großer Krieg, der die beraubten Völker wieder fügsam macht und ihre Wünsche im Kampf ums nackte Überleben auf Primärbedürfnisse reduziert. Nach einem großen Krieg kann alles von neuem beginnen. Die heutigen Massenvernichtungswaffen auf der einen Seite und die steigende Fanatisierung immer größerer Menschenmassen auf der anderen Seite machen eine solche »Lösung« allerdings weit problematischer als noch vor hundert Jahren. Dazu ein kleiner aufschlußreicher Rückblick.

Der erste »Große Krieg« ums Geld

1914 brach der Erste Weltkrieg aus, den viele als die Urkatastrophe des 20. Jahrhunderts betrachten. Das war er zweifellos. Unvermeidlich war er nicht. Wie es heißt, soll es auch heute noch aktiven Kräften, die schon damals diskret im Hintergrund arbeiteten, sehr gelegen gekommen sein, diesen Konflikt in Szene zu setzen und dafür zu sorgen, daß er sich zu einem Weltbrand auswuchs und nicht so »problemlos« zu Ende ging wie zahlreiche europäische Kriege zuvor.

Manche erinnern an eine kleine, gerne zitierte Meldung, die schon über hundert Jahre und zwei Weltkriege zurückliegt. Sie soll 1891 in einer deutschsprachigen Sparkassenzeitung erschienen sein und den damals zu registrierenden Trend sinkender Zinsen wie folgt beklagt haben:

»Die Ursache für das Sinken des Zinsfußes wird vorzüglich darin gefunden, daß die besonders rentablen Capitalanlagen großen Maßstabes heute erschöpft sind und nur Unternehmungen von geringer Ergiebigkeit übrig bleiben ...«

Um den damals bei drei Prozent liegenden Zinssatz vor weiterem Fall zu bewahren, müßten, so hieß es weiter:

»... die neuen Länder, beispielsweise Afrika, sehr rasch durch europäische Capitalien erschlossen werden, damit einem solchen Sinken begegnet werde.«

Da auch das zu einer Umkehr des Zinstrends nicht ausreichen würde, soll der über hundert Jahre alte Artikel mit den unheilschwangeren Sätzen geendet haben:

»So spricht denn alles dafür, daß wir noch einem weiteren Sinken des Zinsfußes entgegensehen. Nur ein allgemeiner europäischer Krieg könnte dieser Entwicklung Halt gebieten durch die ungeheure Capitalzerstörung, welche er bedeutet.«

Konfliktstoff für einen Krieg der europäischen Hauptmächte lag Anfang des 20. Jahrhunderts durchaus in der Luft — ein *Welt*krieg hätte daraus aber keinesfalls zu werden brauchen. Schon gar nicht ein solcher, dessen »Friedensbedingungen« geradezu eine Garantie für einen Zweiten Weltkrieg, 25 Jahre später, in sich bargen. Genau darauf sollen die bereits erwähnten Worte des britischen Premierministers Lloyd George nach Abschluß des Vertrags von Versailles angespielt haben. Kurzum: Es ging von Anfang an im Kern um das, worum es immer geht, wenn Emotionen hochgepeitscht werden und an Ideale aller Art appelliert wird: ums Geld. Davon sind nicht wenige Historiker überzeugt.

Und so lief die möglicherweise geplante und inszenierte Urkatastrophe ab: Während der ersten Monate waren die Feldherren und Regierenden auf beiden Seiten überzeugt, durch schneidig vorgetragene strategische Durchbrüche und Umfassungsschlachten eine schnelle Entscheidung, wie Preußen in Königgrätz gegen Österreich oder bei Sedan gegen Frankreich, herbeiführen zu können. Die ersten Materialschlachten im Herbst 1914 rissen die Generalstäbe brutal aus diesen Illusionen. Als die Offensiven in Flandern, Galizien und Ostpreußen im Herbst 1914 im konzentrierten Artillerie- und Maschinengewehrfeuer zu einem Brei von Schlamm und Fleisch zerstampft wurden, erkannten Militärs wie auch Regierende, daß der Krieg noch Jahre dauern würde. Und noch etwas wurde allen Beteiligten klar: Neben ungeheuren Mengen an »Menschenmaterial« würde man eine ganz besondere Munition in noch nie dagewesenem Maßstab benötigen: *Geld.*

In einem einzigen Land konnte man sich schon damals mit Munition und Rüstungsgütern aller Art in Hülle und Fülle eindecken: in den USA.

Die großen Industriemagnaten wie *Ford*, *Rockefeller*, *Vanderbilt*, *Harriman*, *Dupont* konnten alles gerne liefern, doch sie verlangten Barzahlung, und zwar im voraus. Eine prekäre Lage für die europäischen Kriegsteilnehmer, denn sie waren pleite. Aber auch hier war Abhilfe in den USA möglich, denn dort fand man damals — ebenfalls als einzigem Land der Welt — die großen Bankhäuser und Verleiher. Als wichtigste werden die *Lehmann Brothers*, *Kuhn und Loeb*, *J. P. Morgan*, die *Speyer* und die *Warburgs* genannt, allesamt in New York ansässig. Die mächtigen Bosse der Börsen waren durchaus bereit, diese monumentalen Exportgeschäfte zu finanzieren und die erforderlichen Anleihen zu gewähren. Verschwörungstheoretiker vermuten, daß manche von ihnen ohnedies mit jenen »Dunkelmächten« identisch waren, die im Hintergrund die Weichen für Weltkrieg eins und seine Folgen bis heute und darüber hinaus gestellt haben sollen. Wir wollen uns jedoch auf die nackten Fakten beschränken, sie sind erschreckend genug.

Zu Kriegsbeginn hatten die Mittelmächte den Eindruck, daß sie in den USA Kredite erhalten würden. Jakob Schiff vom Bankhaus *Kuhn und Loeb*, ein glühender Gegner des zaristischen Rußlands, der schon dem japanischen Kaiserreich den Aufbau seiner Kriegsflotte gegen Rußland finanziert hatte, zeichnete 1914 eine erste deutsche Kriegsanleihe und spendete persönlich eine Million Dollar für den deutschen Sieg. Derselbe Jakob Schiff sollte drei Jahre später den bolschewistischen Revolutionär Trotzkij finanzieren und ihm den Transport ins Zarenreich ermöglichen, wo er dann mit dem von der kaiserlich-deutschen und der österreichisch-ungarischen Regierung finanzierten, aus dem Schweizer Exil kommenden Kollegen Lenin in Sankt Petersburg zusammentraf. (Diese und andere wenig verbreiteten Hintergründe der Oktoberrevolution des Jahres 1917 erhelle ich in meinem Buch »VERTUSCHT. Wer die Welt beherrscht«, Argo-Verlag.)

Ende 1915 stockten die Verhandlungen um Kriegskredite zwischen den deutschen Bevollmächtigten und den amerikanischen Behörden. Vordergründige Ursache dafür soll die Tatsache gewesen sein, daß mittlerweile die Entscheidungen auf deutscher Seite immer weniger von Politikern getroffen wurden, sondern vom Generalstab. Die deutschen Generäle hatten keine Kontakte zu den Geldhäusern jenseits des Atlantik. Ganz anders war das bei den Engländern. Es existierten engste persönliche und geschäftliche Verknüpfungen, Freundschaften, Bindungen und Interessen zwischen den politischen und finanziellen Establishments der Londoner City und den großen Bankhäusern in New York. 1916 stellten die Briten und Franzosen eine Delegation von Finanzexperten, Militärs und anderen

Fachleuten zusammen, die mit den amerikanischen Bankiers über die alles entscheidenden Kriegsanleihen verhandeln sollte. Das Kabinett des Premierministers Lord Asquith ernannte Isaak Rufus zum Leiter der britisch-französischen Delegation.

Kriegsanleihen sind klarerweise ein totales Verlustgeschäft, wenn man den Fehler macht, dem Verlierer Geld vorzustrecken. Aus diesem einsichtigen Grund verlangten die amerikanischen Verleiher absolute Garantien. Was konnte in diesem Fall eine absolute Garantie sein? Verschwörungsfreunde wissen und benennen es: Der Einstieg der USA in den Weltkrieg auf Seiten der Entente-Mächte. Eine bessere Versicherung war nicht denkbar. Sie wäre die absolute Garantie für deren Sieg und für unermeßliche Zins- und Zinseszinsgewinne in alle Ewigkeit.

Bei den Verhandlungen zwischen der britisch-französischen Delegation und ihren amerikanischen Ansprechpartnern kamen die seit Jahrzehnten geknüpften familiären, weltanschaulichen, politischen Beziehungen diesseits und jenseits des Atlantiks zum Tragen. Die engsten Berater des 1912 gewählten Präsidenten Woodrow Wilson, Jakob Schiff und Henry Morgenthau senior, die seine Wahlkampagne finanziert hatten, pflegten enge Bindungen mit den Regierenden und den Finanzhäusern in Großbritannien. Sowohl der britische Botschafter in Washington, Sir Cecil Spring Rice, als auch der amerikanische Botschafter in London, Walter Page, setzten sich ab 1914 für den Kriegseintritt der USA auf Seiten der Entente ein.

Präsident Wilson hatte offenbar für den Rat seiner Berater nicht nur ein, sondern zwei offene Ohren. Einen Beweis dafür sehen manche Historiker in der Tatsache, daß seine Berater Wilson drei Jahre zuvor ihre Vorstellung von einer neuen amerikanischen Zentralbank, der heute wohlbekannten *Federal Reserve*, aufgedrängt hatten. Wie dadurch die Kontrolle der amerikanischen Währung einer Handvoll Privatbanken übertragen wurde, führe ich im nächsten Abschnitt aus.

Wilson war der klassische Moralapostel amerikanischen Zuschnitts, wie er in unseren Tagen wieder das Zepter zu schwingen scheint. Er träumte von einer Weltregierung unter seiner Führung, in der die USA als »God's own country« ihrer »Manifest Destiny« gerecht werden konnten — ihrer offensichtlichen Bestimmung, die Völker dieser Welt im Sinne von Toleranz und Brüderlichkeit demokratisch zu erziehen und zu regieren. Und wenn es sein muß, mit Gewalt (klingt irgendwie bekannt, oder?).

Als Englands und Frankreichs Regierungen auf Empfehlung besagter Berater Präsident Wilson eilig garantierten, sie würden einem durch seine

Vermittlung zustande kommenden Frieden ohne Sieger, ohne Gebietsabtretungen, ohne Reparationszahlungen zustimmen und nach dem Krieg einem Völkerbund unter seinem Vorsitz beitreten, war Wilson für den (ersten) amerikanischen Kreuzzug in Europa bereit. Im April 1917 erklärte er Deutschland und Österreich-Ungarn den Krieg im Namen einer »Universal Justice« (wie man sieht, hat sich das Vokabular bis heute nicht verändert). Wie der Einstieg der USA durch die zwei Jahre früher inszenierte Versenkung des Passagierschiffs »Lusitania« praktisch bewerkstelligt wurde, rolle ich ebenfalls in meinem Buch »VERTUSCHT. Wer die Welt beherrscht« auf.

Amerika befand sich also im Krieg gegen die damaligen »Mächte des Bösen«. Damit war der Sieg der Entente gesichert, desgleichen die Profite der Verleiher in New York. Beruhigt borgten die Herren in der Wall Street den Alliierten zehn Milliarden Goldfranken.

Das Ende ist bekannt: 1917 landeten 1,5 Millionen US-Soldaten in Frankreich, und im November 1918 war der Krieg vorbei.

Delegationsleiter Rufus wurde geadelt, zuerst zu einem Lord Reading, kurz darauf gar zum Earl Reading. Darüber hinaus erhielt er den einträglichsten und am höchsten dotierten Posten, den Großbritannien zu vergeben hatte: er wurde Vizekönig von Indien. Vom Völkerbund wurde den Franzosen Syrien als Mandatsgebiet zugesprochen, und den Briten Palästina. Ferner sicherte sich England die reichen Erdölgebiete des Irak und entlang den Küsten des Persischen Golfes.

Als den Kriegsverlierern 1919 in den Pariser Vororten zu Versailles, St. Germain, Trianon und Sevres, die Friedensdiktate ausgehändigt wurden, fand sich darin nichts von den hehren Vorstellungen, mit denen Präsident Wilson eingelullt worden war. Was sich darin nach Ansicht mancher Historiker sehr wohl gefunden hat, ist der Zündstoff für den nächsten Weltkrieg, die brennende Lunte eingeschlossen.

Und das alles wegen des schnöden Mammons? Ja und Nein. Manche sprechen rundheraus von einer »Bankiersverschwörung«, bei der es primär ums Geld und um die damit verbundene Macht geht. Andere sehen das diffiziler. Sie sind überzeugt, daß die von ihnen postulierten »Dunkelmächte« die totale Finanzkontrolle ausüben wollen und müssen, um die Völker der Erde am monetären Gängelband zuerst ins Chaos und danach in eine »Neue Welt« ihrer Vorstellung führen zu können. Und das Schritt für Schritt ...

Eine erstaunliche Nationalbank

Das internationale Währungssystem ist ein Garant der Stabilität in der Welt, Grundpfeiler des Wohlstandes und florierender Märkte. Dies denkt der Durchschnittsbürger, der emsig arbeitend seinen Kontostand zu erhöhen trachtet. Nur wenn monetäre Bewegungen ganz enorm sind, wenn sie der Erwartungshaltung des Normalbürgers zu sehr widersprechen oder wenn Dramatisches geschieht, wird die Öffentlichkeit für kurze Zeit aufmerksam (beispielsweise beim bizarren »Selbstmord« von Robert Calvi, dem Chef der in einen Skandal verwickelten Vatikan-Bank »Banco Ambrosiano«, der im Juni 1982 erhängt und mit Ziegelsteinen in seinen Taschen unter der Londoner Blackfriars-Brücke entdeckt wurde).

Ungeachtet solcher und anderer Turbulenzen in der Welt des großen Geldes herrscht an sich Vertrauen in die obersten Währungshüter. Sie sind zwar auf einer Art Olymp angesiedelt, doch absolut ehrenwert und zudem an der Kandare staatlicher Kontroll- und Schutzmechanismen, so denkt unser Durchschnittsbürger unverdrossen. Das ist bei den meisten Nationalbanken und ähnlichen Einrichtungen auch zweifellos richtig.

Just die Leitwährung der westlichen Welt, der US-Dollar, gibt, das meinen einige, Anlaß zur Verwunderung. Gräbt man verbissen genug — was die Betreffenden geltend machen —, so soll Eigentümliches an die Oberfläche kommen. Diesen Aufdeckern zufolge wurde das amerikanische Bank- und Währungsgesetz, der »Federal Reserve Act«, nicht, wie zu vermuten, in den Hallen des Kongresses aus der Taufe gehoben, sondern im Dezember 1910 auf Jeckyll Island vor der Küste des Städtchens Brunswick im US-Bundesstaat Georgia — genauer gesagt, im Jagdklub des Inselchens, der einflußreichen Bankiers gehörte. Der 1886 nach dem Kauf der Insel gegründete Klub war so exklusiv, daß sogar Winston Churchill und US-Präsident McKinley die Mitgliedschaft verweigert worden sein soll.

Die 1910 in Sachen »Federal Reserve Act« im privaten Eisenbahnwaggon des Senators von Rhode Island, Nelson W. Aldrich, nach Jeckyl Island abgereisten Persönlichkeiten sollen folgende gewesen sein: Senator Nelson W. Aldrich (Vorsitzender der Nationalen Kommission für Finanzangelegenheiten, Geschäftspartner von J. P. Morgan und Schwiegervater von John D. Rockefeller jr.), Abraham Piatt Andrew (assistierender Sekretär des US-Schatzamtes), Frank A. Vanderlip (Präsident der damals mächtigsten aller Banken, der *National City Bank of New York*, die zur damaligen Zeit William Rockefeller und das internationale *Investmenthouse Kuhn, Loeb & Company* vertrat), Henry R. Davison

(Seniorpartner der *J. P. Morgan Company*), Charles D. Norton (Präsident von J. P. Morgans *First National Bank of New York*), Benjamin Strong (Leiter von J. P. Morgans *Bankers Trust Company*) und der legendenumrankte Paul M. Warburg (Partner von *Kuhn, Loeb & Company*, Repräsentant der Rothschild Bankiersdynastie in England und Frankreich sowie Bruder von Max Warburg, dem Leiter des Warburg-Bankenkonsortiums in Deutschland und den Niederlanden). Manche Schätzungen gehen davon aus, daß diese sieben Männer rund ein Viertel des gesamten Reichtums der ganzen Welt repräsentiert haben. Andere sprechen »nur« von einem Sechstel. Wie dem auch sei: Sie sollen jedenfalls durch eine »Vorarbeit« in Form von künstlich hervorgerufenen Finanzturbulenzen im Jahr 1907, die nach der Regelung durch eine Zentralbank geradezu verlangten, das Feld für die Gründung derselben bereitet haben.

Ein erbitterter Gegner des damals geschaffenen Gesetzes war der berühmte Kongreßabgeordnete von Pennsylvania Louis T. McFadden (1876–1936). Seine fast halbstündige Brandrede gegen den »Federal Reserve Act« vor dem Abgeordnetenhaus vom 10. Oktober 1932 ist zu umfangreich, um hier in voller Länge wiedergegeben zu werden (wer den kompletten Text lesen will, kann dies in den Congressional Records, Seiten 12595–12603, tun). Einige seiner damaligen Worte haben für manche einen nachgerade hellsichtigen Charakter. Ihrer Ansicht nach beschreiben sie eine Entwicklung, die bereits im vollen Gange ist. Urteilen Sie selbst über den auszugsweisen O-Ton von McFadden:

»Herr Vorsitzender, als der ›Federal Reserve Act‹ beschlossen wurde, hat das Volk der Vereinigten Staaten nicht verstanden, daß damit ein weltweites System errichtet wurde, das einem Rauschgifthändler in Acapulco Zugriff auf die Ersparnisse eines amerikanischen Schullehrers gewähren wird. Die Menschen haben nicht verstanden, daß diese Vereinigten Staaten bestimmt sind, auf das Niveau eines Kuli-Staates gesenkt zu werden, der nicht mehr anzubieten hat als Rohstoffe und Einsatzbereitschaft, daß Rußland dazu bestimmt ist, das Menschenmaterial zu liefern, und daß unser Land dazu ausersehen ist, die Finanzkraft für einen ›internationalen Superstaat‹ zu stellen. Ein Superstaat, der von internationalen Bankiers und internationalen Industriellen kontrolliert wird, die gemeinsam handeln, um die Welt zu ihrem Vergnügen zu versklaven.«

Am 23. Mai 1933 erhob McFadden gegen das *Board of Governors* des *Federal-Reserve*-Systems, die staatliche Währungskontrollbehörde und den US-Finanzminister eine offizielle Anklage wegen diverser krimineller Akte, wie da sind: Verschwörung, Betrug, ungesetzliche Umrechnungen und Verrat sowie möglicherweise noch darüber Hinausgehendes. Die weiters eingebrachten Impeachment-Anträge sollen heute noch auf ihre Bearbeitung warten.

Ein plötzlicher und unerwarteter Herztod sollte diesem Unbequemen am 3. Oktober 1936 den Mund für immer verschließen. In der Zeitschrift »Pelley's Weekly« vom 14. Oktober 1936 findet sich auszugsweise folgender Nachruf auf McFadden:

»Jetzt, da dieser unverfälschte Patriot nicht mehr unter uns weilt, kann enthüllt werden, daß — wie seine engsten Freunde wissen — nicht lange nach seiner öffentlichen Anklage gegen die erdrückende Macht zwei Attentate auf sein Leben erfolgt sind. Der erste Anschlag erfolgte durch zwei Revolverschüsse, als er vor einem Taxi stand, die glücklicherweise nur die Karosserie des Wagens trafen.

Während eines politischen Dinners in Washington erlitt er einen schweren Anfall, nachdem er etwas gegessen hatte. Daß er der später konstatierten Vergiftung nicht zum Opfer viel, verdankt er nur dem Umstand, daß ihm sofort der Magen ausgepumpt wurde und er eine Notbehandlung erhalten konnte.«

Der Milliardärsclub auf Jeckyll Island wurde 1942 geschlossen und 1947 vom Bundesstaat Georgia erworben. Das Fleckchen Erde ist heute ein öffentlicher Park. 33 der Häuser der Klubmitglieder, wie auch das Klubhaus selbst, stehen noch. Einige davon wurden restauriert und können besichtigt werden. Einen konkreten Hinweis auf dieses geschichtlich bedeutende Ereignis findet man nicht. Möglicherweise würde es auch dem einen oder andern Besucher zu denken geben, daß, und vor allem *wie*, hier der besagte »Federal Reserve Act« vorbereitet wurde, um schließlich am 24. Dezember 1913 von lediglich drei US-Senatoren beschlossen zu werden. Die ablehnende Senatsmehrheit befand sich im Weihnachtsurlaub. So wurde, von der amerikanischen Bevölkerung weitgehend unbemerkt, das unvorstellbare Machtinstrument »Federal Reserve Board« initiiert und in wenige Hände gelegt, wo es anscheinend auch verblieben ist. Finanzfachleute und Verschwörungsfans finden es gleichermaßen befremdlich, daß die *Federal Reserve Bank* (FED) auch »Tempel« genannt wird, und daß ihre »Großmeister« sich oft wie Orakelpriester äußern. Ebenfalls auf Mißtrauen stoßen die immer wieder von Historikern und Medienvertretern aufgestellten Behauptungen, das Treffen auf Jeckyls Island hätte nie stattgefunden, obgleich es laut einer Reihe von ernsthaften Rechercheuren dafür eindeutige, hieb- und stichfeste Beweise gibt.

Die FED ist jedenfalls eine faszinierende Konstruktion: Eine De-facto-Notenbank (auch wenn sie nicht so genannt wurde, weil das Volk keine

Nationalbank wollte) mit dem Monopol der Geldausgabe und Kreditregulierung, dabei jedoch rein privater Natur. Sie unterliegt nicht der Kontrolle und Überwachung des Kongresses, obgleich Artikel 1, Abschnitt 8, Paragraph 5 der amerikanischen Verfassung das eigentlich fordern würde (nachzulesen in »Die Bankiersverschwörung«). Aufsichtsrat und Aufsichtsratsvorsitzender werden zwar vom US-Präsidenten gewählt, doch das soll mehr kosmetischer Natur sein. Zumindestens soll sich schon damals der geheimnisvolle Intimus von Präsident Woodrow Wilson (1856–1924), »Colonel« Mandell Edward House, über den einiges in meinem Buch »VERTUSCHT. Wer die Welt beherrscht« gesagt wird, in etwa so geäußert haben: »Der Aufsichtsrat arbeitet außerhalb der Macht des Präsidenten.« Manche halten es für keinen Zufall, daß John F. Kennedy seinen offen bekundeten Entschluß, die FED zu entmachten und eine »echte« staatliche Zentral- und Notenbank zu installieren, nicht lange überlebt hat.

Als das Notenbankgesetz und damit die Schaffung der FED noch zur Diskussion stand, soll sich der Abgeordnete Crozier von Cincinnati vor dem *Banking and Currency Committee* (Bank- und Währungskomitee) nicht weniger markig geäußert haben, als sein Kollege McFadden es Jahre später tat: »Es verleiht eine Macht über Leben und Tod über alle lokalen Banken und über das Geschäftsleben. Es kann dazu genützt werden, um Wohlstand zu schaffen oder zu vernichten, Knappheit abzuwehren oder hervorzurufen und Panik zu verursachen. Indem man gezielt Geldverknappung herbeiführt, können die Zinsen willkürlich angehoben werden, was die Lebenskosten erhöht und damit auch die Einkünfte der regionalen Zentralbanken. Nichts davon ist im geringsten Interesse der Bevölkerung …«

Geschichtskundige wissen, daß nach der amerikanischen Unabhängigkeit die Rothschilds den Versuch unternahmen, die neue Nation mit einer privaten Zentralbank zu versehen. Diese *Bank der Vereinigten Staaten* wurde vom Präsidenten Andrew Jackson (1767–1845) abgeschafft. In dem Zusammenhang soll er diese flammenden und für viele visionären Worte ausgestoßen haben: »Die kühne Anstrengung, die diese Bank gemacht hat, um die Regierung zu kontrollieren und das Elend, das sie mutwillig geschaffen hat, sind eine Warnung, welches Schicksal das amerikanische Volk erwartet, sollte es sich dazu verleiten lassen, diese Institution oder eine vergleichbare bestehen zu lassen.« Auf genau diese Ereignisse bezieht sich eine Passage aus McFaddens Anti-FED-Appell: »Der alte Kampf, der in der Zeit von Jackson ausgefochten worden ist, muß nochmals ausgetragen werden. Das unabhängige US-Schatzamt soll wieder hergestellt werden, und die Regierung muß ihr eigenes Geld in dem Gebäude sicher unter Verschluß halten, das mit dem Geld der Bevölkerung zu diesem Zweck errichtet worden ist.« Der alte Kampf wurde offensichtlich nicht nochmals ausgefochten, zumindestens nicht mit Erfolg, denn die FED wurde nicht abgeschafft wie ehedem die *Bank der Vereinigten Staaten*. Wie es scheint, ist die tatsächliche Macht des *Federal Reserve Board* nur zu vermuten, über die das Kongreßmitglied und Vorsitzender des *House Banking Committee*, Wright Patman, sagte: »Wir haben die ordnungsgemäß konstituierte Regierung … Dann haben wir eine unabhängige, unkontrollierte, nicht koordinierte Regierung im *Federal-Reserve*-System.«

Die FED hatte beispielsweise am Vorabend des Zweiten Weltkriegs fünfunddreißig Milliarden Steuerdollar an die Alliierten verliehen. Eine ungeheure Summe, die nicht zurückgezahlt wurde. Sehr wohl entrichtet wurden allerdings die Zinsen, und zwar an die Banker, an eine dezente Elite, die auch sonst im weltpolitischen Geschehen so manchen Faden in der Hand zu halten scheint. Finanzkartelle hatten immer eine offene Brieftasche für Menschenfreunde wie Stalin, Dritte-Welt-Potentaten oder Diktatoren wie Saddam, zumindestens so lange er noch der »Gute«, wenn auch Blutbefleckte war. US-Geldgeber sollen Mussolini und Hitler sogar dann noch mit Riesensummen beigesprungen sein, als sich die Vereinigten Staaten gegen diese Herren bereits längere Zeit im Krieg befanden. Ob auch heute manches Süppchen dieser Art hinter aktuellen Krisen am Kochen ist, steht in den Sternen. Selbst ansonsten arglose Leser von Tageszeitungen äußern gelegentlich Ansichten dieser Art.

Infolge der totalen, lediglich nicht so bezeichneten Niederlage der Engländer im Zweiten Weltkrieg und der daraus folgenden Auflösung des British Empire innerhalb von nur fünf Jahren konnten die USA alle strategischen und weltwirtschaftlichen Positionen der ihnen gegenüber völlig verschuldeten Briten nahtlos übernehmen. Sie erbten damit ein Weltreich, zu dessen Eroberung, Aufbau, Verwaltung, Erhalt und Verteidigung auf den Sieben Weltmeeren zahllose Seefahrer, Entdecker, Forscher, Soldaten und Kaufleute dreihundert Jahre benötigt hatten. Dieses Erbe bauen die Vereinigten Staaten seither konsequent aus. Wenn man manchen Quellen glauben will, tun sie das primär, um im Interesse der US-Finanz (und/oder der sogenannten »Dunkelmächte«) überall dort eingreifen zu können, wo Profite gefährdet sind. Parallel zu dieser Ansicht wird mit Vehemenz geäußert, daß dieses System, das ewige Profite verspricht, in Wirklichkeit nur *eines* mit Sicherheit garantieren kann: die Mutter aller Finanzcrashs.

Zivilisation mit Ablaufdatum

Wer hat in seiner Studienzeit die edlen Hellenen nicht insgeheim oder offen bewundert und sich gefragt, ob eine solche Kultur wirklich untergehen *mußte*? Manche Historiker sind überzeugt, daß sie untergehen mußte, weil sie auf einem System aufgebaut war, das auch unsere Zivilisation mit fester Hand zu dem Abgrund geführt hat, in den wir nichtsahnend bereits hinabstürzen. Nur der Aufprall steht uns noch bevor. Genau wie in dem bekannten Witz von dem Mann, der aus der dreißigsten Etage fällt, meinen auch wir beim Vorüberfliegen an den darunterliegen Stockwerken: »Bis jetzt ist alles gut gegangen.« Besagtes System ist der Zins, konkreter: der *Zinseszins*. Jede Hochkultur, die darauf basierte, ging schlußendlich daran zugrunde. Das ist es, was uns die Geschichte lehrt, doch diese findet bekanntlich keine Schüler, am wenigsten unter den Angehörigen der Spaßgesellschaft.

In der Endphase der griechischen Kultur galt nur das Sprichwort »Geld macht den Mann!« Durch zunehmende Verarmung mußte die Bevölkerung laufend Kredite von den begüterten Adeligen aufnehmen. Dabei handelte es sich aber nicht um Natural-, sondern um Gelddarlehen zu Zinssätzen von 36 Prozent und höher. Zur Absicherung mußte zunächst der ganze landwirtschaftliche Besitz verpfändet werden, dann der Bauer, seine Familie und die verlangten Bürgen. Alle hafteten im wahrsten Wortsinn mit Haut und Haaren. Da Kredite zu solchen Bedingungen niemals zurückgezahlt werden *können*, verwandelte sich die gesamte Reihe der Haftenden — vom Landwirt bis zum Bürgen — unweigerlich in *Schuldsklaven*. Die Sklaverei wurde zu einer derartig renditeträchtigen Anlage, daß beispielsweise in Korinth und Aegina die Zahl der Sklaven wesentlich höher war als die Zahl der freien Bürger. Wohlgemerkt: Sklaven aus der eigenen Bevölkerung, Menschen, die man nicht in Kriegen gefangen, sondern auf dem freien Markt gekauft hatte. Die Sklaverei war zur Kapitalanlage geworden. Es wird berichtet, daß zum Beispiel das in Bergwerkssklaven angelegte Kapital sich mit 33 1/3 bis 50 Prozent verzinste, oder das in Möbelsklaven investierte Geld mit 30 Prozent.

Die Römer sollten von den Griechen nicht nur ihre Kultur übernehmen, sondern auch ihr Handels- und Leihsystem — und damit auch ihren Untergangsmechanismus, der bis heute in der Zivilisation wirksam geblieben ist.

Wie in unseren Tagen wurde auch im Imperium Romanum Geld nur gegen Zahlung von Zinsen weiterverliehen. Langfristig gelangten dadurch diejenigen, die am meisten Geld »erobern« konnten (meist durch

Raub oder Betrug), immer weiter an die Spitze. Je mehr Geld jemand hatte, das er nicht für die Alltagsgeschäfte benötigte, umso mehr konnte er verzinst weiterverleihen, wodurch er noch reicher wurde. Mit fortschreitender Zeit kam jener Zinsautomatismus in Gang, der nach immer mehr Warnern auch den Westen des 21. Jahrhunderts in einen Crash treiben wird, gegen den der Untergang des Römischen Reiches wie eine geordnete Hofübergabe erscheinen muß.

Im Römischen Reich besaßen bald nur 2000 Familien ganz Rom. Die imperiale Währung sammelte sich in immer weniger Händen. Der Bauernstand wurde innerhalb kurzer Zeit durch Verschuldung vernichtet. Es kam zur Entvölkerung des Landes, da die Ländereien von den Reichen übernommen wurden. Mit dem Verschwinden des heimischen Bauernstandes war die Brotversorgung auf Getreidelieferungen aus immer größeren Entfernungen angewiesen. Damit wurde die Versorgung immer unsicherer und häufig dem Zufall überlassen. Für die Produktion wurden immer mehr Sklaven (heute Maschinen, Tierfabriken) eingesetzt — die selbständigen Gewerbetreibenden konnten nicht mehr konkurrieren und verarmten. (Klingt das nicht auch alles irgendwie bekannt?)

Wie im alten Griechenland, war auch in Rom jeder, der Schulden machte, korrekter gesagt machen *mußte*, gezwungen, sich selbst als Pfand dafür anzubieten. Sobald der Schuldner die Schuldzinsen nicht mehr aufbringen konnte, legte der Gläubiger die Hand auf ihn und kassierte ihn als Schuldsklaven ein. Da sich das Kapital durch das Zinssystem immer schneller vermehrte, war die Bevölkerung bereits nach wenigen Jahrzehnten ausgeblutet. Also war man auf ständige Eroberungen angewiesen. Die vereinnahmten Provinzen wurden rücksichtslos ausgebeutet. Von da ab ging die Entwicklung mit eilenden Schritten abwärts.

Statthalter, Steuerpächter, römische Kaufleute und Geldverleiher wetteiferten im Auswuchern der eigenen Bevölkerung und der eroberten Provinzen. Die Heeresmacht des Staates wurde vermehrt zur Eintreibung privater Wuchergewinne und exorbitanter Steuern im Land und in Nachbarstaaten sowie zur Ruhighaltung der eigenen Bevölkerung eingesetzt. Weil die Masse der Bürger in Rom verarmt war, keine Beschäftigung fand und nichts zu essen hatte, wurden staatliche Getreidelieferungen organisiert. Und um die eventuell gefährlich werdende Langeweile und die Mangelgefühle des Bürgerproletariats zu verscheuchen, wurden öffentliche Spiele abgehalten. Ungeheure Wahlbestechungen finanzierten Brot und Spiele für die hoffnungslosen Massen. Die Situation verschlimmerte sich. Die »Plebs« wollten immer wildere Ablenkungen und konnten nur durch blutige Vorführungen mit einer zunehmenden Zahl von

Gladiatoren, Löwen und anderen Akteuren, die einander an die Kehle gehen mußten, bei Laune gehalten werden. »Reality-TV« und »Millionenspiel« auf altrömisch.

Der Zinseszinseffekt zeigte sich seiner unverhüllten Stärke. Beispielsweise als der römische Diktator Sulla 84 v. Chr. Kleinasien eine Kriegssteuer von umgerechnet 50 Millionen Euro auferlegte. Da das Volk diese Summe nicht aufbringen konnte, wurde sie dem Herrscher von römischen Kapitalisten vorgestreckt. Binnen 14 Jahren war die Schuldsumme auf das Sechsfache gewachsen, so daß die Gemeinden ihre öffentlichen Gebäude, die Eltern ihre Kinder verkaufen mußten, um den unerbittlichen Gläubigern gerecht zu werden. Unvermeidlicherweise gelangte die politische Führung im weiteren Verlauf in die Hände der Bankiers. Für manche eine frühe Form der heute so beliebten Dreieinigkeit »Deregulierung/Privatisierung/Globalisierung«.

Die Ruhigstellung der Proletarier durch »Brot und Spiele« führte zu steigenden Staatskosten und entsprechenden Steuerlasten. Das aus dem Ruder laufende System war letztlich nur noch über mehr Gesetze im Griff zu behalten. Die freie Berufswahl wurde verboten und durch Zwangsmaßnahmen abgelöst. Als das Imperium Romanum nach dem Tode von Marc Aurel und seinem monströsen Nachfolger Commodus in den letzten Zügen lag, wurde es sogar öffentlich versteigert. Die erste »Groß-Privatisierung« der Menschheitsgeschichte. Bürgerkriege begannen.

Unberührt von allen Turbulenzen nahm der Reichtum der oberen Schicht zu und schließlich kaum vorstellbare Ausmaße an, was zu ebenso unvorstellbaren Exzessen führte. Die Kultur verkam in Dekadenz. Nur noch der Besitzer von Geld wurde geachtet. Das führte zu einem nie dagewesenen Sittenverfall mit Korruption, Erpressung und Bestechlichkeit der Richter. Vetternwirtschaft verhinderte, daß Fähige in entscheidende Stellungen gelangen konnten. Auch im privaten Bereich änderten sich die Gewohnheiten. So wurde die früher heilig gehaltene, unauflösliche Ehe zu einem leicht lösbaren Vertrag, gleichgestellt mit anderen Lebensgemeinschaften, wie grotesk sie auch sein mochten. Gleichzeitig war eine starke Zunahme der Prostitution feststellbar. Die ursprüngliche römische Bevölkerung nahm laufend ab.

Wer glaubt, sich unversehens im Hier und Jetzt zu befinden, dem muß gesagt werden: wir sind — *noch!* — im alten Rom im Dauerabstieg. Am Ende konnte das Römische Reich von einigen tausend schlecht bewaffneten Germanen überrannt werden. Römische Soldaten bzw. Geld für Verteidigung gab es schon lange nicht mehr.

Kritiker des Zinssystems betonen ausdrücklich, daß der gesellschaftliche Verfall nicht die *Ursache* des Niedergangs von Rom war, sondern nur die *Folge* des Zinskapitalismus. Und sie fordern zum Vergleich mit aus unseren Tagen bekannten Zuständen im Westen auf, wie da sind: zunehmende Verschuldung des Volkes … Vernichtung des Bauernstandes … Entvölkerung des Landes … Geburtenrückgang bei den Einheimischen … Desintegration der Infrastruktur … Vernichtung der selbständigen Gewerbetreibenden durch »Gewerbesklaven« (Maschinen/Automation/ Großunternehmen) … chronischer Staatsbankrott.

Daß die wachsende Verschuldung eines Staates eine wichtige Ursache für seinen unaufhaltsamen Verfall sein kann, demonstrieren nicht nur Hellas und Rom, sondern auch die Jahre vor der französischen Revolution, als der Staat im Jahr 1788 nahezu 70 Prozent seiner Einnahmen nur für den Zinsendienst verwenden mußte. Diese Situation war für das Volk mit stark steigenden Steuern verbunden, die in Hungerrevolten und letztlich in der Revolution endeten, bei der — tragischer Witz des blutigen Geschehens — die wirklichen Drahtzieher auch wieder »Geldsäcke im Hintergrund« (andere sprechen von »Dunkelmächten«) gewesen sein sollen. Ein Vorgang, der sich in der Geschichte anscheinend immer wiederholt. Damit zum Heute, das wir alle kennen.

Für viele steht außer Frage, daß die politischen Affären deutlich zeigen, wie sehr die Politik nur noch von den Finanziers und von der Wirtschaft abhängig ist. Auch Brot und Spiele gehören heute zum Alltag, um die Bevölkerung ruhigzustellen und Unmut zu verhindern. Die Armen werden mit Sozialhilfe besänftigt und die Masse wird mit immer niveauloseren Fernsehsendungen gehirngewaschen. Durch zunehmende Monopolisierung (Globalisierung) kommen die selbständigen Gewerbetreibenden in die Klemme. Im Gegensatz dazu nimmt der Reichtum in wenigen Händen immer gewaltigere Formen an, was sich in übertriebenem Luxus und in ausufernder Genußsucht äußert. Die Sitten verkommen unter diesen Umständen zunehmend, die Scheidungsraten steigen, Betrug nimmt zu, und Lüge wird als erfolgreiche Strategie in der Wirtschaft begrüßt. Durch die zunehmende Anzahl der Menschen, die auf Arbeitslosengeld oder Sozialhilfe angewiesen ist, entsteht eine Art Staatssozialismus, der nur mit einer immer weiteren Einengung der persönlichen Freiheit aufrechterhalten werden kann. Was heute noch fehlt, ist für viele lediglich die letzte Stufe: Der Zusammenbruch des Geldsystems, gekoppelt mit dem Niedergang jeglicher Kultur. Sie empfinden Worte, die Platon vor mehr als dreitausend Jahren geäußert hat, als prophetisch für unsere heutige Wirklichkeit: »Nicht die Begünstigung der Ansammlung eines möglichst großen Nationalreichtums, sondern der Kampf gegen Armut und Reichtum ist die weitaus wichtigste Aufgabe aller Gesetzgebung, bei welcher der Staatsmann gar nicht rasch und entschieden genug zu Werke gehen kann. Denn der wahre Staatsmann erstrebt das Glück der Bürger und, da wirkliches Glück nicht ohne Tugend erreichbar ist, auch die Sittlichkeit der Bürger.« Daß viele über solche Appelle heute schallend lachen, sagt eigentlich alles. Das könnte ihnen allerdings schon bald vergehen, wie Fachleute meinen.

Der Crash von Zweitausendund ...?

Der Autor Günter Hannich entwirft in seinem 2001 im Kopp Verlag erschienenen Bestseller »Börsenkrach und Weltwirtschaftskrise. Der Weg in den Dritten Weltkrieg« ein Szenario, das manche angesichts der Finanzskandale ab dem Sommer 2002 als beklemmend real — und hellsichtig — empfinden:

»Diese Krise begann damit, daß ein Unternehmen in den USA zugeben mußte, jahrelang die Bilanzen gefälscht zu haben. Die Aktien der Firma sackten daraufhin rapide ab.

Plötzlich schauten sich die Anleger die Börsenwerte etwas genauer an. Sie entdeckten, daß es in Amerika nie einen »Aufschwung« gegeben hatte und dieser der Welt nur durch manipulierte Statistiken vorgegaukelt worden war.

Auf einen Schlag waren Aktien nicht mehr interessant und wurden massiv abgestoßen — die Preise purzelten um über 90 Prozent. Mit dem Aktiencrash war eine Kapitalflucht aus den USA verbunden, da niemand mehr Interesse hatte, dort zu investieren, und allein sein Geld in Sicherheit wissen wollte.

Durch den Abzug von Kapital geriet der US-Dollar unter Druck und notierte bald unter einer D-Mark pro Dollar. Um die Kapitalflucht abzubremsen, erhöhte die amerikanische Nationalbank die Leitzinsen bis auf 30 Prozent. Dadurch brach die hochverschuldete Wirtschaft in den USA zusammen, da sie die Kredite nicht mehr bedienen konnte. Durch rückgängige Unternehmensgewinne jedoch mußten die Aktien weiter fallen. Wegen der gesunkenen Wertpapierkurse kamen wiederum die Privathaushalte unter Druck, weil plötzlich ihr Aktienvermögen nichts mehr wert war.

Fatalerweise hatten die meisten Privatleute in den scheinbaren »Boomjahren« ihre Ersparnisse aufgelöst und sogar Kredite aufgenommen, um Aktien zu kaufen. Die Schulden mußten nun hochverzinst abgezahlt werden, was viele Bürger in Schwierigkeiten brachte und sie zwang, Realgüter wie Immobilien zu verkaufen. Da dies jedoch in großem Stil geschah, verfielen die Preise hierfür rapide. Zudem waren die Unternehmen dem gleichen Druck ausgesetzt und versuchten nun durch Preissenkungen in jenem ruinösen Wettbewerb bestehen zu können.

Weil jedoch die Bevölkerung den Konsum einschränkte, da sie entweder bankrott war oder nach dem Crash kaum noch Vermögen besaß, kamen die Betriebe erneut unter Zugzwang, da der Absatz zurückging. Deshalb mußten Arbeitskräfte entlassen werden. Hierdurch wiederum sank die Kaufkraft der Bürger weiter, was neue Unternehmenspleiten bewirkte.

Auch die Banken waren in dieser Situation in der Klemme: Durch bankrotte Betriebe und Privathaushalte war ein Großteil der Schulden trotz Enteignung der Schuldner nicht mehr einbringbar. Gleichzeitig zogen die Anleger ihr Vermögen von der Bank ab, die das Kapital nicht mehr auszahlen konnte und die Türen schließen mußte. Durch diese Bankenpleiten verloren die meisten Menschen noch den Rest ihres Vermögens.

Doch wirkte die Krise nicht nur in Amerika, sondern breitete sich über die ganze Welt aus. Durch den stark gefallenen Dollarkurs kam zum Beispiel das exportabhängige Europa unter Druck und versank in der gleichen deflationären Abwärtsspirale wie die USA.«

(Ende des Zitates aus diesem wichtigen Buch. Was hier beschrieben wird, ist durchaus real und hat bereits einmal in etwa dieser Größenordnung tatsächlich stattgefunden, und zwar am Schwarzen Freitag des Jahres 1929, dessen geheime Hintergründe, Planungen und Drahtzieher ich in meinem Buch »VERTUSCHT. Wer die Welt beherrscht« ausführlich analysiere).

»Widerstand ist zwecklos!«

So manche, die Manager, Regierungsvertreter, Banker oder Medienvertreter vom ewigen Wirtschaftswachstum schwärmen hören, das für jeden denkenden Menschen wie eine gefährliche Drohung wirkt, weil es unmöglich und daher tödlich ist, verspüren deutlich, daß hier eigentlich von etwas anderem die Rede ist. Von einem »Heilsplan für die ganze Welt«, der mit unerbittlicher Konsequenz erfüllt wird. Nicht wenige rechnen daher über kurz oder lang mit Maßnahmen und Entwicklungen, die George Orwell in der Tat als Optimisten erscheinen lassen. Hier einige der am häufigsten geäußerten Befürchtungen: Es könnten Gesetze erlassen werden, die eine Kritik am Kapitalismus unter hohe Strafen stellen. Sehr entgegen käme den Regierenden in einem Fall die perfekt ausgebaute Überwachungsinfrastruktur, die ich schon dargelegt habe, soweit es hierzu Informationen gibt. Dank lückenloser Telefon-, Internet- und Videoüberwachung könnten Systemkritiker schnell ausfindig und unschädlich gemacht werden. Zusätzlich hilfreich dürfte die dann sehr eingeschränkte Beweglichkeit der Einwohner durch unbezahlbar hohe Benzinpreise sein, die mit jeder echten Krise einhergehen. Viele sind überzeugt, daß von den meisten Regierungen nach dem Crash auf jeden Fall eine allgemeine Arbeitspflicht eingeführt würde.

Bedenkt man, daß schon heute die meisten Bürger bargeldlos verkehren und ein Handy mit sich führen, kann der Staat beruhigt sein. Ein gesperrtes Konto — und nach wenigen Tagen ist der schärfste Regimekritiker handzahm. Widerborstige könnten unliebsam davon überrascht werden, daß ihre Daten mittels des vor dem Crash aufgebauten Mobilfunknetzes von jedem Punkt aus an die Zentrale übermittelt werden. Es ist denkbar — für Besorgte sogar wahrscheinlich —, daß alle Wohnungen und öffentlichen Plätze rund um die Uhr durch Mikrofone und Kameras automatisch überwacht werden. Wenn der Computer systemfeindliche Äußerungen registriert, könnte sofort eine Sonderpolizei eingreifen, die den Unmut im Keim erstickt. Und für jene, die immer noch nicht zum Nachgeben bereit sind, gibt es vielleicht einen Chip, der, ins Gehirn eingepflanzt, »negative Gedanken« von vornherein ausblendet. Dermaßen abgesichert, könnte von den Machthabern nach der erfolgreichen Beendigung jeglichen Privatlebens sogar das Recht auf eigene Kinder abgeschafft werden. Systemgerechte Nachkommen wachsen dann in einer künstlichen Gebärmutter heran und werden in staatlichen Heimen erzogen. Wie lautet doch der Wahlspruch des alles verschlingenden Borg-Kollektivs in der US-Fernsehserie »Raumschiff Enterprise — Das nächste Jahrhundert«? »Widerstand ist zwecklos!«.

Alpträume von Paranoikern? Werfen wir einen Blick auf die *realen* Gegebenheiten und Entwicklungen im Vorreiter- und Wirtschaftswunderland Amerika, das für Verschwörungsfreunde die Heimstätte der von ihnen viel zitierten geheimen »Dunkelmächte« und damit der kommenden Weltherrscher ist — möglicherweise auch ihr Versuchslabor …

Weltkrise »Made in USA«

»Gewinnt der Amerikanismus, so wird er in 150 Jahren die Menschheit zugrunde richten, und die Erde wird als erstorbener Mars im Weltall weiterkreisen.«
Joachim Fernau, »Halleluja. Die Geschichte der USA« (1977)

Wie sich die heutigen Vereinigten Staaten für kritische Amerikaner präsentieren, habe ich stichwortartig notiert, als ich mit einem solchen nach einem Vortrag ins Gespräch gekommen bin. Er meinte sinngemäß: »Bei uns in den Staaten ist alles oberflächlich, fadenscheinig und billig. Es wird nichts qualitativ Hochwertiges mehr hergestellt. Wenn man für irgend etwas ein Ersatzteil braucht, bekommt man es nicht. Oft kann man noch nicht einmal feststellen, wer das Ding produziert. Große Automobilkonzerne wissen nicht mehr, wer ihre Einzelteile anfertigt. Die einzelnen Teile werden in Komponenten irgendwo in Billiglohnländern fabriziert. Man kann kein Einzelteil mehr bekommen, sondern nur noch ganze Komponenten oder ›Module‹, was heißt, daß man zwei komplette Scheibenwischer um 25 Dollar, fein säuberlich eingeblistert, kaufen muß, wenn man eigentlich nur ein einziges Scheibenwischerblatt aus Gummi benötigt hätte, das man früher um 50 Cents erhalten konnte.« (Genauso ergeht es bekanntlich nun auch europäischen Konsumenten.)

Auch die folgenden aktuellen Zustandsbeschreibungen und Kommentare über »God's Own Country« stammen nicht von mir, sondern sind einer Reihe von Publikationen und Meldungen sinngemäß entnommen.

In den Vereinigten Staaten sind alle beständig auf Achse, haben mehrere Jobs gleichzeitig und müssen ihren Nachwuchs als Schlüsselkinder aufwachsen lassen, wobei die Eltern nie wissen, was ihren Sprößlingen auf der Straße oder in der Schule widerfährt. Wenn die »Kids« Glück haben, werden sie »nur« rauschgiftsüchtig, wenn sie Pech haben, fallen sie einem Bandenkrieg oder einer der fast schon regelmäßigen Schulschießereien zum Opfer. Studien, die mittlerweile auch für Europa gelten könnten, zeigen auf: Der typische Amerikaner hat keine Vorstellung von der Zukunft. Der typische Amerikaner ist »überall und nirgends«, er hat kein Ziel. Man fragt einen typischen Manager: »Was ist mit der Zukunft?« Er antwortet: »Interessiert mich nicht.«

Die ganze Wirtschaft in Amerika hängt inzwischen so gut wie völlig vom steigenden Konsum der Bevölkerung ab, und ein nicht unbeträchtlicher Anteil des lange propagierten amerikanischen »Jobwunders« resultiert aus einer explosionsartigen Ausweitung des Dienstleistungssektors. »Wie gesund ist eine Volkswirtschaft«, wird provokant gefragt, »in der immer weniger produziert, erhalten und gebaut wird, und in der am Ende nur noch durch Klagen und Prozesse Geld verdient wird, oder dadurch, daß jeder jedem die Haare schneidet? Wieso verfallen in den reichen USA öffentliche Gebäude und Straßen? Wieso wurde 2002 das letzte öffentliche Krankenhaus in Washington geschlossen?« Das ist zynisch und übertrieben, ändert aber nichts daran, daß sich die konkrete Situation in den USA nach kritischen Analysen etwas anders präsentieren soll, als sie üblicherweise dargestellt wird — nämlich in einem Zusammenbruch der *realen* wirtschaftlichen Werte. So soll seit etwa 1966 in den USA der physikalische Ausstoß pro Kopf und pro Quadratkilometer im Sinken sein, sofern man einen Warenkorb *realer* Werte zugrundelegt, eingeschlossen die Aufwendungen für das Gesundheits- und Bildungswesen, den Erhalt der Wasser- und Energieversorgung, Pflege und Ausbau der Verkehrswege usw.

De facto ist das ganze Wachstum in den USA laut Aussagen von Fachleuten ausschließlich kreditfinanziert. In der gesamten Geschichte hat es noch nie eine derartige Ausweitung der Verschuldung gegeben. Während sich das amerikanische Bruttosozialprodukt 1998 um 400 Milliarden Dollar erhöht hat, vergrößerte sich die Verschuldung von Konsumenten und Unternehmen um 995 Milliarden Dollar. Für jeden Dollar, um den die Produktivität gesteigert werden konnte, wurde das 2,5fache an zusätzlichen Krediten aufgenommen (bedenkt man die Tücken des Zinseszinssystems, weiß man, was das langfristig bedeuten muß). Allein von 1997 auf 1998 hat sich die Neuverschuldung der Konsumenten und Unternehmen um 41 Prozent gesteigert. Im dritten Quartal 1999 mußten die Privathaushalte in Amerika 14 Prozent des Haushaltseinkommens nur für die Bedienung der Schulden verwenden. Eine Entwicklung, die sich für die Masse der Bevölkerung wie auch für den Staat als solchen schwindelerregend beschleunigt.

1998 durchbrach das USA-Leistungsbilanzdefizit 200 Milliarden Dollar, 1999 überstieg es 300 Milliarden, im Jahr 2000 betrug es über 400 Milliarden. Derzeit wird von 700 Milliarden geflüstert. Ähnlich rasant schnellt die Nettoverschuldung gegenüber dem Ausland in die Höhe: über zwei Billionen Dollar im Jahr 1998, über drei Billionen zwei Jahre später (mit den hier genannten Billionen sind jeweils tausend Milliarden Dollar gemeint).

Selbst Währungsexperten können sich jeglichen Aufwärtstrend des

Dollars angesichts von Leistungsbilanzdefizit und sinkender Zinsabstände zwischen Amerika und Europa nicht wirklich erklären. Verschwörungsfans vermuten dahinter unlautere Manipulationen in globalen Dimensionen. Sie weisen darauf hin, daß ein Rückgang des Dollarkurses jedes Handelsbilanzdefizit automatisch beseitigen würde. Ein berühmter Finanzexperte veröffentlichte 1999 eine Studie, wonach der Dollar um 40 bis 45 Prozent abgewertet werden müßte, um das Leistungsbilanzdefizit bis zum Jahr 2003 auszugleichen, wobei das Defizit damals wesentlich kleiner als heute war und der Dollar viel niedriger bewertet wurde. Die Mitte 2003 von den US-Exporteuren bejubelte Stärke des Euro gegenüber dem Dollar erweist sich für viele Experten angesichts der realen Abwertungs-Notwendigkeiten als läppisch.

Wer nicht der neuen Religion des ewigen Wirtschaftswachstums anhängt, fragt sich immer banger: Was steckt hinter dem Selbstmordkurs der US-dominierten Weltwirtschaft und dem Börsenwahnsinn? Wer und warum hat anscheinend durch geniale PR dafür gesorgt, daß primär in den USA unzählige Menschen über ihre Kreditkarten Schulden mit bis zu 22 Prozent Zinsen aufgenommen haben, um in Unternehmenszweige zu investieren, von denen sie selbst keinen Schimmer hatten oder die — für jeden Denkenden klar ersichtlich — nur auf tönernen Füßen stehen *konnten*? Durch die (geschürte?) Illusion ständig steigender Aktienkurse wurden die privaten amerikanischen Haushalte Jahre hindurch zum Abbau von Spareinlagen animiert, um ihre Ersparnisse in Aktien anzulegen. Viele der an der Börse gehandelten Firmen hatten noch nicht den kleinsten Gewinn erwirtschaftet, als ihre Aktien bereits in jene lichten Höhen schossen, aus denen sie mittlerweile wieder herabgestürzt sind. Und zwar mit einem donnernden Bauchfleck. Kapitalismus-Kritiker finden es bezeichnend, daß der Bankrotteur von heute nicht mehr aus dem Fenster springt, wie beim Schwarzen Freitag von 1929 und nur sich selbst gefährdet und schlimmstenfalls den Unglücklichen, auf den er herabstürzt, sondern daß er sich in unseren Tagen lieber mit einem Kugelhagel und in Begleitung verabschiedet. Natürlich nicht in Begleitung jener, denen er sein Elend zuzuschreiben hat.

1999 erklärte der frühere Chefökonom der New Yorker Börse: »Trotz der zehnjährigen Hausse in Amerika sind allein in den vergangenen beiden Jahren für 1000 Milliarden Dollar mehr Aktien verkauft als gekauft worden. Die Reichen veräußern ihre Papiere an die Mittelklasse oder an Institutionen, die für den Normalverbraucher investieren. Sie verkaufen zu hohen Preisen, während der Mittelstand zu überhöhten Preisen einkauft. Was passiert, wenn der Aktienmarkt zusammenbricht?

Dann leiden am meisten jene, die zuletzt eingekauft haben — die große Mitte also. Während die Reichen früh genug ihr Geld in Sicherheit gebracht haben, würde die Masse verlieren. Ein Crash würde das Nettovermögen der Mittelklasse erheblich reduzieren und die Kaufkraft einbrechen lassen.« Sozusagen Probegalopps für einen Megacrash hat es ja schon gegeben.

Analysten stellen sich auch heute noch die Frage, was sich wohl abgespielt hätte, wenn der milliardenschwere amerikanische Hedge Fund (Wachstumsfonds) LTCM (Long Term Capital Management) im September 1998 kollabiert wäre. Der LTCM-Fonds hatte über vier Milliarden Dollar Eigenkapital verfügt, aber mit 125 Milliarden Dollar spekuliert. Er hätte bei seinem Zusammenbruch schier unermeßliche Schäden ausgelöst, wenn nicht die (private) amerikanische Notenbank *Federal Reserve* Hilfe organisiert hätte. Eine Kuriosität am Rande: unter den Begründern und Betreibern des Fonds sind die beiden Wissenschaftler Robert Merton und Myron Scholes, die 1997 gemeinsam den Nobelpreis für Ökonomie erhalten haben. Und zwar für das wissenschaftlich korrekte Einschätzen finanzieller Risiken (!).

Zeitgenossen, die eigenen Denkens noch mächtig sind, machen seit Jahren auf (gewollte?) Entwicklungen aufmerksam, die ihrer Meinung nach zu apokalyptischen Zuständen führen müssen. Sie weisen darauf hin, daß die jahrelang getrommelten hohen Wachstumszahlen in den USA zu einem nicht geringen Teil auf »kreative« Statistiken und auf abenteuerliche Kapitalisierungen zurückgehen, die über kurz oder lang allen um die Ohren fliegen dürften. Da in Amerika die Bezahlung von hohen Managerposten oftmals in Form von Aktienoptionen (Stock-Options) statt in Geld erfolgt, konnten die Unternehmen einen Teil der Lohnzahlungen einsparen. Es wird geschätzt, daß die ausstehenden Optionen einen Wert von über 1000 Milliarden Dollar haben. Noch grimmiger sollen sich die zu leistenden Zahlungen der Pensionsfonds darstellen. Sie sollen nämlich das Vierfache des Bruttosozialproduktes der USA betragen. Bei Einbeziehung dieser Daten würde das Wachstum schnell zusammenschmelzen.

Ein Beispiel für Pseudo-Wachstum waren die Internet-Aktien, in die zahlreiche »kleine Leute«, wie man so sagt, vertrauensvoll, um nicht zu sagen, völlig ignorant gegenüber wirtschaftlichen Realitäten, teilweise auch getäuscht durch Zahlenspielereien, ihr Geld gesteckt haben. Der Grund der Steigerungsraten in der Computerbranche ist nämlich — passenderweise — rein virtueller Natur. Er liegt in einer geänderten statistischen Erfassung, in der nicht nur die Ausgaben für Computer, sondern auch die gesteigerte Rechnerleistung in das Bruttosozialprodukt einfließt. Im ersten Halbjahr 1999 machte die Computerindustrie dadurch schon 65 Prozent des nationalen Produktivitätszuwachses aus. Obwohl die tatsächlichen Ausgaben der Unternehmen für Computer 1998 matte 14 Milliarden Dollar betrugen, wurde durch die geänderte Statistik ein Zuwachs von 282 Milliarden Dollar ausgewiesen. Nicht unähnlich ist die Lesart von Börsengewinnen. Unternehmen, die in Deutschland Milliardenverluste bilanzieren müßten, könnten nach amerikanischen Gesetzen Milliardengewinne ausweisen — was auch der Fall ist.

Kurzum: Es brennt der Hut, allerdings werden die Flammen positiv bewertet. Womit sich die Frage stellt, wie lange das Ganze noch so weitergehen kann.

Das seit einigen Jahren praktizierte Rezept besteht darin, sich im Ausland zunehmend zu verschulden, um den steigenden Konsum im Land zu finanzieren, der seinerseits die Aktienkurse weiter klettern läßt. Dies erweckt in der Bevölkerung den Eindruck, es würde sich in Amerika um ein tatsächliches Wachstum handeln und bewegt viele Ausländer dazu, der amerikanischen Volkswirtschaft Geld in Form von Investitionen zur Verfügung zu stellen. Bei einem solchen Eiertanz wächst allerdings die Gefahr, daß die ausländischen Gelder schnell wieder abgezogen werden, wenn Investitionen in den USA wegen anhaltender Kursverluste nicht mehr attraktiv erscheinen. Dann wäre es aus mit der Finanzierung des Leistungsbilanzdefizits. Die Importe würden dramatisch sinken. Die Amerikaner müßten den Konsum einschränken, was eine Depression mit einem nachfolgenden Börsencrash verursachen würde. Die Bewertungen der Aktien gehen auf das eigentlich realistische Niveau von höchstens 10 Prozent der heutigen Kurse zurück. Die Folgen stellen sich manche Fachleute in etwa so vor: Die Wohlstandsbürger werden über Nacht arbeitslos. Ihre Wertpapiere sind nur noch papierne Lappen. Banken und Immobilienunternehmen schließen. Millionen Familienerhalter, die mit drei Jobs gleichzeitig jonglieren müssen, verlieren die beiden bestbezahlten. Ein solches Desaster in einem wichtigen Industrieland erfaßt schnell die gesamte Welt.

In Europa, speziell in Deutschland, würden die Exporte zusammenbrechen. Da jedoch die Konjunktur in Europa nur durch starke Ausfuhren überhaupt gehalten werden kann, würde es zu einer Rezession kommen. Auch Japan müßte zusammenbrechen, da dieses Land in noch weitaus höherem Maß auf Exporte angewiesen ist. Mit Japan würde so gut wie sicher auch ganz Asien wegbrechen. Noch explosiver wird die Situation durch die Unmengen von japanischem Geld, das über viele Jahre in den

USA angelegt worden ist. Wenn nun der Dollar sinkt, sind japanische Anleger zunehmend gezwungen, ihre Depots aufzulösen, um bei einem weiteren Verfall einen Wechselkursverlust möglichst zu verhindern. Mit dem massiven Rückzug von Kapital würde der Dollar zusätzlich unter Druck geraten. Gleichzeitig käme es an der Börse zu Massenverkäufen von Wertpapieren. Der Dollar fällt, die US-Zinsen steigen und drücken Wirtschaftswachstum und Börsenkurse. Eine ganze Reihe von Abwärtsspiralen kommt somit weltweit in Gang. Massen von Menschen in den Zivilisationsländern, einschließlich der gegenwärtigen Großverdiener, stürzen über Nacht in tiefe Armut, so tief wie die vielen US-Langzeitarbeitslosen heute, die von keiner Statistik mehr erfaßt werden. Banken und Geschäfte müssen schließen. Ganze Städte sind lahmgelegt. Lebensmittel werden nicht mehr geliefert, weil das Zahlungssystem zusammengebrochen ist. Viele Analysten halten ein derartiges Platzen der immer weiter aufgeblasenen Finanzblase für unabwendbar.

Nicht nur Verschwörungstheoretiker sind mittlerweile überzeugt, im vorherrschenden, mit Feuer und Schwert etablierten und aufrechterhaltenen Geldsystem die Wurzel und gleichzeitig den unstoppbaren Motor des (von langer Hand geplanten) Untergangs zu erkennen — und damit den Hebel, um nicht zu sagen die Brechstange, mit der die behaupteten »Dunkelmächte« das weltweite Chaos hervorrufen wollen, auf dem sie anschließend ihre »Neue Weltordnung« errichten können. Für Mißtrauische ist der erwartete Super-Crash von langer Hand geplant, um durch eine gezielte Kombination aus Währungsverwerfungen, Aktien- und Anleihenzusammenbrüchen anarchische Zustände herbeizuführen. Sie argumentieren: »Im globalen Chaos rufen die Massen nach starker Führung. Die läßt sich nicht lange bitten und etabliert eine Weltregierung ...«

Ich will nicht behaupten, daß es so kommen *muß*, aber die Wegmarken zur Katastrophe sind keine Erfindung von Paranoikern. Geld regiert nun einmal die Welt und könnte daher durchaus der Schlüssel zur Machtergreifung durch die besagten »Dunkelmächte« sein, wie auch zu ihrem Sturz — je nachdem, wie die Völker damit umgehen. Darum werden wir uns mit dem Faktor Geld noch aus mehreren Perspektiven zu befassen haben.

Tödliches Geld

Klingt die folgende Aussage nicht wie die düstere Anklage eines Anti-Globalisten oder Verschwörungsfans unserer Tage?

»Ich sehe in naher Zukunft eine Krise heraufziehen … In Friedenszeiten schlägt die Geldmacht Beute aus der Nation und in Zeiten der Feindseligkeiten konspiriert sie gegen sie. Sie ist despotischer als eine Monarchie, unverschämter als eine Autokratie, selbstsüchtiger als eine Bürokratie. Sie verleumdet all jene als Volksfeinde, die ihre Methode in Frage stellen und Licht auf ihre Verbrechen werfen … Eine Zeit der Korruption an höchsten Stellen wird folgen, und die Geldmacht des Landes wird danach streben, ihre Herrschaft zu verlängern, bis der Reichtum in den Händen von wenigen angehäuft und die Republik vernichtet ist.«

Ausgesprochen hat diese unangenehm gegenwärtig anmutenden Worte Abraham Lincoln in einer Rede am 21. November 1864.

Keine zwanzig Jahre vor diesen bedeutsamen Worten hatte ein anderer schon konkret gesagt, *wie* man genau *das* in die Wege leiten könne, wovor Lincoln gewarnt hatte — und was für uns der Alltag ist. Dieser heute noch sehr beliebte Vordenker nannte drei Faktoren als Vorbedingung zur Errichtung einer Diktatur:

1) Progressive Einkommensteuer
2) (aufblasbare) Papierwährung durch
3) Schaffung einer Zentralbank (Inflation wenn gewünscht).

Hand in Hand damit müßte (und würde) seiner Meinung nach gehen:

- Eliminierung des Rechtes auf privaten Besitz (Umverteilung)
- Auflösung der Familieneinheit
- Zerstörung der Religion.

Kann man nicht genau *das* täglich beobachten, was Karl Marx in seinem »Kommunistischen Manifest« im Jahre 1850 niedergelegt hat? Aus dem stammen nämlich die obigen Zeilen …

Obwohl der Lebensstandard eines Zivilisationsbürgers den jedes mittelalterlichen Potentaten locker in den Schatten stellt, haben wir alle nur eines im Kopf: Wachstum! Immer mehr und mehr Wirtschaftswachstum. Die Vorräte der Erde noch schneller aufbrauchen, die Müllhalden immer höher auftürmen, Fauna und Flora noch mehr ausquetschen wie einen nassen Fetzen. Aber warum eigentlich? Warum rackern sich alle wie wahnsinnig ab, obwohl sie dabei gestreßt, frustriert und überbelastet sind, und deswegen Legionen von Fachärzten, Psychologen, Therapeuten und Gurus aller Couleur aufsuchen (weshalb sie noch mehr arbeiten müssen)?

Normalerweise wird darauf erwidert, der Mensch sei eben gierig, er könnte den Hals nie voll bekommen. Ist das tatsächlich so? Wenn man sich umblickt, wird man feststellen, daß die meisten Zeitgenossen mit ihrer Familie, einem Auto, fetter Nahrung, Bier und Fußball sowie einem Urlaub im Jahr in Wirklichkeit völlig zufrieden sind. Der Grund für die unentwegte Schufterei liegt anderswo. Dazu befragt, warum er sich so ins Zeug legt, meint fast jeder, weil ihm nichts anderes übrig bleibt. Er *muß* ganz einfach. Egal wie sehr man sich abrackert, nie schwindet das Gefühl, man würde mit seinen Zahlungen immer im Hintertreffen sein. Selbst wenn das Einkommen steigt, steigen die Ausgaben noch stärker; die Lebenskosten, die Steuern, die Gebühren, der Benzinpreis, die Mieten, alles. Wie Alice im Wunderland muß man so schnell rennen, wie man nur kann, lediglich um da zu bleiben, wo man ist. Mit anderen Worten: Man braucht unentwegt mehr Geld. Daß daran irgend etwas nicht stimmen kann, spüren viele Zeitgenossen intuitiv, auch wenn sie nicht sagen können, *was* es ist.

Wirtschafts- und Zivilisationskritiker haben den Fehler zuerst im *Geld*system vermutet. Es findet sich keine Religion und kein Moralprediger, die es nicht irgendwann einmal verflucht hätten. Zu Unrecht, denn das Geld an sich ist eine geniale Erfindung. An den genannten Auswüchsen ist es ebenso unschuldig wie ein Hammer, mit man einen Nagel oder einen Schädel einschlagen kann. Im normalen Leben wandert das Geld von einem zum anderen. Man kauft etwas im Laden. Der Geschäftsinhaber zahlt mit dem eingenommenen Geld die Rechnung des Lieferanten, die Miete, den Strom, usw. Der Lieferant kauft einen neuen Computer und zahlt ihn, unter anderem, mit dem Geld, das zuerst in der Brieftasche des Konsumenten und dann in der Kasse des Ladenbesitzers war. Die Computerfirma zahlt von dem eingenommenen Geld die Gehälter, ihre Angestellten kaufen damit ein. Und so weiter. An diesem Kreislauf kann man nichts Verheerendes erkennen.

Als nächste der »üblichen Verdächtigen« bieten sich die *Zinsen* an. Zins ist im Prinzip nichts anderes als eine durchaus legitime »Miete für Geld«, denn welcher geistig Gesunde würde jemandem, den er nicht kennt, nur für Gottes Lohn Bares leihen? Weil zu allen Zeiten Geld für dies und das benötigt wurde, sind selbst in Epochen kirchlicher Zinsverbote Zinsen verlangt und entrichtet worden. Vieles läßt sich ohne einen Batzen Geld nun einmal nicht in Angriff nehmen, und nicht jeder, der etwas auf die Beine stellen will, ist ein kleiner Krösus. Ein Jungunternehmer braucht Büroräume, Computer, Maschinen und Werkzeuge, usw. Wenn ihm niemand etwas vorstreckt, kann er nicht anfangen und Geld verdienen. Also ist es sinnvoll, er leiht sich das nötige Geld und zahlt es in Raten zurück. Es wäre absurd, zwanzig Jahre lang zu sparen, um mit 45 ein Geschäft zu beginnen, für das man mit 25 die besten Voraussetzungen hatte, oder gar sein ganzes Leben lang Geld zur Seite zu legen, um mit 75 mit dem Bau eines Hauses zu beginnen. Auch hierin läßt sich der Motor der unverzichtbaren Geldvermehrung nicht identifizieren, die ihrerseits die Wirtschaft zwingt, in der bekannten Weise wie besessen zu wachsen. Besagte Geldvermehrung kann nicht durch den Druck neuer Geldscheine bewerkstelligt werden. Wäre das so simpel, könnten die Zentralbanken Briefe etwa dieses Inhalts versenden: »Auch dieses Jahr ist es wieder notwendig geworden, die im Umlauf befindliche Geldmenge zu vergrößern. Jeder Bürger erhält deswegen hunderttausend Euro ausbezahlt, siehe beiliegende Banknoten.« So erfreulich das nicht nur in den Ohren der Verfechter eines arbeitslosen Grundeinkommens auch klingen mag, solche Briefe gibt es nicht.

Wie kommt nun neues Geld wirklich ins Spiel? Das Zauberwort heißt »Geld-*Schöpfung*«. Sie wird durch einen *Abkömmling* der Zinsen in Gang gehalten, und zwar durch die ominösen *Zinseszinsen*. Diese verkörpern für viele ein regelrechtes Todesprogramm, das zum Untergang des westlichen Wirtschaftssystems und unserer Lebensart — vielleicht sogar der Menschheit im Ganzen — führen muß, den besorgte Zukunftsforscher am Horizont heraufdämmern sehen. Verschwörungsfreunde gehen noch weiter und vermuten hinter dem heranrollenden Desaster eiskaltes Kalkül. Welcher der beiden Fraktionen man auch zustimmen will, eines wird bei nüchterner Betrachtung klar: das System selbst ist absolut tödlich. Sehen wir es uns einmal an.

Wenn beispielsweise ein Unternehmer expandieren will, nimmt er dazu einen Bankkredit auf. Normalerweise verleiht die Bank das Geld aus den Spareinlagen. Ist die Bank gerade selbst etwas knapp bei Kasse, weil viele Kredite laufen oder sich ihre Manager gehörigst verspekuliert haben, wendet sie sich an die Zentralbank. Die Zentralbanken dürfen Kredite vergeben, ohne daß sie dazu Einlagen benötigen. Sie können Kapital sozusagen aus dem Nichts erschaffen und auf diese Weise neues Geld ins Spiel bringen (das ist einer der Gründe, warum vielen die Tatsache so schwer aufstößt, daß die US-Zentralbank *Federal Reserve* privater Natur ist). Bei ihrer nationalen Zentralbank kann jede Bank zusätzliches Geld bekommen, natürlich ebenfalls in Form eines Darlehens, also gegen Sicherheiten und zu einem feststehenden Zinssatz, dem sogenannten Diskontsatz, über den man sich täglich im Wirtschaftsteil zahlloser Zeitungen informieren kann.

Festgelegt wird der Diskontsatz von der Zentralbank selbst, und zwar nach folgender Regel: Wenn die Zentralbank zu der Ansicht kommt, daß mehr Kredite aufgenommen werden, als der Wirtschaft gut tut, erhöht sie den Diskontsatz, wodurch Kredite teurer und entsprechend weniger in Anspruch genommen werden. Umgekehrt kann sie durch Senken des Diskontsatzes Kredite billiger und damit attraktiver für Investitionen machen, was in Krisenzeiten regelmäßig geschieht. Der Diskontsatz ist demnach eine Art Steuerungsinstrument für die Wirtschaft. Millionen von Bankkaufleuten, Ökonomen und sonstigen Wirtschaftsgurus finden das großartig, ohne zu erkennen, daß genau hier der tödliche Konstruktionsfehler sitzen soll. Wie Kritiker an Beispielen wie diesem zu demonstrieren pflegen:

Wenn die Zentralbank einen »Kredit aus dem Nichts« in Höhe von hundert Millionen Euro gewährt und der Diskontsatz zu diesem Zeitpunkt drei Prozent beträgt, sind bei einer angenommenen Laufzeit von einem Jahr dann hundert*drei* Millionen Euro zurückzuzahlen. Damit erhebt sich die Frage: Woher sollen diese zusätzlichen, vorher nicht existenten drei Millionen Euro kommen? Nur die Zentralbank darf Geld »erzeugen«, und dafür will sie wiederum Zinsen haben, die dann zusätzlich aufgebracht werden müssen. In der Praxis werden Zinsen jedoch meist bezahlt, und zwar mit dem Ergebnis, daß das Geld eben anderswo fehlt. Und wo Geld fehlt, muß man wieder Kredite aufnehmen, in der Hoffnung, diese später abzuzahlen. Im Endeffekt wird dann — irgendwann und um hundert Ecken herum — ein weiterer Kredit bei der Zentralbank aufgenommen, um die Zinsen für den ersten zu bezahlen. Dadurch, daß die Zentralbank Zinsen auf neu geschaffenes Geld verlangt, entstehen mehr Schulden, als es Geld gibt.

Die Wirtschaft dient dazu, uns das zu verschaffen, was wir zum Leben brauchen. Das funktioniert nicht ohne Geld, es ist sozusagen das Blut der Wirtschaft. Doch dieses Blut ist nach Ansicht besorgter Zeitgenossen krank. Die Krankheit bewirkt, daß die Wirtschaft ins Absurde wächst und dabei unsere Lebensgrundlagen zerstört. Wäre die Wirtschaft ein Lebewesen, würde man sagen, sie ist von hemmungslos wucherndem Krebs befallen. Kritiker dieses Systems sparen nicht mit weiteren drastischen, aber gar nicht so unpassenden Vergleichen aus der Medizin. Sie meinen: wäre die Wirtschaft ein Mensch, müßte der Befund lauten: Er ist süchtig. Die Zentralbank hat ihn abhängig gemacht. Nach dem »Einstiegskredit« geht es oft wie bei einer klassischen »Drogenkarriere« weiter. Man muß schneller werden, noch härter arbeiten, muß die anderen überflügeln, kann keine Rücksicht mehr nehmen, muß das Letzte aus sich und aus welchen Ressourcen auch immer herausholen. Die Spirale dreht sich immer weiter und weiter. Alles beschleunigt sich, ohne Hoffnung auf ein

Entkommen. Je mehr wir uns anstrengen, desto mehr Schulden entstehen, nicht zurückzahlbar, unzerstörbar. Je mehr wir versuchen, der Misere Herr zu werden, desto schlimmer machen wir sie. Die meisten Leute würden eher zugeben, sexuell abartig veranlagt zu sein, als einzugestehen, daß sie verschuldet sind. Der einzige Ausweg ist, jemand anderen zu finden, der die Zeche zahlt. Für Zyniker und Warner aus den unterschiedlichsten Lagern ist darum schon lange ein Teufelskreis an sogenannten »Sachzwängen« im Gang, der nicht zuletzt zur galoppierenden »Globalisierung« geführt hat. Im folgenden versuche ich, eine Reihe der kritischsten Aussagen sinngemäß und komprimiert wiederzugeben:

»Laßt uns den Leuten das Geld aus der Tasche ziehen, mit allen Mitteln, damit wenigstens wir unsere Schulden bezahlen können. Bringen wir noch ein Produkt auf den Markt, das im Grunde niemand braucht. Reden wir den Leuten ein, daß sie es doch brauchen, und sei es nur, um ›in‹ zu sein oder bei der ›Spaßgesellschaft‹ mitzumachen. Eines ist dabei ganz wichtig: laßt uns das Ding so bauen, daß es bald kaputt geht oder unmodern wird, so daß wir mehr davon verkaufen. Noch mehr Handys, Zweithandys, Dritthandys, mit denen man sinnlose Botschaften empfangen kann oder die mit Radar das Wechselgeld in der eigenen Tasche zählen. Die Rohstoffe, die in Handys verbraten wurden, haben Millionen Jahre gebraucht, um zu entstehen. Verarbeitet werden sie in wenigen Stunden für das aktuelle Handy, das ein bis zwei Monate in Gebrauch steht, bevor die nächste Generation da ist. Dann ab auf den Müll mit dem ›alten‹, wo es zehntausend Jahre braucht, um zu verrotten, die unverrottbaren Teile gar nicht mitgezählt. Vergraben wir den Giftmüll einfach, wir können es uns nicht leisten, für seine Entsorgung zu zahlen. Wenn schon jemand bezahlen muß, dann am besten gleich die Natur.

Holzen wir halt diesen Regenwald auch noch ab, das bringt Geld, damit kann ein Staat seine Schulden loswerden. Privatisieren wir den Staat selbst, weil er keinen Profit macht, seine Infrastruktur, die Bahn (*British Railway*), vielleicht auch die Polizei (Robocop bzw. die in den USA und England fast nur noch von Privaten betriebenen Gefängnisse), und dann wundern wir uns, wenn niemand mehr Steuern zahlen will, weil verhökert wird, was mit seinem Steuergeld geschaffen wurde. Verkaufen wir das Wasser, und wenn wir das schon tun können, warum nicht auch gleich die Luft?«

Verbitterte murmeln in dem Zusammenhang hinter vorgehaltener Hand etwas von Veruntreuung oder sogar von Diebstahl von Volksvermögen. Leserbriefschreiber weisen darauf hin, daß selbst ein Prokurist die Firma nicht verkaufen darf, für die er arbeitet und fragen ergrimmt, ob die

Regierenden mittlerweile zu Eigentümern des Staates geworden sind, weil sie diesen scheibchenweise verscherbeln.

Im Oktober 2002 hat die privatisierte Post von Österreich der (noch nicht privatisierten) Gendarmerie bislang genossene günstige Postgebühren gestrichen, weil sich das »nicht rechnete«. Dagegen wurde heftig, wenn auch erfolglos von unterschiedlichen Seiten mit dem Hinweis protestiert, Polizei und Gendarmerie wären ein Teil der Grundversorgungs- und Infrastruktur eines Landes und hätten daher nicht ausschließlich unter dem Gesichtspunkt der Profitmaximierung betrachtet zu werden. Aber was solls: Privatisierte Unternehmen kennen da keine Extrawürste, auch wenn sie nach Meinung mancher gar nicht an Private hätten verkauft werden dürfen, da sie nicht den Politikern oder Managern gehören, sondern dem Volk, das sie mit Steuergeldern geschaffen hat.

Wenn es nach den privatisierungsversessenen Globalisten (unseren »Dunkelmächten«?) geht, ist der solide Begriff der Nationalökonomie ohnedies für den Schindanger der Geschichte bestimmt. Der unentwegt propagierte »Abbau von Investitionshindernissen« ist für immer mehr Menschen in Wirklichkeit ein Abbau von ökologischen, gewerkschaftlichen, sozialstaatlichen Regeln, wie er unverhohlen seit Jahren in der Dritten Welt betrieben wird. Industriegesellschaftliche Institutionen, die eigentlich unangreifbar schienen, werden durch die Globalisierung dem begehrlichen Zugriff der Investoren geöffnet (manchen fällt auf, daß Begriffe wie »offen« oder »geöffnet« heute ununterbrochen im Munde geführt werden, allerdings nicht in ihrer wahren Bedeutung, die nach Meinung kritischer Fachleute eher » aufbrechen« lauten sollte). Unter der glühenden Globalisierungssonne drohen die Errungenschaften des Sozialstaates, das Rentensystem, die Infrastruktur, das Gesundheitssystem, der Einfluß der Gewerkschaften, das Primat der Politik, die Steuergerechtigkeit, die Tarifautonomie, das Streikrecht und vieles andere, das man mit einem Staat verbindet, der für seine Bürger sorgt, dahinzuschmelzen wie Butter.

Nach den Kritikern ist ein Schleifen des staatlichen Auftrags und Apparates in vollem Gang, wobei es letztlich um die Errichtung von minimalistischen Staaten geht, die die Macht dorthin übertragen, wo sie nach Ansicht der Globalisierer auch hingehört: in die Hände der Superreichen. Befürchtungen sprechen davon, diese diskrete Elite würde bald in der Lage sein (wenn sie es nicht ohnedies schon ist), die traurigen Reste der Nationalstaaten gegeneinander auszuspielen, um sich die billigsten Steuer- und die günstigsten Infrastrukturleistungen zu sichern, und darüber hinaus jene Staaten wirksam zu »bestrafen«, die ihnen als zu

»teuer« oder »investitionsfeindlich« erscheinen. Und dafür, was mit jenen Staaten passiert, die sich rundheraus weigern, ihre Lebensadern privatisieren zu lassen, soll nach Ansicht besonders Kritischer der Kosovo-Krieg ein warnendes Beispiel sein.

Darum halten Besonnene auch wenig bis gar nichts von der im allgemeinen Konsens und mit »großer Erleichterung« beschlossenen Aufweichung des Stabilitätspaktes im Spätherbst 2002. Sie mahnen statt dessen zur Mäßigung. Verschwörungsfreunde gehen noch weiter. Für sie ist all das nur ein weiterer Schritt zur Weltherrschaft durch einige wenige, besser gesagt: zum Besitz der Welt. Weil, so argumentieren sie, es klarerweise unmöglich ist, die Schulden so lange ansteigen zu lassen, bis der Zinseszinsendienst größer ist als das Bruttosozialprodukt, wird man nicht umhin können, so gut wie das ganze Familiensilber an einige wenige »Geldsäcke« zu verkaufen. Mit anderen Worten: die gesamte Infrastruktur und was sonst noch an »Volksvermögen« vorhanden ist. Naturschätze natürlich eingeschlossen (Wasser, Seen, Berge und Täler, Wälder, Felder, Tiere und last not least die Luft ...).

Daß man im Zinseszinssystem, das hinter all dem am Werke ist, niemals auf den vielzitierten grünen Zweig kommen kann, liegt für alle, die der Grundrechnungsarten mächtig sind, auf der Hand. Wer kennt nicht aus seiner Umgebung oder aus den Medien mindestens einen Fall, in dem ein unglücklicher Schuldner machen kann, was er will — seine Schulden werden nicht weniger, sondern immer *mehr*? Das ist das Zinseszinssystem in voller Stärke. Wie soll der Einzelne oder die Zivilisation auch einem System entkommen können, für das der berühmte »Josephspfennig« repräsentativ ist? Für alle, die das Beispiel nicht kennen: Zu welcher Geldmenge, schätzen Sie, wäre der damalige Gegenwert von einem Pfennig bis zum Jahr 2000 angewachsen, den der Heilige Joseph für seinen Sohn Jesus im Jahr Null mit einer zinseszinsmäßigen Verzinsung von fünf Prozent, wie sie für uns völlig normal ist, angelegt hätte? Die Antwort sagt eigentlich alles: Der besagte Pfennig im Jahr Null wäre im Jahr 2000 zu einem Vermögen von sage und schreibe 200 Milliarden Erdkugeln aus Gold angewachsen. Und das alles bei »läppischen« fünf Prozent per Anno.

Wem dieses Beispiel zu abstrakt erscheinen mag, dem empfehle ich den lesenswerten Roman des neuen deutschen Romantalentes Andreas Eschbach »Eine Billion Dollar«. Die Grundidee klingt phantastisch, ist es aber keineswegs: Ein florentinischer Kaufmann des 16. Jahrhunderts hinterläßt ein Vermögen mit einem damaligen Wert von etwa 10 000 Dollar. Diese nicht eben gewaltige Summe wird von Treuhändern 500 Jahre lang verwaltet, wobei diese Anwaltsdynastie nichts anderes tut, als durch Herumschieben des Geldes zwischen Konten dafür Sorge zu tragen, daß die Verzinsung von fünf Prozent aufrechterhalten bleibt. Nicht mehr und nicht weniger. Dadurch entsteht bis zum Ende des 20. Jahrhunderts, ohne daß auch nur eine Schraube *produziert* wird, die gewaltige Summe von einer Billion Dollar (wohlgemerkt: das sind *Tausend Milliarden* oder *eine Million Millionen Dollar*!). Geld aus dem *Nichts*, das den Erben 1995 schlagartig zum reichsten Mann der Welt und zu einem wirtschaftlichen und politischen Faktor von nie dagewesener Größenordnung macht.

Darum nochmals zum Mitschreiben: Der letale ewige Wachstumszwang ist eine ursächliche Folge des Finanzsystems. Weil die Geldvermögen über den Zinseffekt anwachsen, muß auch die Produktion mithalten. Sobald jedoch das Wirtschaftswachstum kleiner wird als der Zinssatz, kommt es zu einer schnellen Kapitalverschiebung von arm zu reich. Jedes System, welches sich auf Zins beruft, ist deshalb zum Wachstum gezwungen. Und zum Untergang verurteilt, wie manche zynisch ergänzen. Oder wie der Verhaltensforscher und Nobelpreisträger Konrad Lorenz einmal sagte: »Jetzt endlich habe ich erkannt, daß nicht das Wirtschaftswachstum den Zinseszinswahn erzeugt, sondern *daß der Zins die einzige wahre und wirkliche Ursache dafür ist, daß die Welt dem Wahnsinn des ewigen Wachstums verfallen ist.*«

Kann dieser Konstruktionsfehler behoben werden, kann das Blut gesunden? Die Antwort scheint ein donnerndes »Nein« zu sein. In der Theorie geht es natürlich auch anders, wie beispielsweise das berühmte Experiment von Wörgl (Stichwort »Schwundgeld«) beweist, über das sich jeder Interessierte ausführlich informieren kann. Nur soviel: das Experiment ist dramatisch gescheitert. *Daß* es gescheitert ist, liegt nach verbreiteter Meinung nicht an seiner Unwirksamkeit, sondern an seiner Wirksamkeit. Es wurde von Anfang an bekämpft, verunglimpft und schließlich verboten. Verschwörungsanhänger sind überzeugt, daß dieses Verbot von »Dunkelmächten« bewirkt wurde, die die Menschheit am finanziellen Tropf halten wollen; Mächte, die jede Gegenentwicklung mit allen Mitteln abwürgen, Kriege eingeschlossen.

Ist das nicht übertrieben? Das Konzept eines zinsfreien Geldes wird schließlich von Fachleuten als versponnen, utopisch und weltfremd abgetan. Dem halten die Verfechter des Schwundgeldes entgegen, daß für die besagten »Fachleute« die Geschichte offenbar ein Buch mit sieben Siegeln sein muß. Tatsächlich verzeichnet die menschliche Geschichte eine durchgehende Periode von über dreihundert Jahren, in der es aus dem einfachen Grund keine Geldhortung gegeben hat, weil gehortetes Geld nicht — wie heute — durch seine bloße Existenz immer mehr geworden wäre. Münzen wurden zweimal im Jahr zum Umtausch aufgerufen, wobei beispielsweise zwölf alte Pfennige gegen neun neue umgetauscht wurden. Die Differenz war Steuer. Um dem nächsten Umtausch zu entgehen, wurde Geld zinslos weiterverliehen, da nur die Besitzer der Münzen die Umtauschgebühr entrichten mußten. Damit war Geld reines Tausch- und nicht Schatzmittel. Wer glaubt, dergleichen könnte nicht funktionieren und würde den Staat mittellos machen, der irrt, denn diese drei Jahrhunderte werden als die größte deutsche Entwicklungs- und Schaffensperiode der deutschen Geschichte angesehen.

Die Rede ist von der Zeit der Gotik, etwa von 1150 bis 1450. Von den Lebensbedingungen, die in diesem Abschnitt des »dunklen Mittelalters« geherrscht haben, können Gewerkschaftsfunktionäre heute nur träumen. Damals waren die sozialen Unterschiede so ausgeglichen wie nie mehr im historischen Verlauf. Im Schnitt hatte jedes Jahr 115 arbeitsfreie Tage, es gab aber auch Jahre mit über 150 Feiertagen. Handwerker mußten nur vier Tage in der Woche arbeiten. Die tägliche Arbeitszeit war, beispielsweise bei den Bergwerksknappen von Freiburg, auf sechs Stunden begrenzt. Es gab gesetzlich vorgeschriebenes »Badegeld« und andere Sozialleistungen.

Das Einkommen war so hoch, daß sich etwa in Augsburg ein Tagelöhner mit seinem täglichen Verdienst zweieinhalb bis drei Kilogramm teuersten Fleisches leisten konnte. Eine Speisekarte aus diesen Tagen klingt nach den Tafelfreuden überfressener Wohlstandsbürger von heute. Das liest sich so: »Das gewöhnliche Volk hat selten bei der Mittags- oder Abendmahlzeit weniger als vier Gerichte, zur Sommerszeit überdies noch morgens als Frühstück Klöße mit in Butter gebackenen Eiern und Käse; obendrein nehmen sie außer dem Mittagstisch noch des Nachmittags als Vesperbrot, sowie zum Nachtessen Käse, Brot und Milch.« Von Hungergerichten keine Spur. Bei Bauernhochzeiten herrschte eine Woche lang Überfluß. Es gibt Berichte, denen zufolge kaum eine Gaststätte in Deutschland zu finden war, in welcher man nicht aus Silbertellern zu essen bekam. Viele Städter und Bauern trugen Silberknöpfe an ihrer stattlichen Kleidung.

Wie gewaltig der wirtschaftliche Aufschwung in der Gotik gewesen sein muß, zeigt die unglaubliche Menge von Städtegründungen in Deutschland, die weder vor- noch nachher eine Parallele hat. In dieser Zeit wurden die großen Dome und Kathedralen gebaut, Meisterleistungen der Architektur, die wir nur durch Einsatz von Hightech, Stahlbeton und anderen Mitteln unserer Tage mehr schlecht als recht imitieren, keineswegs aber wiederholen könnten. Damals wurde die größte Anzahl von Kulturdenkmälern im abendländischen Raum begründet. All diese Großleistungen mit einer wesentlich geringeren Bevölkerungszahl als in unseren Tagen.

Zyniker sind überzeugt, daß — wie heute anscheinend auch — für die Mächtigen der damaligen Zeit irgendwann einmal festgestanden sein dürfte: »Das funktioniert zu gut, so kann es nicht weitergehen!«

Die Situation änderte sich fast schlagartig, als auf Druck von einigen Kaufleuten schrittweise Geld eingeführt wurde, das nicht länger »verrufen«, also wieder eingezogen und neu ausgegeben wurde. Mit der Einführung von Zinsgeld wie dem »ewigen Pfennig« vollzog sich innerhalb weniger Zeiten eine solche Verschiebung des Volksvermögens vom Volk zu einigen Wenigen, daß zahlreiche gotische Bauten in Mitteleuropa aus Geldmangel nicht fertiggestellt werden konnten. Das Augsburg der Fugger gehörte zu den ersten Plätzen, wo Geld nur noch hochverzinst verliehen wurde. Beispielsweise brachte eine Anlage von 900 Gulden nach sechs Jahren 30 000 Gulden. Eine völlig neue soziale Schicht entstand: der abhängige Lohnarbeiter. Aus war es mit den zwei bis drei Kilogramm feinsten Fleisches täglich.

Die wirtschaftliche Lage der Bevölkerung verschlechterte sich so dramatisch, daß es zu blutigen Bauernkriegen kam. Die Truppen der »systemkonformen« Adeligen legten dabei eine unglaubliche Brutalität an den Tag, die nur noch von der Grausamkeit der Urteile übertroffen wurde, die von den »noblen Herren« gegen überlebende Aufständische verhängt wurden. Ich erspare Ihnen und mir die entsprechenden Schilderungen im Interesse eines sich nicht umdrehenden Magens. Es kam zu einem Rückfall in die Barbarei. Ein Ergebnis war unter anderem die flächendeckende Einführung der Hexenverbrennungen, die ab 1484 zunehmend stattfand.

Mit dem Aufstieg der Fugger im 15. Jahrhundert begann dann tatsächlich das »finstere Mittelalter«. Welche Machtstellung diese Familie ehemaliger Weber erringen sollte, beschreibt unter anderem Günter Ogger in seinem Buch mit dem passenden Titel »Kauf dir einen Kaiser«. Die Fugger waren in der Tat die nicht einmal geheimen Herrscher der abendländischen Welt. Sie finanzierten beide Seiten in zahllosen Kriegen, setzten Kaiser und Fürsten auf den Thron oder stießen sie davon herunter. Sie waren mächtiger als die Kirche, organisierten den Ablaßhandel, sabotierten die Reformation und taten auch sonst vieles, das uns bekannt vorkommt. Bezeichnenderweise sind die Fugger nicht als ausbeuterische Monopolisten in die Geschichte eingegangen, sondern als soziale Wohltäter. Noch heute gilt die von Jakob Fugger gegründete »Fuggerei« in Augsburg als zukunftsweisende Sozialsiedlung. Daß »Jakob, der Reiche«, wie er zutreffenderweise genannt wurde, dafür weniger ausgegeben haben soll als für ein einziges Schmuckstück für seine Frau, tut dem anscheinend keinen Abbruch.

Die Geschichte der Fugger ist der Griff einer einzigen Familie nach der Weltherrschaft, einer Familie, die lange Zeit reicher und mächtiger war als die hundert größten Konzerne der Gegenwart und an deren Stelle nach vielfach geäußerter Ansicht andere getreten sind, vielleicht die sogenannten »Dunkelmächte«. Die Fugger erfanden die anscheinend immer noch gültige Gleichung: *Welt*geschichte ist gleich *Geld*geschichte. Eine Gleichung, die nach vielfach geäußerter Ansicht im Lauf der Jahrhunderte die Geschicke der Menschheit immer vehementer — und immer blutiger — bestimmt hat. Manche sind überzeugt: das dicke Ende kommt noch!

Warum das vielleicht so sein muß, und welche Wirkungsmechanismen zusammenspielen könnten, um besagtes dicke Ende schließlich unerbittlich herbeizuführen, wollen Besorgte analysiert haben. Ihre Gedankengänge sollen hier zur Diskussion gestellt werden.

Geld macht Krieg

»Wer Menschheit sagt,
der will betrügen«
Carl Schmitt

1955 traf der damalige deutsche Präsident Gustav Heinemann anläßlich einer Rede in der Frankfurter Paulskirche die erstaunlich gegenwärtig klingende Feststellung, »... daß die dominierende Weltanschauung unter uns nur aus den drei Sätzen besteht: Viel verdienen. Soldaten, die das verteidigen, und Kirchen, die beides segnen.« Nach diesem Rezept konnte Jahrzehnte lang »gekocht« werden, ohne daß das Ganze bisher zu einem globalen Desaster geführt hat. Lokale Korruptionsorgien, Hungerkatastrophen, Zusammenbrüche und Gemetzel spielten — mit Ausnahme für die Betroffenen — keine wirkliche Rolle, da sie die westliche Lebensart nicht beeinträchtigten. Das könnte sich in nächster Zeit ändern, weil immer mehr Geld immer schneller *in eine Richtung* strömt.

Zinsen führen zur Vermögens*konzentration,* da derjenige, der viel Geld besitzt und dieses anlegt, wachsende Zinseinnahmen bekommt, diese wieder anlegt und im nächsten Jahr hierfür noch mehr Zinsen erhält (Zinseszinseffekt). Da aber Zinsen nicht aus dem Hut gezaubert werden können, sondern erarbeitet werden müssen, wachsen die Zins*lasten* für die übrige Bevölkerung immer schneller an. Weil sich die Geldvermögen exponentiell (also mit steigender Geschwindigkeit) vermehren, müssen auch die Schulden in gleichem Ausmaß zunehmen. Was der eine als Vermögen hat, muß ein anderer als Schulden haben.

In gleichem Maße, wie sich das Vermögen in immer weniger Händen konzentriert, steigt die Verschuldung der Bevölkerung und damit der Zinsendienst progressiv an und schießt schließlich himmelwärts in Richtung unendlich. Zu einem Zeitpunkt werden Verschuldungskosten so groß, daß sie von da ab nicht mehr erarbeitet werden *können*. Wer, wie viele nur allzugern, dem amerikanischen Wirtschaftsökonomen John Maynard Keynes glaubt, daß es diesen Zeitpunkt nicht geben kann, weil die Zinsen nur in dem Maße wachsen, wie auch die Inflation wächst, die wiederum durch das Produktivitätswachstum (Technologie, Bildung usw.) bestimmt wird, könnte sich in einem tödlichen Irrtum befinden. Fachleute haben festgestellt, daß der Zinssatz *immer* größer ist als die Inflationsrate. Der Kreditzins besteht nämlich aus folgenden Bestandteilen: eigentlicher Zins, Inflationsanteil, Risikoanteil. Wenn die Inflation steigt, steigt der Inflationsanteil im Kreditzins und der Geldverleiher wird gegen Entwertung geschützt. Der eigentliche Zins jedoch führt zu einer exponentiellen, also immer schneller wachsenden Vermehrung von Geldvermögen bei wenigen und Schulden bei den meisten. Solch ein System *muß* zerbrechen. Selbst Keynes hat ausdrücklich von der »Liquiditätsfalle« gesprochen — also dem Punkt eines Systems, an dem eine ausreichende Rendite für das Kapital nicht mehr gesichert ist. Da aber in unserem System kein Geld ohne Zinsen verliehen wird, kommt es zur Geld*hortung*. Die Reichen ziehen ihr Geld aus dem Wirtschaftskreislauf ab. Die Folge ist eine Deflation mit Wirtschaftskrise. Weil Geld im Geldkreislauf fehlt, gewinnt es einen ungeheuerlichen Wert. Die Preise für Produkte und die Löhne verfallen. Bankenzusammenbrüche nehmen den Menschen ihre Ersparnisse. Am Ende bleibt nicht einmal soviel übrig, um existieren zu können. Kurz vor dieser Phase steht die Zivilisation heute, will man jenen glauben, deren Warnungen — so gut es geht — totgeschwiegen werden. Ihrer Ansicht nach ist es ein großer Irrglaube, daß Inflationen Schulden abbauen: Sobald die Inflation ansteigt, wird dieser Preissteigerungseffekt in den Zins eingerechnet — das heißt, der Geldverleiher bleibt vor dem Verfall verschont. Abgesehen davon kann sich heute kein Land der Welt mehr eine Inflation leisten, weil sich sonst der Wechselkurs nach unten bewegen und die Rückzahlung der Auslandsschulden unmöglich machen würde, was daher streng verboten ist.

Entzug von Geld aus der Wirtschaft bedeutet also eine *Deflation,* die zu einem Rückgang der Wirtschaftsleistung führt. Die Deflation geht schließlich in eine *Wirtschaftskrise* mit Massenarbeitslosigkeit, Armut und Unruhen über. Weil die Staaten immer größere Anteile der Steuereinnahmen für den Zinsdienst ausgeben müssen, kommt es zwangsläufig zu Einschränkungen der sozialen Leistung und zu Abgabenerhöhungen. Die sozialen Spannungen wachsen national wie international und entladen sich in kleinen, bald auch wieder in großen Kriegen. Wenn eine Wirtschaftskrise lang genug anhält, kommt es häufig zum Krieg. Vielen erscheint daher *Krieg* (nicht Stammesfehden oder internationale »Polizeiaktionen«) unter den heute herrschenden Umständen unausweichlich, weil ein System, das eine immer schnellere Expansion (Zinseszinseffekt) mit wenigen Gewinnern und vielen Verlierern erzwingt, einem Kessel ohne Ventil gleicht, in dem der Druck wächst und wächst. Die Verschuldung, die schlußendlich zum Krieg führen kann, vielleicht sogar muß, ist eine Folge des Systems. Ein Horrorszenario, dessen Wurzeln viele etwa so beschreiben: Wo immer man einen Faden durch das verwirrende Geflecht aus Wirtschaft/Geld/Zinsen verfolgt, an seinem Ende steht man anscheinend immer dem Kriegsgott gegenüber. Ihre ernüchternde Schlußfolgerung lautet, daß Kriege parallel mit der Zunahme an wirtschaftlichen Schwierigkeiten immer wahrscheinlicher werden, die ihrerseits dadurch unvermeidlich sind, daß eine verschwindende Minderheit nach Meinung vieler kritischer Geister die Entwicklungsländer *und die hochentwickelten Länder* ausbeutet.

Die UNO spricht in einer Studie von 300 bis 400 Personen, welche über die Hälfte des gesamten Welteinkommens verfügen sollen. Zwangsläufig wird in absehbarer Zeit ein kleiner Personenkreis das gesamte globale Volksvermögen in Händen halten. Die übrige Bevölkerung kann dann die horrenden Zinslasten nicht mehr tragen — das System bricht zusammen. Das bedeutet für nüchterne Analysten, daß das Zinssystem ein System mit Verfallsdatum ist. In diesem Szenario sind manche Länder weiter fortgeschritten als andere. Rußland soll sich bereits in der Endphase befinden. Nicht ein Aufleben des kommunistischen Weltrevolutionsgedankens im ausgepowerten Rußland könnte daher die Ursache des nächsten Krieges sein, sondern das importierte westliche Kapitalsystem, das dieses Land in eine unlösbare Wirtschaftskrise gestürzt hat, aus der den Regierenden zu einem absehbaren Zeitpunkt vielleicht nur noch der Kampf als Ausweg erscheinen mag. Und Krieg war schon mehr als einmal die finale Lösung, wenn die Zinsverpflichtungen nicht mehr bezahlt werden konnten. Nicht grundlos sind Volkswirtschaftler wie Philosophen der Ansicht, daß es nur ein einziges wirkliches Mittel gibt, um Kriege zu verhindern und die Demokratie aufrechtzuerhalten: Wohlstand. Und der scheint sich mittlerweile in großer, wenn auch vertuschter Gefahr zu befinden.

Solange die Wirtschaft schneller wächst als der Kapitalanteil, wenn also der Zinssatz kleiner ist als die Wachstumsrate, brodelt es im Kessel der Volkswirtschaft, aber es zerreißt ihn noch nicht. Sobald jedoch das Wachstum der Ökonomie an Grenzen stößt, beansprucht der Kapitalanteil einen immer größeren Teil des Volksvermögens. Die immer schnellere Vermögensverschiebung durch den Zinseffekt drückt gegen den Deckel, bis der schließlich krachend davonfliegt. Die Schwierigkeiten nehmen katastrophale Ausmaße an. Spätestens dann zieht sich das Kapital aus der Wirtschaft zurück, weil die Mindestverzinsung nicht mehr sichergestellt ist. Die daraus entstehende Deflation führt zu großer Not und Unruhen, bis hin zum Bürgerkrieg. Im darauf folgenden »richtigen« Krieg werden ungeheure Mengen an Sachkapital vernichtet, und mit dem Aufbau fängt die Entwicklung von vorne an — bis zum nächsten Krieg. So war es nach Ansicht kritischer Betrachter der menschlichen Geschichte zumindest bislang.

Gute Beispiele für diesen Zusammenhang und Ablauf stellen für sie der Erste und Zweite Weltkrieg dar, in denen die Zinslasten der Staaten jeweils einen Höhepunkt erreichten. Auch die Französische Revolution, die zu den napoleonischen Kriegen führte, soll mit diesem Hintergrundwissen erklärt werden können. So mußte die französische Monarchie ein Jahr vor der Revolution fast 70 Prozent ihrer Einnahmen nur für den Zinsdienst der Verschuldung ausgeben. Aus diesem Grund wurden die Steuern massiv angehoben, woraufhin die Bevölkerung revoltierte, wenn auch von unsichtbarer Hand zart geleitet, wie man immer wieder vernehmen kann. Der schließlich Europa verwüstende Krieg zur Wiederherstellung des Status Quo vor Napoleon hatte für das 19. Jahrhundert denselben Effekt wie die Weltkriege eins und zwei für das zwanzigste: Ungeheure Werte aller Art wurden vernichtet, Riesenvermögen wurden geschaffen (angeblich beispielsweise das der Rothschilds), das System wurde wieder in den Anfangszustand versetzt — das Spiel konnte von neuem beginnen, wenn auch mit neuen Spielregeln, wie beispielsweise dem damals von John Law erfundenen »legalen Falschgeld ohne jegliche Deckung«.

Vor dem Ersten und Zweiten Weltkrieg dachte wie heute jedermann, daß es bei der damaligen Waffendichte und Technologie unvorstellbar wäre, je wieder einen Krieg zu führen. Der Erste Weltkrieg war auch in der Tat der schlimmste bis dahin, wie ihn sich vorher niemand vorstellen konnte. Bis zum Zweiten Weltkrieg, der noch um einige Potenzen verheerender war. Überlebt hat die Menschheit beide und verdient wurde jedes Mal auch ganz ordentlich.

Wenn in der Vergangenheit ein Krieg dazu führte, Staatsschulden abzubauen, so sieht die Sache in unseren Tagen anders aus. Das Potential an Waffen, das zur Verfügung steht, ist schlichtweg monströs. Heute kann ein Land so massiv zerstört werden, daß nicht nur alle Städte, sondern die komplette Infrastruktur, von der kleinen Holzbrücke bis hin zu wichtigen Verkehrsknotenpunkten, in Schutt und Asche liegt. Der Aufbau eines mit der Technik des 21. Jahrhunderts zerstörten Landstrichs dürfte allerdings ein Supergeschäft sein, vorausgesetzt, es ist noch jemand da, der das bezahlen kann, und jemand, der zum Kassieren in der Lage ist. Ungeachtet des drohenden Weltunterganges bekommt man gelegentlich Aussagen dieser Art zu hören, wenn auch meist verschleiert: »Warum soll es denn keinen Dritten Weltkrieg geben? Die Zerstörung würde zwar gewaltig sein und alle Vorstellungskraft übersteigen. Doch bereits nach einigen Jahrzehnten könnte beim Stand der Technik wieder alles aufgebaut sein.«

Für jene, die das nicht so sehen, wird das finanzielle Todesspiel Menschen, Tiere und Ökosphäre mit der Unabwendbarkeit einer griechischen Tragödie in den Orkus reißen. Einige meinen sogar, der Startschuß dafür sei bereits gefallen — möglicherweise am 11. September 2001.

Der Sturm ballt sich zusammen

Der Autor Günther Hannich entwirft in seinem bereits erwähnten Buch »Börsenkrach und Weltwirtschaftskrise. Der Weg in den Dritten Weltkrieg«, das *vor* dem 11. September 2001 erschienen ist, ein Szenario von geradezu gespenstischer Wirklichkeitsnähe und Zukunftsschau:

»Der Anschlag bestand in der Zündung mehrerer Atomsprengsätze auf Manhattan. Die Täter wurden von den USA im islamischen Bereich vermutet, die offenbar einige Nuklearsprengsätze aus dem Ostblock erworben hatten.

Die Wirkung jedoch war fatal: Nicht einmal, daß große Teile Manhattans zerstört worden waren, erwies sich als das Schlimmste, sondern daß das Finanzzentrum der Welt, die Wall Street, vernichtet war, was weltweit zum Zerfall führte. Überall entstanden große Liquiditätsprobleme, da niemand wußte, wie weit auch europäische Banken mit dem Finanzsystem in Amerika verflochten waren.

Die Aktienmärkte erlebten einen Crash von nahezu 99 Prozent. Damit kamen ebenfalls die großen Fonds und Banken in Bedrängnis, und eine Bankenpleite machte den Großteil des Volksvermögens zunichte. Gleichzeitig waren die Kreditinstitute gezwungen, jedes noch verfügbare Kapital sofort einzuziehen. Wer Schulden hatte, wurde augenblicklich durch Notstandsgesetze enteignet. Die Folge war eine bittere Armut, die in schweren Unruhen endete. Aufstände wurden von den Regierungen bewaffnet niedergeschlagen.

Auch militärisch hatte das Ereignis ernste Folgen: Die USA griffen sofort einige Staaten an, die hinter dem Anschlag vermutet wurden. Damit wiederum fühlten sich einige islamische Staaten zum Gegenschlag gezwungen, womit die Ölversorgung aus dem Nahen Osten in Gefahr geriet und später gänzlich ausfiel. Die Wirtschaftskrise ging damit Hand in Hand mit einer schweren Energiekrise. Alle Energieträger wurden unbezahlbar, einmal wegen des gestiegenen Preises und zum zweiten durch die Vernichtung des Volksvermögens, weil niemand mehr Geld hatte, um etwas zu kaufen.

Noch schlimmer als Westeuropa traf es allerdings die Staaten, die sich bereits vor dem Anschlag in wirtschaftlichen Schwierigkeiten befanden.

Durch die Asien-, Rußland- und Brasilienkrise wurden die betroffenen Staaten schon vorher in hohe Verschuldung getrieben. Wegen des Liquiditätsmangels forderten die westlichen Staaten nun die Kredite zurück. Teilweise wurden die Ansprüche sogar von einigen Entwicklungsländern erfüllt, mit dem Ergebnis, daß ein großer Teil der Bevölkerung einfach verhungerte. Das größte Problem war jedoch für Europa zu dieser Zeit der Ostblock, obwohl dies weiterhin von allen Politikern verleugnet wurde. *Der Weltkrieg beginnt.*« (Zitat-Ende).

Die naheliegende Frage ist nun klarerweise: Kann dieses Szenario wirklich so eintreten, und wenn ja, wie wahrscheinlich ist das? Es *kann* wohl so kommen, *muß* aber nicht. Schon der Nobelpreisträger Niels Bohr äußerte sich vor vielen Jahren zu Voraussagen ironisch: »Prognosen sind schwierig, besonders wenn sie die Zukunft betreffen.« Meist kommt es in der Tat anders, als es die Fachleute erwarten. Man denke nur an die fast immer falschen Wirtschaftsprognosen und an die unglaubliche Fehlerquote von Trendforschern und Futurologen. Eines aber steht außer Diskussion: Die Erde ist ein Pulverfaß mit glimmenden Lunten an zahlreichen Stellen. Und fast täglich werden neue an ihr befestigt und angezündet. Ein veritabler Krach ist unvermeidlich, sei es durch die rasant wachsenden Menschenmassen, sei es durch eine Amok laufende Globalisierung, sei es durch das tödliche Wirtschaftswachstum, sei es durch alle Faktoren zusammen.

Was immer die Welt von Grund auf erschüttern wird, muß nicht mit den Ereignissen identisch sein, die im 20. Jahrhundert das Unterste zuoberst gekehrt haben. Weltkriege, wie wir sie kennen, können durchaus »out« sein, auch wenn man den Eindruck hat, daß manche Mächtige noch nicht realisiert haben, wie wenig ihre Arsenale sie wirklich schützen können und darum bei nächster Gelegenheit am liebsten frisch drauflos schlagen würden.

Wer glaubt, es wäre ein gigantischer Aufwand nötig, um ein Land zu ruinieren, der irrt. Zumindest in bezug auf die komplexe und extrem anfällige westliche Zivilisation. Länder wie Vietnam oder Afghanistan wurden mit riesigen Bombardements bedacht, die Europa in die Steinzeit zurückbefördert hätten. Wie die Praxis zeigt, bringt der größte militärische Aufwand allerdings wenig, wenn ein Land noch in der Steinzeit existiert. Im Westen hingegen geht es relativ leicht, die Uhr um Jahrzehnte, vielleicht sogar Jahrhunderte zurückzudrehen. Nach Meinung kompetenter Fachleute genügen vier, fünf oder maximal sechs Personen mit technischen Kenntnissen und etwas Kapital zur Anschaffung der entsprechenden Materialien und Geräte, und schon läßt sich zivilisationsvernichtender Terror ganz ohne weitgespannte konspirative Strukturen oder riesige Bomberflotten organisieren. Es geht sogar ohne materiellen Terror. Ein konzentrischer Angriff auf unser heikles Finanzsystem, und schon stehen alle Räder still.

Eine Studie des *Center for Strategy and International Studies* (CSIS) kam schon im Jahr 2000 zu dem Ergebnis, daß Amerika der Zerstörung seines Computernetzes (und damit der Elimierung der über sie laufenden Zahlungsvorgänge) durch zehn exzellente Hacker mit einer Kriegskasse von zehn Millionen Dollar hilflos ausgeliefert wäre. Kein Schuß müßte abgefeuert werden, um die mächtige USA, die allen den Herrn zeigt, in die Knie zu zwingen. Wie leicht sich selbst ihr riesiges Vermögen vernichten läßt, zeigt ein Beitrag des Terrorismusforschers Prof. Laqueur über die Schwachstellen einer auf Gedeih und Verderb verflochtenen Gesellschaft. Zitat: »Wenn es Terroristen gelänge, wichtige Zentralen oder Schaltstellen unserer sich immer komplizierter und vernetzter entwickelnden Computersysteme zu blockieren oder gar zu zerstören, dann könnte dadurch für Tage, Wochen oder schlimmstenfalls Monate das Leben unserer Gesellschaft völlig paralysiert werden. Leider gibt es in der Geschichte ein Gesetz, daß alles, was sich am Horizont menschlichen

Denkens als Möglichkeit herausbildet, eines Tages auch in die Praxis umgesetzt wird.«

Wenn alles so düster aussieht, warum halten die Mächtigen nicht den in den Abgrund rasenden Menschheitskarren an? Die Antwort, die Verschwörungstheoretiker geben, ist ebenfalls düster: Weil die »geheimen Dunkelmächte im Hintergrund« genau dieses Chaos für ihre »Neue Weltordnung« wollen und daher darauf seit langem hinarbeiten. Damit sind wir bei der Frage: Wie könnte ein solches »Chaos-Programm« in bezug auf einen lancierten Weltkrieg aussehen?

Teil IV:

Auf dem Weg in den Dritten Weltkrieg

Warum Kriege notwendig sind

»Die großen Kämpfe der neueren Zeit
sind gegen Wunsch und Willen der Regierenden
entbrannt. Die Börse hat in unseren Tagen einen
Einfluß gewonnen, welcher die bewaffnete Macht
für ihre Interessen ins Feld zu rufen vermag …«
Generalfeldmarschall Graf von Moltke (1800–1891)

Entwicklung zum Krieg: Die Vorbedingungen

Nur noch wenige erinnern sich an folgendes Zitat aus dem Jahre 1948 des US-Kongreßabgeordneten Howard Buffett aus Nebraska, immerhin der Vater des erfolgreichsten Investors aller Zeiten, Warren Buffett: »Infolge der wirtschaftlichen Stärke der USA kann es lange dauern, bis das Ende des Papiergeldexperiments erreicht ist. Aber wenn dieser Tag kommt, dann wird unsere dannzumalige Regierung wahrscheinlich finden, daß ein Krieg im Ausland klüger ist als eine Auseinandersetzung im eigenen Land.«

In der jüngsten Vergangenheit hat sich in der Bevölkerung der meisten (Noch-)Wohlstandsländer der Eindruck breit gemacht, eine militärische Auseinandersetzung sei *im* Westen heute nicht mehr möglich, weil alle zutiefst miteinander befreundet seien. Leichenberge in Ruanda, im Kongo oder im Sudan schienen die westliche Wertegemeinschaft ebensowenig zu tangieren, wie die Balkankriege der 1990er Jahre (pardon, das waren ja keine Kriege, sondern friedensschaffende oder friedensbewahrende Polizeiaktionen mit ein paar Tausend Bombenflügen) oder die Vorgänge am Golf und im Nahen Osten.

Ein Beispiel, wie schnell sich noch 1989 ein »normaler« Weltkrieg hätte entwickeln können, ist der Fall der Berliner Mauer. Nach Angaben des damaligen sowjetischen Außenministers Schewardnadse haben damals 40 000 bis 50 000 Panzer bereit gestanden, um in Richtung Westen loszurollen. Schewardnadse wörtlich: »Wäre nur ein Schuß gefallen, dann hätte dies den Dritten Weltkrieg ausgelöst.« Wie schon einmal beinahe bei der Kubakrise von 1962. Da 1962 wie 1989 die wirtschaftliche Lage stabil war, krachte es mit etwas Glück doch nicht.

Wenn heute eine Weltwirtschaftskrise ausbricht, liegen die Dinge anders. Auch der UNO-Generalsekretär Annan hat darauf hingewiesen, daß die unsicher werdende politische Weltlage aus den Ungleichgewichten und Verzerrungen der Weltwirtschaft resultiert. Wenn diese nicht bekämpft würden, seien noch mehr Konflikte zu erwarten, die dann noch schwerer in den Griff zu bekommen sind.

Wie zur Bestätigung von Verschwörungstheorien, ist so gut wie kein Land der Welt heute noch schuldenfrei. Die Lage ist — wenig bekannt — sogar wesentlich ungünstiger als vor und nach der Weltwirtschaftskrise von 1929 (Stichwort »Schwarzer Freitag«, über den ich Ausführliches und Seltsames in meinem Buch »VERTUSCHT. Wer die Welt beherrscht« enthülle).

Besonders bedrohlich ist heute die Tatsache, daß von einem Crash vor allem die Länder erfaßt werden, die über ein großes Militärpotential verfügen. Es liegt deshalb für viele dieser Staaten nahe, die Armee einzusetzen, wenn sie keinen anderen Ausweg mehr sehen. In einer neuen Weltwirtschaftskrise könnte daher jeder der heutigen Konfliktherde zum Auslöser von gewalttätigen Auseinandersetzungen werden.

Sorgenkind Nummer eins für Europa ist der angeschlagene russische Bär vor seiner Haustüre. Zum einen befindet sich Rußland schon lange in wirtschaftlichen Schwierigkeiten. Zum zweiten ist es militärisch stark. (Bei einer Feier knapp vor seinem 90. Geburtstag meinte Otto von Habsburg zu EU-Sicherheitsfragen: »Nichts ist gefährlicher, als reich und schwach zu sein.«) Und zum dritten sieht Rußland sich zunehmend eingekreist (speziell nach den Aktionen, die im Zug des »Kriegs gegen den Terror« nach dem 11. September 2001 über die Weltbühne gegangen sind und immer noch gehen).

Für viele ist auch Rußland ein Opfer des Finanzsystems. Um die Zinsen für die Verschuldung zahlen zu können, mußte man sich massiv weiterverschulden. Der Wechselkurs zum Rubel ist verfallen, so daß die Schulden und Zinsen zum Vielfachen zurückgezahlt werden müssen. Im Gegensatz zu anderen Opfern wäre Rußland allerdings in der Lage, sich mit militärischen Mitteln zu wehren, wenn es zu der Überzeugung gelangt, es würde ihm ernsthaft an den Kragen gehen. Und ebenfalls im Gegensatz zu anderen macht »Mütterchen Rußland« sich keine Illusionen über seine sogenannten »Freunde«, sondern rüstet konsequent weiter.

Es wird theoretisiert, das in die Ecke gedrängte Rußland, das mittlerweile fast den gesamten Staatshaushalt nur zur Zinszahlung aufwendet, könnte durch einen Krieg den Hauptgläubiger Deutschland ausschalten und die Schulden damit begleichen. Das könnte die westlichen Staaten empfindlich treffen, die durch den wachsenden Zinsendienst gezwungen sind, nicht nur ihre Sozialleistungen, sondern auch ihre Verteidigungsausgaben herunterzufahren. Darüber hinaus soll ein Umbau der bewaffneten Einheiten zum Einsatz im eigenen Land im Gange sein, um bei Zunahme der Krisen die eigene Bevölkerung in Schach halten zu können.

Manche gehen sogar soweit, den Zusammenbruch der Sowjetunion überhaupt für ein gigantisches Täuschungsmanöver zu halten. So weit wollen wir nicht gehen. Ob geplantes Einlullen des Westens beabsichtigt war oder nicht, eines ist klar: Europa stünde im Ernstfall mit den sprichwörtlichen heruntergelassenen Hosen da.

Einladung zum Angriff?

»Jede Kriegführung gründet auf Täuschung. Wenn wir also fähig sind anzugreifen, müssen wir unfähig erscheinen. Wenn wir unsere Streitkräfte einsetzen, müssen wir inaktiv erscheinen. Wenn wir nahe sind, müssen wir den Feind glauben machen, daß wir weit entfernt sind. Sind wir weit entfernt, müssen wir ihn glauben machen, daß wir nahe sind. Lege Köder aus, um den Feind zu verführen. Täusche Unordnung vor und zerschmettere ihn.«

Sunzu, »Die Kunst des Krieges«, 500 v. Chr.

Zeitgenossen, die dem Credo vom ausbrechenden Weltfrieden mißtrauisch gegenüberstehen, wie auch Geschichtsbeflissene, die sich daran erinnern, daß vor Konflikten die Friedenspfeife meist besonders intensiv die Runde macht, sind darüber beunruhigt, daß der Westen in militärischer Hinsicht rapide abbaut. Zumindest der nicht-amerikanische Westen, wie man in zahlreichen Publikationen lesen kann. Einige »Kostproben« sprechen für sich selbst.

Die NATO beschloß beispielsweise im März 2000 den radikalen Umbau mit Reduktionen auf allen Ebenen, weil »ein Angriff nicht mehr zu befürchten sei«. Vor allem Deutschland, welches als erstes westliches Land zum Handkuß käme, ist bemüht, den Verteidigungssektor drastisch zu begrenzen. Wie beklagt wurde, soll die Bundeswehr wegen des Sparpaketes ohne moderne Funk- und Abwehrsysteme auskommen müssen. Es soll sowohl auf zusätzliche Funkausstattung wie auch auf ein modernes Panzerabwehr-Raketensystem und auf unbemannte Flugkörper (Drohnen) verzichtet werden. Man schwärmt davon, die Mannschaftsstärke der Bundeswehr zu halbieren, um Geld zu sparen. Auch die Zusammenarbeit mit den Nachbarstaaten soll eingeschränkt werden.

Fatal könnte sich nach Ansicht mancher Fachleute, die umgehend als üble Machos bezeichnet wurden, auch die Entscheidung auswirken, daß Frauen in die Bundeswehr in allen Waffengattungen aufgenommen werden müssen. Der Hinweis auf Studien, daß die Kampfkraft einer gemischtgeschlechtlichen Truppe weit unter dem normalen Niveau liegen würde, nützt ihnen ebensowenig wie die Beteuerung, das habe nichts mit Diskriminierung des weiblichen Geschlechts zu tun, sondern mit einer Reihe von praktischen Gründen. Jahrtausendelange Kriegsgeschichte würde es beweisen, Emanzipation hin oder her. Trotzdem wurde Anfang des Jahres 2000 vom Europäischen Gerichtshof beschlossen, daß Frauen der Dienst mit der Waffe offenstehen müsse. Man erklärte, daß europäisches Recht in jedem Fall über dem nationalen Recht steht, auch über dem Verfassungsrecht.

Mit dem Abbau der Landesverteidigung geht auch ein solcher des Zivilschutzes einher. Studien besagen, daß die Schutzvorkehrungen für den Kriegsfall in den letzten Jahren konsequent abgebaut worden sind. So schaffte man etwa 1995 das Sirenensignal für den Fall von Katastrophen oder von kriegerischen Angriffen ab. Da ein Steuerungsteil an den Sirenen ausgetauscht wurde, kann das Signal auch nicht mehr genutzt werden. Es läßt sich nur noch Feueralarm geben. 1992 waren im Zivilschutz in Deutschland noch 3400 Personen beschäftigt, im Jahr 1999 nur noch 1500.

Im Katastrophenfall soll die Bevölkerung über Fernsehen und Radio informiert werden. Durch Zündung von Atombomben in großer Höhe würden jedoch alle nicht-militärischen elektronischen Geräte und Anlagen schlagartig außer Gefecht gesetzt werden (von den militärischen auch noch genug). Der gleichzeitig und unmittelbar erfolgende Angriff wäre für die Masse der Bevölkerung eine völlig Überraschung. Diese altbekannten Tatsachen werden entweder nicht bedacht, oder — horribile dictu — absichtlich unter den Teppich gekehrt, wie besondere Schwarzseher vermuten.

Damit erheben sich die Fragen: Haben wir nun Feinde oder nicht, und wenn ja, laden wir sie nicht gerade zum Angriff auf unsere Länder ein, in denen Milch und Honig fließen? Derzeit schaut es im globalen Krisenszenario weit weniger positiv aus, als uns die Verfechter des ewigen »Pax Europa« oder gar eines Weltfriedens Marke »Pax Americana« glauben machen wollen.

Manche Pessimisten (?) befürchten folgendes Szenario, andere erwarten es sogar: Wenn die von Rußland zu berappenden Zinsen in absehbarer Zukunft auf über 100 Prozent des Bruttosozialproduktes gestiegen sind, was die Auslandsschuld für alle Zeiten untilgbar macht, und Westeuropa gleichzeitig verwundbar wie nie zuvor ist, könnten die russischen Militärs sich zu einem massiven (Befreiungs-)Schlag gegen den Westen hinreißen lassen, gestützt auf alte Pläne aus der Sowjetzeit.

Das immer ins Feld geführte Argument, die europäische »Schutzmacht« USA würde das verhindern, harrt noch seiner Bewahrheitung. Verschwörungstheoretiker und manche einfach nur völlig desillusionierte Zeitgenossen tuscheln sogar, »geheime Mächte« in den USA und anderswo würden einen »kleinen Weltkrieg« bewußt zulassen, um die »Neue Ordnung« zu etablieren. Von den ungeheuren Gewinnen nach einer solchen Auseinandersetzung einmal ganz abgesehen. Noch Abgebrühtere halten selbst eine geheime Kooperation zwischen den Machteliten in den USA und in Rußland für möglich, wobei ersteres Land letzterem freie Hand in Europa lassen könnte.

Nehmen wir einmal rein hypothetisch an, daß die Sache in der Tat so oder so ähnlich über die Weltbühne geht, wie könnte sie dann ablaufen? Militärexperten geben sich keiner Illusion hin: Westeuropa ist nicht zu retten, wenn eine große Anzahl von Divisionen zum Angriff antritt und die USA stillhalten. Die selbständigen gepanzerten Einheiten der Angreifer würden die Verteidigungsstellungen überrollen. Regionaler Widerstand kann durch taktische Atomwaffen schnell gebrochen werden. Zuerst würde die norddeutsche Tiefebene erobert, da hier das Gelände äußerst panzergünstig ist. Die Mitte Deutschlands würde kurz darauf und Süddeutschland etwas später eingenommen. Fatal wäre für Deutschland, daß es weder über Schutzmöglichkeiten für die Bevölkerung noch über wirksame Waffen zur Panzerabwehr verfügt. Man schätzt, daß die Angriffsarmeen Deutschland innerhalb einer Woche erobern können, und daß die übrigen Staaten wenig später kapitulieren müßten.

Nach ihren Sieg würden die russischen Machthaber wahrscheinlich ein System nach marxistischem Muster errichten, da sie nichts anderes kennen. Verschwörungstheoretiker meinen, daß sich ganz Europa dann in jenem »Idealzustand« befinden würde, den einflußreiche Kreise in England und Amerika fast hundert Jahre zuvor durch die von ihnen mitfinanzierte Oktoberrevolution im zaristischen Rußland herbeigeführt haben, um ihr Süppchen kochen zu können (mehr über die wenig bekannten Hintergründe der Schaffung der Sowjetunion in meinem Buch »VERTUSCHT. Wer die Welt beherrscht«, erschienen im Argo-Verlag).

Die »Zeiten der ewigen Kriege«

»Inter arma silent leges.«
Unter den Waffen schweigen die Gesetze.
Marcus T. Cicero (106–43 v. Chr.)

Nach einem Krieg entsteht häufig der Eindruck, daß die Geschehnisse nicht vorhersehbar gewesen wären. Doch meist hätte jeder mit grundlegenden Kenntnissen des Finanzsystems die Automatik solcher Ereignisse prognostizieren können. Manche haben das schon vor langer Zeit getan.

Der von Reichskanzler Bismarck 1887 mit der Erforschung des anscheinend unvermeidlichen Untergangs von Großreichen beauftragte Professor für Politische Ökonomie an der Universität Freiburg in der Schweiz, Ruhland, sah bereits 1908 den Ersten Weltkrieg aufgrund seiner im Zuge von Bismarcks Auftrag vorgenommenen Analyse des Geldsystems voraus. Ruhland wörtlich:

»Bei der nur zu oft maßlosen Inanspruchnahme des Kredits vollzieht sich mit Hilfe des Bank- und Börsenkapitals in einer anscheinend planvollen Weise eine nationale wie internationale Verkettung der Privatunternehmungen, die in unserem Kriegszeitalter uns eines Tages einer Krise entgegen zu führen droht, wie sie kaum in der Geschichte der Völker schon erlebt wurde. Über das Zinssystem muß sich letztlich das ganze Vermögen bei wenigen Personen ansammeln und die meisten enteignen. Die Vermögenskonzentration ist bereits so weit fortgeschritten, daß die Verwaltungsherrschaft über das meiste Vermögen in der Hand von nur wenigen Personen liegt. Gleichzeitig mußte die Verschuldung für das Volk explodieren. Die Masse der fast Vermögenslosen (in Preußen zu diesem Zeitpunkt, also 1908, etwa 87 Prozent der Gesamtbevölkerung) ist mit ihrem Lebensunterhalt auf Dienstleistungen bei diesen 150 führenden Kapitalisten angewiesen ... Bleibt aber das kapitalistische Erwerbssystem herrschend, dann müssen die ›Zeiten der ewigen Kriege‹ fortdauern trotz aller Friedenskonferenzen.«

Professor Ruhland vertrat die Ansicht, daß in einem kapitalistischen System Friede niemals möglich sei, und bezeichnete den Krieg als »Erwerbsart der Reichen«. Weil sich das Kapital in jedem Land in den Händen von immer weniger Größtkapitalisten ansammeln muß, waren für ihn Kriege Lösungsversuche wirtschaftlicher Fragen in kapitalistischem Sinne, in die Nationen durch ihre hohen Staatsverschuldungen verwickelt werden.

Da der Krieg nicht nur für den schon lange vergessenen Professor in der Regel wirtschaftliche Hintergründe und geheime Drahtzieher hat, stellen sich viele die Frage, wie lange das eigentlich schon so gehen mag.

Bürgerkrieg unter falscher Flagge

Die historische Begebenheit, die im öffentlichen Bewußtsein Amerikas auch heute noch den größten Raum einnimmt, ist der amerikanische Bürgerkrieg von 1861–1865. Kennen Sie aber auch den wahren Grund für dieses größte Gemetzel an Nicht-Indianern auf amerikanischem Boden? Ich glaube nicht. Zuvor eine kleine Richtigstellung: es war gar kein Bürgerkrieg. Bei einem solchen kämpfen nämlich üblicherweise zwei oder mehrere Fraktionen eines Landes um die Vorherrschaft, wie beispielsweise in den Bürgerkriegen Großbritanniens oder Roms. Nein, es sollte vielmehr eine friedliche Loslösung (Sezession) im Geiste der Befreiung der nordamerikanischen Kolonie von der Kolonialmacht England, nicht ganz ein Jahrhundert vorher, sein. Ein Begehren, das sich von den Unabhängigkeitsbestrebungen der Mannen um George Washington, der sogenannten »Sons of Liberty«, in nichts unterschied, außer im Ergebnis.

Warum wollte sich der Süden überhaupt abspalten? Um die Sklaverei weiterzuführen, wird meist gesagt. Diese gängige Behauptung wird von vielen ins Reich der Legende verwiesen. In Wirklichkeit soll ein ganz bestimmter Würgegriff des Nordens am Hals des Südens 1860 unerträgliche Dimensionen angenommen haben. Die Rede ist von den Schutzzöllen der Nordstaaten, die eingeführt wurden, um den industriellen Interessen des Nordens durch Sonderzuschüsse für die Produktion zu dienen.

Das Ganze lief unter dem Deckmäntelchen »öffentliche Arbeitsplatzbeschaffung«, und führte dazu, daß der Süden mehr für Produktionsgüter bezahlen mußte und daß er unmäßig besteuert wurde, um die Zentralregierung auszuhalten. Die Zölle verletzten zudem die Handelsinteressen des Südens mit anderen Teilen der Welt. De facto wurde der Süden ausgeplündert, um die frühe Version einer »Industriepolitik« des Nordens zu finanzieren.

Die Zollschraube hatte sich 1828 mit dem sogenannten »Zoll des Abscheus« zu drehen begonnen und dem Süden immer mehr Luft geraubt. Dreißig Jahre später, als der Süden 87 Prozent der Zolleinnahmen des Nordens bezahlte, während es mit seinem Lebensstandard durch die protektionistische Gesetzgebung abwärts ging, war es für die beiden Landeshälften so gut wie unmöglich geworden, von ein und derselben Regierung geführt zu werden. Nach damals vorherrschender Meinung wurde dem Süden der Status des Sklaven zugewiesen, während der Norden als sein Meister figurierte.

Doch warum trat das Problem 1860 in eine kritische Phase?

Am 6. November 1860 wurde der einundfünfzigjährige Jurist Abraham Lincoln von einer Minderheit zum Präsidenten gewählt. Ein Mann, der im Wahlkampf wörtlich geschworen hatte, »die Zölle und Abgaben unerbittlich einzutreiben«: Daß er ebenfalls versprochen hatte, sich in die Sklaverei *nicht* einzumischen, wurde ohnedies als selbstverständlich betrachtet und war zu dem Zeitpunkt kein Thema.

Der Großteil der Wählerstimmen hatte sich auf mehrere andere Parteien zersplittert, so daß Lincoln siegreich hervorging. Aus dem Süden, dem Gebiet südlich der Flüsse Ohio und Potomac, erhielt Lincoln gar keine Stimmen. Dort herrschte vor und nach der Wahl die Überzeugung, man hätte von einem Mann, der nur mit den Stimmen des Nordens gewählt worden war, nichts Gutes zu erwarten. Daher entschloß man sich, friedlich aus der Union auszutreten, bevor Lincoln offiziell das Präsidentenamt übernahm. Den Anfang machte am 20. Dezember 1860 Süd-Carolina, gefolgt von Mississippi, Florida, Alabama, Georgia, Louisiana und Texas. Diese Staaten nannten sich ab Februar 1861 »Konföderierte Staaten von Amerika« und wählten den früheren Verteidigungsminister Jefferson Davis zu ihrem Präsidenten. Das war zwar in der Verfassung nicht vorgesehen, widersprach ihr aber auch nicht. Daher erhob der Norden keinen Einspruch, als die »Konföderierten Staaten« auf ihrem Territorium Zollstationen, Postämter, Geldprägeanstalten, Arsenale, Forts und andere Einrichtungen vereinnahmten. Lediglich das vor Charleston gelegene *Fort Sumter* konnte nicht sofort übernommen werden, da sich noch Bundestruppen darin befanden. Fort Sumter war schlicht und ergreifend ein Zollhaus mit dem Zweck, Steuern aus dem Süden einzutreiben, worüber Politiker und Zeitungen offen sprachen. Dieser Stachel im Fleisch des Südens sollte sich als blutende Wunde mit letalen Langzeitwirkungen erweisen.

Während der Süden rings um Fort Sumter sein Staatsgefüge zu errichten begann, ging den Nordstaatlern im Fort langsam der Proviant aus. Noch ehe das Fort ausgehungert war, sandte Lincoln eine Flottille aus, um »die tapferen hungernden Männer mit Brot zu versorgen«. Keine Kriegshandlung, wie er betonte. Eine Falle, um den Süden zu provozieren, wie manche rückblickend meinen. Tatsächlich wollten die Konföderierten den Entsatz von Fort Sumter nicht riskieren. Noch ehe die Schiffe des Nordens eintrafen, griffen die Südstaatler im Morgengrauen des 12. April an. Einen Tag später kapitulierte das Fort.

Es gehört zu den Geschichtslegenden, Lincoln sei darüber so entsetzt gewesen, daß Amerikaner auf das Sternenbanner und auf Mitbürger schossen, daß nach dem Sturm auf Fort Sumter der Krieg unvermeidlich war. In Wirklichkeit hätte nach verbreiteter Ansicht die ganze Angelegenheit mit der Räumung des Forts — in allen militärischen Ehren natürlich — beendet sein können. Lincoln wollte den Krieg und hatte nun seinen »Aufhänger«, um ihn beginnen zu können (das Prinzip kennt man ja), davon sind heute auch in den Vereinigten Staaten viele Historiker überzeugt, die am Lincoln-Mythos kratzen.

Ein weiterer Beweis dafür, daß man die offizielle Geschichte nicht unbesehen schlucken soll, ist die Tatsache, daß Lincoln als »Mann des Volkes« gilt, obgleich er zum Zeitpunkt seiner Wahl der am höchsten bezahlte Anwalt von Illinois und zudem ein offener Lobbyist für die Kapitalisten im Norden war. Er machte nicht einmal ein Hehl daraus, wie der Hase tatsächlich lief. Das beweisen seine bereits erwähnten Worte vom 21. November 1864 zur Geldmacht.

In den letzten Jahren sind in den Vereinigten Staaten von Amerika immer mehr Bücher auf den Markt gekommen, die das verzerrte Geschichtsbild hinsichtlich des Sezessionskriegs gerade zu rücken versuchen: Marshall de Rosas »The Confederate Constitution« (1991), Jeffrey Rodgers Hummels «Emancipating Slaves, Enslaving Free Men« (1996), John Densons »The Costs of War« (1998), David Gordons »Secession, State, and Liberty« (1998) oder James und Walter Kennedys »Was Jefferson Davis Right?« (1998). Eine regelrechte Zeitbombe von einem Buch soll nach weit verbreiteter Ansicht Charles Adams »When in the Course of Human Events: Arguing the Case for Southern Secession«

(2000) sein. Adams präsentiert eine Fülle von Beweismaterial für seine These, daß es beim Krieg zwischen den Nord- und Südstaaten einzig und allein um Regierungseinkünfte gegangen ist — einschließlich bemerkenswerter Zeitungskarikaturen und politischer Reden. Und er behauptet klipp und klar, daß praktisch alles, was wir darüber zu wissen glaubten, falsch wäre.

Beispielsweise soll ein Ausschnitt aus der Lincoln-freundlichen »New York Evening Post« vom 2. März 1861 offen und unverhohlen zeigen, worum es *wirklich* gegangen ist:

»Daß entweder die Zolleinnahmen in den Häfen der Rebellenstaaten eingenommen werden müssen oder die Häfen für Importe von außerhalb zu schließen sind, ist allgemein anerkannt.

Wenn keine der beiden Optionen verfolgt wird, sind unsere Gesetze über die Staatseinnahmen faktisch abgeschafft. Die Quellen, die unseren Staatsschatz speisen, werden versiegen. Wir werden kein Geld mehr haben, um unsere Regierung zu erhalten, und die Nation wird bankrott sein, noch ehe das erste Maiskorn gereift ist. Es wird nichts mehr geben, um für den Erhalt des Militärs zu sorgen, nichts, um unsere Seemacht schwimmend zu halten, nichts, um für den Lohn unserer öffentlichen Amtsträger zu sorgen. Die gegenwärtige Ordnung wird zum Halten kommen.

Was wird dann für unsere Regierung übrigbleiben? Sollen wir es den abspaltlerischen Staaten erlauben, die Gesetze der gesamten Union auf diese Weise umzustürzen? Oder wird sich die Regierung dafür entscheiden, zumindest zu überprüfen, in der Fremdware, die für Häfen ohne Zollämter bestimmt ist, Schmuggelware zu erblicken und sie zu stoppen, wenn sie in jene staatlichen Gebiete eingebracht werden sollen, aus denen unsere Amtsträger hinausgeworfen wurden?« (Zitat-Ende)

Solche Meldungen waren zu der Zeit in den USA sowie im Ausland keine Seltenheit. Auch britische Zeitungen, ob sie nun mit dem Norden oder dem Süden sympathisierten, stellten einhellig fest, daß der eigene Staat in den amerikanischen Süden einfiel, um Steuern einzutreiben.

Der »große Krieg« von 1861–1865 massakrierte eine Generation junger Männer, verwüstete die Südstaaten und plünderte sie aus. Er setzte einen Präzedenzfall für die Diktatur der Exekutive und verwandelte das amerikanische Militär von einem Verteidigungscorps der Bürger in eine globale militärische Macht, die unentwegt Interventionen durchführt; in unseren Tagen primär im Namen der Menschenrechte und anderer hehrer Ideale, die bekanntermaßen immer schon für Angriffskriege aller Art herhalten mußten.

Jahre später sollte Karl Marx aussprechen, was zur Zeit des Sezessionskrieges ohnedies jeder gewußt hatte und was sich auch heute noch feststellen läßt, wenn man gewillt ist, die Dinge zu sehen, wie sie sind. O-Ton Marx: »Der Krieg zwischen dem Norden und dem Süden war ein Zollkrieg. Darüber hinaus steht kein Prinzip hinter ihm, er berührt nicht einmal die Frage der Sklaverei, sondern er handelt von der Machtgier des Nordens.«

Der vom Materialismus durchtränkte Marx täuschte sich bloß in einem Punkt: Der sogenannte Bürgerkrieg war durchaus von Prinzipien geleitet. Vom Prinzip der Selbstbestimmung und des Rechtes, nicht zur Alimentierung eines fremden Regimes gezwungen zu sein. Anders gesagt: Dieser Krieg war auf Seiten des Südens ein Krieg für die Freiheit. Die Konföderierten setzten die Linie der Revolutionäre von 1776 fort und standen voll im Geist der ursprünglichen amerikanischen Ideale von Föderalismus und Verfassungsmäßigkeit. Diesen ungewohnt klingenden Standpunkt vertraten und vertreten renommierte Völkerrechtler. Er verliert sofort an Seltsamkeit, wenn man sich bewußt macht, daß der Sezessionskrieg das damalige Amerika von einem föderalistischen System, das auf Freiwilligkeit und Freiheit basierte, in einen Zentralstaat verwandelt hat, der die Freiheit einzuschränken begann, was seit dem Oklahoma-Attentat und erst recht ab dem 11. September 2001 im Namen des »Krieges gegen Terror« besonders massiv betrieben wird.

Nonkonformistische Geister bezeichnen die offizielle Bürgerkriegshistorie, der auch die Europäer dogmatisch folgen, als ahistorisch. Für sie äfft sie die damalige Kriegspropaganda der Nordstaaten nach, ohne die triftigen rechtlichen, moralischen und wirtschaftlichen Gründe in Betracht zu ziehen, die der Süden für die Sezession beanspruchen konnte und die nichts mit der Sklaverei zu tun hatten. Nach ihrer Meinung haben es mehr als hundert Jahre unentwegte Propaganda, um nicht zu sagen Gehirnwäsche, durch die siegreichen »Yankees« geschafft, den Nicht-Bürgerkrieg zu einem edlen Ringen zur Befreiung der schwarzen Sklaven zu machen. Zu diesem noblen Kriegsziel gleich einmal ein Zitat aus dem Munde des »Sklavenbefreiers« Abraham Lincoln:

»Ich trete heute so wenig wie jemals früher dafür ein, daß zwischen der schwarzen und weißen Rasse in irgendeiner Form soziale und politische Gleichheit herbeigeführt werde. Ich trete heute so wenig wie jemals früher dafür ein, daß man Neger zu Wählern oder Geschworenen mache, sie für geeignet erkläre, Ämter zu führen oder weiße Frauen zu heiraten. Es gibt eine physische Verschiedenheit zwischen der weißen und der schwarzen Rasse, die es, wie ich glaube, für immer ausschließen wird, daß die beiden Rassen auf dem Fuße sozialer und politischer Gleichheit miteinander leben. Und da sie nicht in Gleichheit leben können, aber doch zusammenbleiben, muß es Über- und Unterordnungen geben, und ich trete ebenso wie jeder andere dafür ein, daß die übergeordnete Stellung der weißen Rasse zugesprochen werde ...« (ausgesprochen in einer Diskussion Abraham Lincolns mit Stephan Douglas am 21. August 1851 in Ottawa im US-Bundesstaat Illinois).

Um eine bevorstehende Intervention der Europäer, die die Spaltung in Nord und Süd wahrscheinlich für sehr lange Zeiten besiegelt hätte, durch eine »moralische Sperre« zu verhindern, erließ Lincoln am 22. September 1862 den berühmten Befreiungserlaß »Emancipation Proclamation«, der alle Sklaven der Südstaaten ab 1. Januar 1863 für frei erklärte. Das tat Lincoln wenige Monate, nachdem er erklärt hatte, der Kongreß habe nicht das Recht, in irgendeinem Staat die Sklaven zu befreien. Als der Unions-General Hunter am 9. Mai 1862 sämtliche Sklaven Georgias, Floridas und Süd-Carolinas für frei erklärte, hatte der Präsident diesen Befehl sofort wieder rückgängig gemacht.

Vor dem Kriege gelobte Lincoln ohne Unterlaß, die Sklaverei zu erhalten, die Gesetze gegen flüchtige Sklaven anzuwenden und die Sklaverei auf ewig dort zu institutionalisieren, wo sie existierte. Er hob nicht einen Finger, um die »Anti-Neger-Gesetze« abzuschaffen, die den gesamten Norden, insbesondere Illinois, prägten. Die berühmte »Bahn des Untergrundes«, mit der Sklaven in die Freiheit flohen, endete bezeichnenderweise nicht etwa in New York oder Boston, sondern in Kanada.

Um die Sache des Südens zu verstehen, genügt es, einen Blick auf die Verfassung der Konföderation zu werfen. Sie ist ein Duplikat der ursprünglichen Verfassung, allerdings mit mehreren Verbesserungen. Sie garantierte freien Handel, beschränkte die gesetzgeberische Macht in entscheidender Weise, hob die öffentliche Arbeitsplatzbeschaffung auf und versuchte, die Exekutive zu zügeln. Es ist unleugbar, daß sie die Sklavenhaltung nicht abschaffte, allerdings hatte das auch die ursprüngliche Verfassung nicht getan. Sie hatte vielmehr die Eigentumsrechte an Sklaven verbrieft. Die Verfassung der Konföderation hingegen ermöglichte die schrittweise Abschaffung der Sklaverei, was sich ohne die vom Norden praktizierte Einschränkung der Bewegungsfreiheit früherer Sklaven einfacher gestaltet hätte.

Auch für unsere Tage bezeichnend scheint es manchen, daß viele von denen, die sich in den USA heute für das Verbot der Flagge und der Symbole der Konföderation einsetzen, die Abschaffung des »Confederate History Month« fordern und weiterhin die Geschichte von halb Amerika verteufeln, großteils vom selben Zuschnitt zu sein scheinen wie jene, die sich zu allen Zeiten als Hofschranzen des jeweils herrschenden Regimes präsentieren. Oder mit anderen Worten: Handlanger der wirklich Mächtigen im Hintergrund.

Der besiegte Süden ist anscheinend niemals ganz aus seiner Verliererrolle herausgekommen. So war es beispielsweise in den 1950er Jahren in Amerika üblich, billige Abschreibproduktionsstätten, sogenannte »runaway plants« (Wegwerffirmen) zu errichten. Dafür bot sich der Süden der USA als Billiglohngebiet an, da er sich selbst neunzig Jahre nach dem Sezessionskrieg noch nicht vom damaligen Aderlaß erholt hatte.

Umfassendes über den amerikanischen Bürgerkrieg, wie auch über die mehr als seltsamen Hintergründe des Attentates auf Abraham Lincoln, dessen Parallelen zum Kennedy-Attentat für viele frappant sind, findet sich in meinem Buch »VERTUSCHT. Wer die Welt beherrscht« (Argo-Verlag) und auf meiner Homepage www.farkas.at.

Damit weiter zum Urgrund der meisten Konflikte und Kriege, wie immer sie auch offiziell begründet werden; zu dem, was Narren zu Königen und Könige zu Narren macht: *Geld!*

Der lange Arm des Geldes

> »Es gibt ein überraschendes befremdliches Bündnis, aber wenn man es überlegt, ein begründetes, verständliches Bündnis. Es ist die Allianz unserer kommunistischen Führer und Ihrer Kapitalisten.«
>
> *Alexander Solschenizyn*

Vor über hundert Jahren versuchte der italienische Finanzwissenschaftler Amilcare Puviani die Frage zu beantworten, wie eine Regierung möglichst viel Geld aus ihren Untertanen pressen kann, ohne offenen Widerstand zu provozieren. Er machte folgende Vorschläge:

- Erhebe mehr indirekte als direkte Steuern, um so die Steuer im Preis der Waren zu verstecken.
- Finanziere einen wesentlichen Teil der Staatsausgaben durch Kredite, um so die Steuern auf künftige Generationen zu verschieben.
- Fördere die Inflation, denn diese mindert die Staatsschulden.
- Besteuere Schenkungen und Luxusgüter, denn der Empfang oder die Gabe von etwas Besonderem mindert den Ärger über die Steuer.

- Führe »zeitlich befristete« Steuern ein, um eine »Notlage« zu überwinden, wobei allerdings die Ausnahmesituation immer bestehen bleibt und mit ihr die temporäre Steuer.
- Drohe mit dem sozialen Zusammenbruch und der Verweigerung von Diensten, auf welche die Regierung ein Monopol hat, falls Steuern verringert werden sollen.
- Treibe die Steuern in kleinen Raten über das ganze Jahr verteilt ein.
- Halte die Steuerzahler in Unwissenheit über die tatsächliche Höhe ihrer Belastung.
- Führe die Haushaltsberatungen im Parlament so, daß kein Normalbürger ihnen folgen kann.
- Verstecke im Haushaltsplan die einzelnen Ausgabepositionen unter wohlklingenden Allgemeinbegriffen wie »Erziehung« oder »Verteidigung«, damit Außenstehende nicht die tatsächlichen Bestandteile des Budgets erkennen können.

Was seit Puvianis Worten über die Weltbühne gegangen ist, darf als bekannt vorausgesetzt werden. Wahrscheinlich klingen die Vorschläge des Italieners deswegen so unangenehm vertraut, obgleich sie bereits mehr als ein Jahrhundert auf dem Buckel haben. Ob es sich bei den seither eingetretenen, zumeist unheilvollen Geschehnissen um die konkrete Umsetzung langfristiger Konzepte handelt oder um das blinde Walten der Umstände, darüber scheiden sich die Geister. So manche halten nichts von Zufällen oder von den »Gezeiten der Geschichte«, sondern vermuten nicht mehr und nicht weniger als einen Mehrstufenplan zur Weltherrschaft. So äußerte etwa der unbequeme österreichische Historiker mit dem Autorenpseudonym E. R. Carmin (»Guru Hitler«, »Das Schwarze Reich«) bereits 1979 (!) in seinem Buch »Fünf Minuten vor Orwell« hinsichtlich der Schaffung einer ominösen »Neuen Weltordnung« geradezu unheimlich aktuelle Gedanken:

»Da sich aber der Mensch nicht ändert, so folgerten ihre (der Verschwörer) Denker, ergibt sich logischerweise die Notwendigkeit, die ihn umgebende Gesellschaft zu verändern, um den Idealzustand einer Weltgemeinschaft herbeizuführen.

Damit aber diese Gemeinschaft funktionieren kann, ist ihrer Auffassung nach die Herauslösung des einzelnen Menschen aus seinen organischen Bindungen und die allmähliche Sozialisierung des einzelnen Menschen Voraussetzung. Infolge der schrittweisen, gezielten Zerstörung der traditionellen Lebensbereiche müssen an die Stelle absterbender Institutionen weltweite Planung und ihre Durchsetzungsmöglichkeit treten, um das im Atomzeitalter menschheitsvernichtende Chaos zu vermeiden. Folgerichtig ist die Voraussetzung für diese Art von Welteinheit die beschleunigte Beseitigung nationaler Eigenständigkeit, gegebenenfalls durch Kriege und schließlich die Schaffung synthetischer und von vornherein kontrollierbarer Staatsgebilde, die Verschmelzung von Religionen, Rassen, Fortfall von Handelshindernissen und sonstigen Unabhängigkeitsfaktoren …

Es gibt heute nur noch sehr wenige Regierungschefs und Parteiführer, ganz gleich welcher politischen Richtung sie angehören, die nicht zu dieser internationalistischen Gesellschaft gehören und durch ihre Politik und Arbeit zur Öffnung der sie umgebenden Gesellschaften von innen her beitragen, während die von diesen Kräften beherrschten Organe der neuen Ordnung, die UNO, die UNESCO, der Weltwährungsfonds, die Weltbank, der Weltkirchenrat, die CIA und der KGB, diese Öffnung von außen her besorgen, durch die Destabilisierung noch unabhängiger Regierungen …

Wie kommt es, daß die reichsten und mächtigsten Männer der kapitalistischen westlichen Welt seit jeher eine Bewegung finanzierten und tatkräftigst unterstützten, deren erklärtes Ziel es doch angeblich ist, eben solche Leute wie die Rothschilds, die Rockefellers, die Schiffs, die Warburgs ihres Vermögens und ihrer Macht zu berauben, sie schlicht zu vernichten?

Wenn man versteht, daß von allem Anfang an der Sozialismus, so wie man ihn aufgrund der marxistischen Theorie versteht, kein Vermögensverteilungsprogramm ist, sondern die hervorragendste Methode, Besitz zu kontrollieren und zu konsolidieren und überdies die Kontrolle über sämtliche Produktivkräfte und Menschen zu gewinnen und dabei auch jede lästige Konkurrenz ausschalten zu können, dann ist das scheinbare Paradox, daß sich ausgerechnet die Superreichen für den Sozialismus einsetzen, auch schon enträtselt.

Das ist ja das Heimtückische an dieser Ideologie, die in Wirklichkeit das bisher hinterhältigste von Menschen erdachte Instrument der Machtergreifung und Machtausübung ist: Die meisten Menschen, vor allem auch die Gegner des Sozialismus glauben, Sozialismus sei ein Programm zur Umverteilung des Vermögens. Aber wie funktioniert das wirklich? Es heißt so schön, die Produktionsmittel seien im Sozialismus Volkseigentum. Tatsächlich ist aber Sozialismus nichts anderes als die Kontrolle der Regierung über die grundlegenden Mittel der Produktion und der Verteilung von Gütern und Dienstleistungen. Kommunismus oder Sozialismus, wie auch immer, ist letzten Endes niemals eine Bewegung unterdrückter

Massen, sondern seit jeher eine Bewegung einer volkswirtschaftlichen Elite gewesen. Kommunismus ist in letzter Konsequenz als Staatskapitalismus die Vollendung und Perfektion des Kapitalismus schlechthin.

Wenn man in einem nichtsozialistischen Staat die Regierung kontrolliert, heißt das noch lange nicht, daß man deswegen die gesamten Produktionsmittel, den gesamten Konsum, die gesamte Arbeitskraft der Menschen unter Kontrolle hat. Ist aber eine Gesellschaft sozusagen sozialisiert, dann genügt es, die Regierung zu kontrollieren.

Deshalb unterstützen die USA immer wieder scheinbar kommunistische Feinde. Deshalb muß nun Südafrika dran glauben. Dort geht es nicht um die Befreiung der unterdrückten Schwarzen, sondern um das Gold und das Uran, zwei ärgerliche Faktoren, solange sie von Europäischem Kapital kontrolliert werden, das einer neuen Weltordnung entgegensteht.« (Ende des Zitates aus dem Buch von 1979.)

In der Zwischenzeit ist Südafrika befreit und demokratisiert worden, was man offiziell als »das Wunder von Afrika« bezeichnet, ungeachtet der lästigen Tatsache, daß man den Medien entnehmen kann, dort würde nunmehr die höchste AIDS- und Kriminalitätsrate mit einer Rekordzahl von Morden und Massenvergewaltigung von Kindern herrschen, während die Wirtschaft hingegen im afrikanischen Keller ist.

Mehr und mehr Besorgte stimmen heutzutage in den Chor der Pessimisten ein, die auch der westlichen Welt gravierende Turbulenzen prophezeien. Manche von ihnen sprechen sogar von Krieg und nennen Kriegsgründe, die sie für wahrscheinlich halten.

Währungs- und Wirtschaftskriege in unserer Zeit

Wie kolportiert wird, meinte der Wirtschaftswissenschaftler Martin Feldstein von der berühmten amerikanischen Harvard Universität, die Einführung des Euro könnte einen Krieg zwischen Deutschland und Frankreich provozieren. Andere weisen auf das Konfliktpotential hin, daß ihrer Meinung nach durch die Tatsache geschaffen wird, daß es durch den Euro keine Wechselkursschwankungen mehr gibt. Sie argumentieren, daß Staaten nicht aus Spaß oder Tücke abwerten, sondern um in Zeiten wirtschaftlicher Probleme wettbewerbsfähig zu sein. Ihrer Ansicht nach können bei einem Wechselkursspielraum von Null »Arbeitsrevolten« in dem wirtschaftlich schwächeren Land nur durch Transferzahlungen vermieden werden, vergleichbar mit dem Währungsverbund in den USA, wo reiche Staaten wie Kalifornien weniger begüterte wie etwa Arkansas subventionieren. Sie fragen: »*Vermehrte* Transferleistungen in einer erweiterten EU, wo doch schon vor der Erweiterung mehr Schulden gemacht wurden als erlaubt und Nettozahler wie Deutschland mit dem ›blauen Brief‹ bedroht wurden, wie soll das gehen?« Und als Trumpf-As verweisen sie auf das Platzen des Europäischen Währungssystems EWS Mitte der 1990er Jahre, als für Italien und England erlaubte Wechselkursschwankungen von 15 Prozent (!) untolerierbar waren. Mit dem Euro betragen sie, wie gesagt, Null.

Selbst das Risiko eines bewaffneten Konfliktes zwischen den USA und Europa sei nicht völlig auszuschließen, hört man (was für Europa natürlich der reine Selbstmord wäre). Seit fast sechs Jahrzehnten mußten die USA keinerlei militärische Maßnahmen androhen oder gar ergreifen, um Europa bei der Stange zu halten. Die amerikanische Wirtschafts- und Finanzhegemonie allein genügte, um die Kontrolle auszuüben. Mit der Schaffung der Konkurrenzwährung Euro könnte sich für Amerika eine gefährliche Lage ergeben. Das US-Weltreich, das der berühmte Senator und Publizist Pat Buchanan in seinem Buch »Republic, not an Empire« in Frage stellt, kann ganz schnell zusammenbrechen, wenn die Währungsknute durch die Einführung des Euro nichts mehr bewirkt. Seit sich das Dollar-Amerika einer Konkurrenzwährung, dem Euro, ausgesetzt sieht, schwächt sich der Zustrom von Waren gegen überbewertete »Green Bucks« bedrohlich ab. Sogar eine Rückkehr zum Gold als Zahlungsmittel wird von manchen Staaten erwogen, teilweise sogar schon durchgeführt. Daß eine solche Entwicklung die zum Großteil in den USA vermuteten Globalisierer und/oder »Dunkelmächte« und kommende »Weltherrscher« langfristig in eine prekäre Lage bringen muß, darf vermutet werden.

Kassandrarufer malen ein apokalyptisches Szenario etwa dieser Art an die Wand: Ein nicht unbeträchtlicher Teil der Welt leitet seine Finanzflüsse aus dem Dollar heraus und in den Euro hinein. Das treibt die USA sehr nahe an den »argentinischen« Abgrund, während die Euro-Zone gegenüber dem in Wirklichkeit wertlosen Dollar an Statur gewinnt. Die Lage für das durch Bevölkerungsumschichtung immer mehr zersplitternde und finanziell abgefressene Amerika mit zusehends kollabierender Wertschöpfung ist deshalb so brandgefährlich, weil der finanzielle Überlebensbedarf Anfang des 21. Jahrhunderts auf täglich zwei Milliarden Dollar gestiegen ist, die vom Ausland in die USA fließen *müssen*. Gegen Ende 2001 fanden die USA noch mit einem täglichen Zufluß von einer Milliarde Dollar an Investitionen ihr Auslangen. Fachleute warnen davor, daß der Dollar drastisch abgewertet werden muß, weil das kolportiere gewaltige Handelsbilanzdefizit von jährlich 450 bis 700 Milliarden Dollar (genau weiß man es nicht) nicht mehr finanziert werden kann, wenn die Kapitalzuflüsse ausbleiben.

Der österreichische Wirtschaftswissenschaftler Universitätsprofessor Dr. G. Seicht drückte es Anfang 2003 unmißverständlich aus: »Die USA haben ein chronisches Leistungsbilanzdefizit. Zur Zeit beträgt es unvorstellbare 450 Milliarden US-Dollar jährlich! Um diesen Betrag beziehen die USA aus dem Ausland mehr an Gütern und sonstigen Leistungen, als sie selbst exportieren. Die USA geben für diese riesigen Importüberhänge grün bedrucktes Papier, genannt US-Dollar. Wohlstand und Stärke der USA werden somit wesentlich durch den Fleiß der Bürger anderer Staaten erarbeitet. Am Ende dieser einseitigen Güter- und Leistungsströme wird eine massive Dollar-Abwertung stehen! Die Inhaber von Dollar-Anleihen und Dollar-Guthaben werden dann — wiederum — eine gigantische Zeche bezahlen, die die USA weltweit mit ihrem Überkonsum gemacht haben. Ermöglicht wird dieses System, das letztendlich ein System der Ausbeutung ist, durch den Umstand, daß der US-Dollar die einzige Weltwährung ist.« (Zitat Ende).

Sobald die Weltleitwährungs-Vorherrschaft zu bröckeln beginnt und nicht mehr das liefern kann, was benötigt wird, könnte nur ein verstärkter Export amerikanischer Industriegüter das Leistungsbilanzdefizit ausgleichen. Doch das dürfte nicht möglich sein, da die Wertschöpfung, sprich die US-Produktion, durch den Leistungsabfall immer geringer wird. Dadurch geraten die USA im weltweiten Handel gegenüber Europa täglich weiter ins Hintertreffen. Was die Produktion betrifft, so ist die Euro-Zone fast 30 Prozent kleiner als die USA, doch ihr Anteil am Welthandel soll etwa 25 Prozent größer sein, auch wenn das öffentlich selten zu vernehmen ist. Und jetzt auch noch der Euro ...! Was könnte da noch helfen? Krieg! Im allerschlimmsten Fall Krieg gegen das wirtschaftlich riesige und militärisch zwergenhafte Europa, wie manche befürchten. Wahrscheinlicher scheint ihnen aber ein Krieg in anderen Regionen der Welt.

In der Zwickmühle könnte Amerika seinen letzten Trumpf ausspielen (müssen) und die Welt in ein großes, nicht endendes militärisches Abenteuer reißen, denn seine militärische Stärke wäre — im Gegensatz zu seiner wirtschaftlichen — unangetastet. Militärisch sind die USA allem, was sich auf dem globalen Schachbrett versammelt, haushoch überlegen. Gerade deswegen könnte in einer solchen Situation rasches Handeln für Amerika zwingend sein. Wenn der US-Riese nämlich wirtschaftlich erst einmal ins Trudeln geraten ist, könnte er ganz schnell auch militärisch abbauen. Soweit das an die Wand gemalte Horror-Szenario.

Sollte das Euro-Projekt tatsächlich in einem Blutbad enden, würde sich die Aussage von Ex-Bundeskanzler Kohl, der Euro sei eine Frage von Krieg und Frieden, auf dramatische Weise erfüllen — wenn auch nicht ganz so, wie ursprünglich gemeint.

Weniger apokalyptische Warner vertreten die Ansicht, die vielzitierten Kulissenschieber hinter der Weltbühne würden (noch) vor einem größeren Krieg zurückschrecken, da man nicht genau weiß, was dabei herauskommt. Sie meinen, es würde vollauf »genügen«, Europa zu destabilisieren. Das hätte den Zusammenbruch des Euro zur Folge und würde die Dollar-Hegemonie in der Welt wiederherstellen. Ganz Extreme verbreiten unter vorgehaltener Hand, die Destabilisierung der europäischen Länder sei durch die Aufnahme von immer mehr Fremden bereits im Gange, weil das — ihrer Ansicht nach — über kurz oder lang zu bürgerkriegsähnlichen Zuständen führen muß, wie man sie in den Pariser Vorstädten schon fast gewohnt ist. Wie auch immer.

Ganz neu sind Befürchtungen hinsichtlich eines oder mehrerer großer Währungs- und/oder Wirtschaftskriege nicht. Schon 1991 gab es einen Bestseller, der in den USA hohe Wellen geschlagen hat. Sein bezeichnender Titel: »The Coming War with Japan«. Darin entwirft der Professor für Politikwissenschaften George Friedmann, gemeinsam mit seiner Co-Autorin Meredith LeBard, eine Art umgekehrtes Pearl Harbor: Über Nacht werden Schwärme von Stealthbombern und ähnliches High-Tech-Kriegsgerät auf Japan losgelassen. In einem überraschenden Handstreich besetzen Special Forces Tokio. Mit einem Schlag ist Japan wie 1945 wieder in amerikanischer Hand. Und warum das Ganze? Weil »Nippon sich mit seiner rücksichtslosen Handelspolitik die Welt untertan machen würde, wobei Amerika der Verlierer zu sein drohe«. Diese Analyse, die mit größter Wahrscheinlichkeit jeden US-Präsidenten zum Kriegsbeil greifen ließe, stammt aus einer vertraulichen Studie mit dem harmlosen Titel »Japan 2000«, die ebenfalls 1991 ruchbar geworden ist. Verfaßt wurde diese 173seitige »Entlarvung der Verschwörung von seelenlosen japanischen Bürokraten zusammen mit den Vorständen riesiger Konzerne mit dem Ziel der Welteroberung« im Auftrag des CIA vom *Rochester Institute of Technology* (RIT).

Seither sind einige Jahre vergangen. Japan wurde von keinen kriegerischen Handlungen heimgesucht. Allerdings präsentiert es sich in der Zwischenzeit nicht mehr als kraftstrotzender Wirtschaftsriese, sondern wird von seinen wirtschaftlichen Problemen fast erdrückt. Das, so meinen manche Historiker in der Rückschau, könnte der Grund dafür sein, warum es zu keinem neuen Krieg zwischen USA und Japan gekommen ist. Andere gehen sogar so weit, zu meinen, der immerhin schon viele Jahre andauernde Niedergang des Reichs der Sonne wäre durch eine neue Art von Krieg verursacht worden, der Länder wie beispielsweise Argentinien verwüstet, ohne daß ein Soldat einmarschiert: der »Krieg der Dunkelmächte«, der für sie unter dem Namen »Globalisierung« im Gange sein soll. Argentinien, so meinen sie, sei das erste Land der Welt, das von den Globalisierern abgefressen und weggeworfen worden ist. Die anderen westlichen Länder stünden bereits in der Warteschlange und würden in den gähnenden Abgrund der Währungszusammenbrüche und anderer desaströser Entwicklungen starren.

Eine Reihe von Analytikern ist der Ansicht, daß der Welt auch eine unbegrenzte Zahl an klassischen Kriegen der »alten Art« bevorstehen könnte, wenn auch geführt mit futuristischen Waffen auf Seiten einer Kriegspartei. Daß man der Masse der Wähler solche Waffengänge durchaus verkaufen kann, beweisen nicht nur die »Brutkastenlüge« zum Zweck der »Befreiung von Kuwait« 1991, die »Massenvernichtungswaffen-Behauptung« vor der »Befreiung des Irak« 2003 oder die Lügenkampagne vor dem Kosovo-Krieg über eine »humanitäre Katastrophe«, die es nach Medienrecherchen allerdings niemals gegeben haben soll — zumindest nicht vor den NATO-Bombardements.

Für Besorgte aller Couleur ist das die (bewußte?) Eskalierung einer Langzeitstrategie auf dem Wege zur »One World« (der Mächtigen). Eine Strategie, bei der ihrer Meinung nach eiskalt einkalkuliert ist, die »unsichtbare Hand des Marktes« zur sichtbaren Faust des Kriegsgottes zu ballen, wenn den Völkern die Zwangsenteignung durch die Globalisierer zu bunt wird.

Diese Warner gehen davon aus, daß es nur eine Frage der Zeit ist, bis weltweit genügend Menschen unter den Begriffen »Privatisierung« und »Globalisierung« quasi enteignet (Geld gegen Aktien, Verkauf von Volksvermögen, Gebühren für eigenes Wasser, Lizenzgebühren auf eigene Pflanzen und Tiere, etc.) und hoheitspolitisch entrechtet wurden, um im wahrsten Wortsinn auf die Barrikaden zu steigen. Erste Unruhen im Zusammenhang mit der Privatisierung von Wasser und anderen elementaren Gütern, zu denen natürlich auch Infrastrukturelles wie Bahn oder Post gehören, flackern da und dort schon auf.

Die reale Macht scheint jedoch mehr als eindeutig auf Seiten der Anwärter auf die Weltherrschaft zu liegen. Mit dem Geld der vielen haben sie sich Grund und Boden in kontinentaler Größe sowie die Eigentumsrechte an quasi allen Versorgungseinrichtungen gesichert. Das Gold der meisten Staaten haben sie in den letzten Jahren für sich beiseite geschafft. Sie scheinen alle Trümpfe in der Hand zu haben, um ihre schrankenlose Befehlsgewalt verteidigen und die weitere Zwangsprivatisierung der Welt erfolgreich betreiben zu können. Ihre Helfer sind Militärbündnisse, Handels- und Finanzorganisationen und ein Riesenheer korrupter Beamter und Regierungen in großen Teilen der Welt. Darüber hinaus ist ihr Einfluß auf die Medien gewaltig (manche sprechen unter Verweis auf die seltsam einheitliche »öffentliche Meinung« von »Medienkontrolle«, weniger Vornehme von einem »Medienbordell«). Immer mehr Politiker scheinen nach ihrer Pfeife zu tanzen. Wie groß ihr Einfluß auf den militärischen Apparat ist, wollen viele gar nicht erst wissen. Andere sind überzeugt, daß nur das Zusammenspiel von Militärgewalt und Geld den »One World«-Kurs ermöglicht, den das Raumschiff Erde ihrer Meinung nach unbeirrbar steuert. Und sie weisen darauf hin, daß eines der größten Hindernisse auf diesem Einweltkurs schon vor längerer Zeit von mächtigen Interessengruppen weggeräumt wurde, die seither mit Feuer und Schwert dafür sorgen sollen, daß es nicht wiederkommt: das Gold, korrekter gesagt, die Gold*deckung*. Wie sehr das alles zusammenspielt, und zwar schon seit langem, läßt sich unter anderem aus der Aussage von Wallstreet-Ökonomen ableiten, einer der Hauptgründe zur Schaffung des »*Federal-Reserve*-Systems« sei die erst dadurch möglich gewordene Abschaffung des Goldstandards. Man sprach damals schwärmerisch davon, sich »aus der Umklammerung des Goldstandards zu befreien«. In Wirklichkeit, so meinen Fachleute, hatte die Finanzelite, die den Goldstandard kontrollierte, lediglich erkannt, daß er eine unbegrenzte Ausdehnung von Krediten — und damit die Finanzierung großer und größter Kriege, die für viele von langer Hand geplant waren — verhinderte, weil nur soviel Kredite vergeben werden konnten, wie es Geld, und damit Gold, auf der Erde gab. Am Vorabend des Ersten Weltkriegs schien es aber offensichtlich geboten, Kredite in buchstäblich unbegrenzter Höhe gewähren zu können — und das ging nur ohne Golddeckung. Wie effektiv die Kreditreiterei seither betrieben werden konnte, zeigt sich unter anderem daran, daß die Finanzeliten der USA durch das *Federal-Reserve*-System zum Wechsel vom 20. zum 21. Jahrhundert kolportierte 500 bis 700 Milliarden Dollar an Zinsen eingenommen haben. Eine Summe, die sämtliche Regierungsausgaben der USA für Bildung, Justiz, Wohnbau und Umweltschutz übertrifft und die in etwa mit dem astronomischen Handelsbilanzdefizit identisch sein dürfte.

Gold als Stabilitätsfaktor beseitigt

Seit etwa Mai 1999 wird verkündet, daß sich die europäischen Notenbanken von ihren Goldreserven trennen wollen, während die USA an ihren Goldreserven festhalten. An genau jenem Edelmetall, das lange Zeit als Stütze der Währungen gepriesen wurde und dessen Bewahrung möglicherweise John F. Kennedy das Leben gekostet hat (bekanntlich weigerte er sich die US-Golddeckung aufzugeben). Wer glaubt, die Golddeckung sei mehr Tradition als sinnvolle Maßnahme zur Stabilisierung der Welt gewesen, dem seien hier mit einer kurz gehaltenen Gold- und Geldgeschichte die Augen geöffnet.

Gold hat die Menschen niemals kaltgelassen. Ein guter Teil der Weltgeschichte läßt sich ohne die Faszination des Goldes nicht erklären. Es gilt seit Jahrtausenden als Symbol und Inbegriff von Reichtum, Glück, Luxus, Wertbeständigkeit und Unabhängigkeit. Am Ende einer Epoche stand immer Bürokratie, Verschuldung, Staatsbankrott — am Anfang war immer Gold. Gold ist die einzige Form von Wohlstand, die ihren Wert und die Kaufkraft über einen Zeitraum von über 5000 Jahren behalten hat. Gold hat dabei Kriege, Intrigen, Verleumdungen, Deflationen, Inflationen, Depressionen, Stagflationen, Diktaturen und andere Formen von sozialen, politischen und finanziellen Unruhen überstanden. Wie kommt das?

Zur Herstellung eines Produktes sind Investitionen (Maschinen, Energie, Löhne, Kreditzinsen, usw.) notwendig. Das entstandene Produkt/Ware besitzt somit einen Wert (die Herstellungskosten). Ähnlich ist es bei Gold, das zwar nicht hergestellt, aber aus dem Boden gewonnen wird. Für das Endprodukt Goldbarren wird somit eine Leistung erbracht, die einen Wert hat. Aufgrund der Eigenschaften von Edelmetallen kann ihr *innerer Wert* als beständiges und unabhängiges Geld im Tausch gegen andere Produkte oder Leistungen eingesetzt werden. Ein 100-Euro-Geldschein hat auch einen Wert. Dieser Wert ist der Herstellungswert in Höhe von etwa einem Cent. Der Rest ist der akzeptierte Glaube daran, den aufgedruckten Wert zu erhalten. Das heutige Papiergeld hat keinen Schuldinhalt. Es ist an keinen inneren Wert gebunden und daher beliebig vermehrbar. Damit muß die Wirtschaft den Krediten hinterherhecheln. Mit anderen Worten: sie muß die Waren erst noch produzieren, die — über das Kreditvolumen definiert — verlangt werden. So kommt es zum Zwang zum tödlichen ewigen Wirtschaftswachstum, das heute an die Stelle des goldenen Kalbes getreten ist, um das alle herumtanzen. Ein Tanz, der im zwanzigsten Jahrhundert seinen unheilvollen Anfang genommen hat und — wie viele meinen, durchaus geplant — zum Totentanz der Menschheit, oder zumindest der Zivilisation, wie wir sie kennen, werden könnte. Beim Goldstandard wäre das anders. Zuerst wird produziert und danach (!) beginnt sich die Kreditpyramide aufzutürmen. Das bedeutet einen soliden Wachstumspfad mit niedrigen Zinsen. Im Goldstandard kann es keine Kreditexzesse geben. Das verhindert die nicht wie eine Kreditgeldbuchung beliebig ausweitbare Goldförderung, die sich ihrerseits wiederum an dem Goldpreis und der an der allgemeinen wirtschaftlichen Aktivität orientiert.

Der historische Goldstandard begann seinen weltweiten Siegeszug von England aus im 19. Jahrhundert. Bei ihm wurde ein staatlich festgesetzter Umtauschkurs vereinbart. Der aufgedruckte Wert des Papiergeldes war in Gold deponiert. Jedermann konnte Gold zum festgelegten Preis an die Notenbank (mit unbeschränkter Annahmegarantie) gegen gedecktes Papiergeld im Verhältnis 1:1 eintauschen. Ein Rücktausch des Papiergeldes in Gold war ebenfalls ohne Einschränkung möglich. In Wildwestfilmen sieht man gelegentlich, daß jemand Dollars auf einen Bankschalter legt und Gold im Gegenwert erhält. Lang ist's her …

Die Goldproduktion folgte wie ein Schatten der sonstigen Produktion, respektive die sonstige Produktion folgte wie ein Schatten der Goldproduktion. Resultat: ein absolut stabiles System. Es funktionierte nicht nur im eigenen Land, sondern auch im Verkehr mit allen anderen Staaten, die dem Goldstandard beigetreten waren. Als solche deklarierte internationale Aufsichts- und Kontrollorgane wie IWF, Weltbank, WTO und ähnliche waren nicht erforderlich. Das Land A nahm Gold über den Außenhandel mit Land B ein und hinterlegte es bei der Notenbank. Da mehr Gold vorhanden war, kam es zur Geldausweitung via Zinssenkung im Land A und somit zu einem leicht inflationistischen Prozeß (Preise steigen), der die Handelsbilanz wieder umkehrte. Bei Goldabflüssen aus dem Land A in das Land B gab es Zinserhöhungen und einen leicht deflatorischen Prozeß (sinkende Preise.) Resultat: sich tendenziell ausgleichende Handelsbilanzen. Davon können die Finanzminister der meisten Staaten heute nur noch träumen.

Bis 1914 war der Goldstandard ein Garant für internationale Stabilität, feste Preise und Vollbeschäftigung — über fast ein Jahrhundert hinweg. Seine Stabilität verdankte er der strikten Einhaltung nationaler Gesetze und Deckungsvorschriften und dem Vertrauen der Finanzwelt in die Verläßlichkeit des Systems. Die Notenbank — als Kreditgeber — durfte beim Goldhinterlegungs-Standard nicht mehr Geld ausgeben, als sie in Form von Gold im Keller hatte. Da sie aber bei einer »Deckungsgrenze«

von hundert Prozent alles Gold in Form von Geldscheinen ausgegeben hätte und somit kein Kredit möglich gewesen wäre, mußte eine niedrigere Deckungsgrenze (z.B.: 30 oder 40 Prozent) festgelegt werden. Die Höhe spielt im Endeffekt keine Rolle, wichtig ist nur, daß sie vollkommen unveränderlich ist. Bei einer 40-Prozent-Deckungsgrenze kann die Bank neben der Gold-(Geld-)Menge maximal 60 Prozent an Geld als Kredite bereitstellen. Die Deckungsgrenze von x Prozent bezeichnet man in der Fachliteratur auch oft als »goldene Bremse«. Durch sie war in der Regel immer ausreichend Geld vorhanden. Bis zum Ersten Weltkrieg 1914–1918.

Die Jahre ab 1918 wurden durch Hyperinflationen, Reparationszahlungen und wild fluktuierende freie Wechselkurse gekennzeichnet. Die Rückkehr zum weltweiten Goldstandard war zwar beabsichtigt, scheiterte aber in der Konferenz von Genua 1922 am Widerstand der Briten, die als Kriegsgewinner den völlig unrealistischen englischen Paritätskurs aus den Vorkriegsjahren beibehielten und ihr Pfund nicht abwerteten. Im Alleingang führte England 1926 unter Schatzkanzler Churchill den Goldstandard dann doch wieder ein. Allerdings versäumte man, die Parität und den Kurs den aktuellen Erfordernissen anzupassen. Das Resultat war eine massive Wirtschaftskrise, Streiks und beinahe ein Volksaufstand.

Viele Länder, besonders die USA, hielten sich nicht an die Spielregeln des Goldautomatismus. Die Vereinigten Staaten besaßen in den Jahren 1920/22 zirka 70 Prozent aller Weltgoldreserven. Das in die USA zufließende Gold (Zahlungen von Kriegsmaterial, Fluchtgold, ...) wurde für den Geldumlauf unwirksam gemacht. Man nannte das »Sterilisieren des Goldes«. Andernfalls hätten die USA nach den Regeln des Goldstandards für das Gold entsprechendes zusätzliches Geld ausgeben müssen. Das hätte in Amerika zu einer Hyperinflation geführt. Die wirtschaftlich vernünftige Selbstdisziplin, das umlaufende Geld (notfalls durch Nullzins) so auszuweiten, daß sich die Zahlungs- und damit die Goldströme wieder umgekehrt hätten, fehlte vollkommen.

Und Deutschland? Die Siegermächte verlangten, daß die gewaltigen Reparationen in Gold bezahlt würden. Das wäre aber nur bei einer aktiven Handelsbilanz möglich gewesen. Das kann man unter anderem der bekannten Abhandlung des englischen Nationalökonomen John Maynard Keynes »How to pay for the War?« entnehmen, der ein entschiedener Gegner der Reparationsforderungen war. Die USA und alle anderen Siegermächte verhinderten jedoch eine Erholung Deutschlands. Damit war es hoffnungslos verloren. Deutschland mußte Kredite (»goldgedeckte Anleihen«) aufnehmen, um die Reparationen bezahlen zu können, die im Dawes- und Young-Plan festgeschrieben waren. Eine Zeitlang funktionierte das sogar, und so konnte das Deutsche Reich vorübergehend eine Art Goldstandard aufweisen. Gleichzeitig schlitterte es immer tiefer in die Krise. Die Folge waren eine hohe Dauerarbeitslosigkeit und schließlich 1930 die Reichstagsauflösung. Ausländische Gläubiger zogen kurzfristige Kredite zurück. Was mit einem Liquiditäts-Engpaß begann, führte zum großen Bankenkrach. Das Deutsche Reich stellte seine Zahlungen in Gold ans Ausland ein. Es kam zur Wirtschaftskrise und letztendlich zur Berufung Adolf Hitlers zum Reichskanzler.

Ein wesentlicher Grund, weshalb in den Zwanzigern der erneute Versuch zur generellen Einführung des Goldstandards scheiterte, ist nach Meinung vieler Fachleute die Hortung von Gold durch die amerikanische Notenbank gewesen. Mit dem Austritt der USA aus dem Goldstandard im Jahre 1932 brach das System endgültig zusammen. Unabhängig davon häuften die USA seit Beginn des Ersten Weltkriegs bis Mitte der 1930er Jahre den größten Goldschatz aller Zeiten an (ca. 14 000 Tonnen). In den Jahren 1929–1934 verzeichneten die Goldaktien Kursanstiege bis zu siebenhundert Prozent. Am Höhepunkt der Weltwirtschaftskrise verbot der amerikanische Präsident Franklin D. Roosevelt für alle amerikanischen Staatsbürger im In- und Ausland den Besitz von Gold per Gesetz. Die Beschlagnahmung des Goldes wurde am 5. April 1933 rechtskräftig. Sie betraf sämtliche Goldmünzen, Goldbarren und Goldzertifikate, die bis zum 1. Mai 1933 bei der (privaten) Zentralbank *Federal Reserve* (wir kennen sie bereits zu Genüge) abgegeben werden mußten. Bei Zuwiderhandlungen drohten Haftstrafen von bis zu 10 Jahren oder/und bis zu 10 000 US-Dollar Strafe, damals eine Menge Geld. Bei freiwilliger Abgabe erhielten die US-Bürger für ihr Gold eine minimale Zwangsentschädigung. Für »illegales« Gold, das bei den rüde und rigide durchgeführten staatlichen Durchsuchungen gefunden wurde, gab es keine Entschädigung. Es wurde wie Diebesgut konfisziert. Das Goldverbot für US-Bürger war fast 40 Jahre gültig. Die USA sind immer noch der größte Goldhorter der Welt. Sie verkaufen seit Jahren kein Gramm des wertvollen Materials.

Zum dritten und vorläufig letzten Versuch, eine Art Goldstandard einzuführen, kam es gegen Ende des Zweiten Weltkrieges. Noch während die Schlachten an allen Fronten tobten, entwarfen amerikanische und englische Ökonomen 1944 im amerikanischen Bretton Woods, Bundesstaat New Hampshire, die Grundlage für eine neue Währungsordnung nach dem Krieg. Britischer Verhandlungsführer war John Maynard Keynes, der mit seinen Theorien die »New Deal«-Politik Roosevelts vorbereitet hatte. Das Grundkonzept der neuen Ordnung war ähnlich wie im Abkommen von Genua 1922: der Gold-Exchange-Standard. Leitwährung sollten aber nicht mehr das britische Pfund *und* der amerikanische Dollar sein, sondern — den neuen Machtverhältnissen entsprechend — *nur noch* der US-Dollar. Er sollte künftig anderen Ländern anstelle von Gold als Währungsreserve dienen. Die USA verpflichteten sich, den Wert des Dollars zu halten und unbegrenzt Gold zu 35 Dollar je Unze zu kaufen oder zu verkaufen. Diese Verpflichtung bezog sich jedoch nur auf ausländische Notenbanken und galt nicht gegenüber US-Bürgern oder anderen Privatpersonen. Gleichzeitig sollten die Wechselkurse fixiert werden. Zum Schutze des Fixkurssystems von Bretton Woods bildeten die wichtigsten Zentralbanken (auch die der Schweiz, obwohl Nichtmitglied) einen Goldpool, der den Preis mit besagten 35 Dollar pro Feinunze festschrieb. Um das Funktionieren des Systems zu gewährleisten, wurden der IWF und die Weltbank als Überwachungsinstanzen ins Leben gerufen sowie das GATT-Abkommen, um den freien Handel ohne Wenn und Aber durchzusetzen.

Nach Einschätzung von Fachleuten hätte dieses System funktionieren können, wenn es den USA nicht erlaubt hätte, Geld »aus dem Nichts« zu schaffen, es zu investieren, zu spenden und auszuleihen. Und wenn die USA ihre Zahlungsbilanzdefizite in Grenzen gehalten hätten — was aber nicht der Fall war. Die Vormachtstellung der USA, eine Reservewährung selbst zu erzeugen, ging so lange gut, wie diese eine disziplinierte Geldpolitik betrieben und die übrige Welt den Dollar als »so gut wie Gold« betrachtete. Die USA machten jedoch reichlich von der Möglichkeit Gebrauch, im Handel mit anderen Ländern mehr auszugeben als einzunehmen. Solide Waren gegen bedrucktes Papier (Dollars), das war ja auch zu verlockend.

Ab den 1960er Jahren begannen die Amerikaner über ihre Verhältnisse zu leben. Die Anfangsgründe dafür waren das von Johnson initiierte, ebenso erfolglose wie teure »New Society«-Programm zur allgemeinen Gleichstellung und die gewaltigen Defizite des Vietnamkrieges. *Besonders* die Defizite des Vietnamkrieges. Damals wurde die Welt mit Dollars geradezu überschwemmt, die hemmungs- und vor allem deckungslos gedruckt wurden. Die Verkäufer in aller Welt, die den USA Güter und Dienstleistungen für den Vietnamkrieg lieferten, erhielten dafür Dollars, die bald nur noch halb so viel wert sein sollten. Als die USA fortfuhren, auf Teufel komm raus Dollars (aus dem Nichts) zu produzieren und damit die weltweite Inflation anheizten, begann das Vertrauen in die Härte des Dollars zu schwinden. Die Dollar-Reserven aller nichtamerikanischen

Zentralbanken überstiegen die US-Goldreserven bei weitem. Die USA waren theoretisch gesehen bankrott. Es war daher absehbar, daß die Vereinigten Staaten über kurz oder lang ihre Verpflichtung aufheben würden — um nicht zu sagen mußten —, Dollars gegen Gold einzutauschen. Es gab zwar Hindernisse, beispielsweise Kennedy, der den Goldstandard beibehalten wollte, aber sie konnten offensichtlich aus dem Weg geräumt werden.

Am 15. August 1971 stoppte der damalige US-Präsident Richard Nixon die Eintauschbarkeit von Dollars in Gold. Bretton Woods endete. Die USA brachen ihre Verpflichtung, Dollar-Scheine jederzeit in Gold einzulösen. Der Dollar sank auf weniger als die Hälfte seines Wertes. Die Dollar-Inhaber waren die Gelackmeierten. Manche meinen, daß es in nicht allzu langer Zeit abermals zu einer Abwertung des Dollars kommen wird, die sich gewaschen hat, aber noch sind wir beim vergangenen Platzen der Dollarblase. 1973 wurde das Bretton-Woods-System vom System flexibler Wechselkurse ohne Bindung an Dollar und Gold abgelöst. 1976 empfahl der IWF seinen Mitgliedern die Aufhebung der Goldbindung der Währungen. Aus einem fixen Maßstab (Gold vor 1914) war endgültig ein Maßstab mit beliebig verstellbarer Skala geworden.

Gemessen am (Gold-)Stand von 1913 behielt überhaupt keine Währung ihren Wert. Der US-Dollar hat seit 1913 rund 99 Prozent eingebüßt. Ein Dollar von 1945 ist heute in Kaufkraft gemessen noch etwa 7–8 Cent wert. Allein seit 1987 hat er 46 Prozent an Wert verloren. Erinnern Sie sich, welche Summen in Wildwestfilmen zur Sprache kommen? Fünf Dollar für eine Kuh oder ein Pferd, 100 Dollar Kaufpreis für eine kleine Farm, usw. Franc und Yen gelten weniger als ein Hundertstel. Die deutsche Währung ist seither schon zweimal (1922 und 1948) in kürzester Zeit auf Null gesunken. Selbst der harte Schweizer Franken hat heute nicht einmal mehr einen Drittel des Wertes von damals. Einen Goldstandard beziehungsweise eine teilweise Deckung des staatlichen Geldes durch Gold gibt es heute weltweit nicht mehr. Einige Länder besitzen zwar Goldreserven, diese stehen jedoch in keinerlei Beziehung und auch nicht im Verhältnis zur jeweiligen Landeswährung. All das hat eine gravierende Langzeitwirkung.

Heute entsprechen nur zwei Prozent aller Devisentransaktionen einem realen Austausch von Gütern und Dienstleistungen, 98 Prozent sind spekulativ. In den siebziger Jahren des vorigen Jahrhunderts lag das tägliche Volumen der Devisentransaktionen bei 20 bis 30 Milliarden US-Dollar. Heute rasen weltweit jeden Tag zwei Billionen (zweitausend Milliarden) US-Dollar um die Welt, Tendenz weiter steigend. Die Instabilität unseres heutigen Währungssystems erkennt man auch an den Zahlen der OECD und der Weltbank: In den vergangenen über 30 Jahren hat es Währungskrisen in 87 Ländern gegeben. Die Krisen in Mexiko 1995, in Asien 1997, in Rußland 1998, in Ecuador 1999 oder in Argentinien 2001/2002 sind nur die ersten Schwankungen des weltweiten Kartenhauses aus »wertlosen« Geldscheinen, das nach Ansicht von Fachleuten überhaupt nicht hätte errichtet werden müssen. Desinformationen, Halbwahrheiten und die Gleichgültigkeit der Bevölkerung haben die Schaffung des heute alles beherrschenden Systems möglich gemacht. Mit ihm konnte und kann man viel leichter betrügen, manipulieren und verfälschen als vordem. Hierdurch wurde das 20. Jahrhundert im Gegensatz zum 19. ein Jahrhundert der Inflation, der Hyperinflation, der Spekulationswellen, der Währungs- und Handelskriege, zu denen auch die beiden Weltkriege gehören, wie manche meinen. Es ist das Schicksal von Papierwährungen, daß sie früher oder später auf ihren inneren Wert zurückgehen, nämlich auf Null.

Die Geschichte lehrt uns, daß »unnatürliche« Systeme keine Überlebenschance besitzen. Leider interessiert die Geschichte niemanden, wie bei vielen anderen Themen auch, denn sonst würde die Menschheit aus der Geschichte lernen. Wie so oft, findet sie auch hier keine Schüler. Wie schon ein bissiges Sprichwort sagt: Das Einzige, was man aus der Geschichte lernt, ist, daß man nichts aus der Geschichte lernt.

Damit wieder zurück in die Gegenwart, deren nicht länger goldene Wurzeln zum besseren Verständnis der Vorgänge hinter der Weltbühne freigelegt werden mußten.

Der Kriegsgott frei von goldenen Fesseln

Laut Medienmeldungen sagte US-Präsident Bush in einer Rede am 7. August 2002: »Wir wissen nicht, wie viele Kriege es braucht, um den Frieden in der Heimat zu sichern« (im Original: There is no telling how many wars it will take to secure freedom in the homeland). Für Desillusionierte war das eine klare Ankündigung, daß es nicht nur zum in der Zwischenzeit durchgezogenen Krieg gegen den Irak kommen würde, sondern zu vielen anderen Kriegen rund um den Globus. Bush hat zudem nicht definiert, wann ein Krieg gewonnen ist und wann nicht, was im Klartext bedeuten könnte, daß diese Kriege endlos weitergehen sollen.

Fachleute haben eine simple Antwort auf die naheliegende Frage, wer denn nun eigentlich für die Kriege bezahlt, die von den (bankrotten) USA unter den hehrsten Mottos unaufhörlich geführt werden. Sie lautet: Wir alle. Das war schon beim Vietnamkrieg so. Über die Weltinflation, die via Dollarflut zur raschen Abwertung anderer Währungen führte, haben wir mitbezahlt. Diese Kriege führten und führen immer zur Kaufkraftvernichtung der Währungen.

Wäre die Welt auf einem Goldstandard, könnte Amerika gar keine Kriege führen. Warum? Weil sie dann mit Gold bezahlen müßten. Gold ist die Bremse. Diese Bremse würde disziplinieren, sofern sie vorhanden wäre. Die schrittweise Abschaffung des Goldstandards ging Hand in Hand mit dem Aufbau eines gigantischen Schuldenberges — praktisch überall auf der Welt. Die USA hatten 2001 total 27 Billionen Dollar (27 000 Milliarden Dollar) Schulden und die Welt insgesamt etwa 70 Billionen Dollar. Ein Großteil wird nicht einmal mehr verzinst, geschweige denn je zurückbezahlt.

Wie man verschiedenen Informationsquellen entnehmen kann, erklärte der Schweizer Banker Ferdinand Lips aus Zürich bei der 10. Tagung »Mut zur Ethik, Humanismus am Scheideweg«, die vom 30. August bis 1. September 2002 im österreichischen Feldkirch stattfand, warum eine mit Edelmetall gedeckte Währung Kriege und Verschuldungsorgien — die ihrerseits wieder zu Kriegen führen — automatisch verhindert. Der 1931 in der Schweiz geborene Lips ist nicht irgendwer, sondern eine angesehene und respektierte Persönlichkeit im Bereich des Geld- und Goldhandels. Er war Mitgründer der Rothschild-Bank in Zürich. 1987 eröffnete er, ebenfalls in Zürich, mit der *Bank Lips AG* seine eigene Bank. 1998 zog er sich aus dem Bankgeschäft zurück. Heute sitzt er im Vorstand verschiedener Firmen, darunter afrikanische Goldminenfirmen. Außerdem verwaltet er die *Foundation for the Advancement of Monetary Education* (FAME) in New York. Dort wurde auch sein brisantes Buch »Gold Wars, The Battle Against Sound Money As Seen From A Swiss Perspective« (2001, 304 Seiten, ISBN 0-9710380-0-7) herausgegeben, in dem er entschieden für die Wiedereinführung des Goldstandards eintritt. In Feldkirch drückte er in verständlicher Sprache aus, wie sehr Geld und Gold, besser gesagt die Kontrolle darüber, das Schicksal von Millionen Menschen bestimmt haben und immer noch bestimmen. Wie berichtet wird, sagte er unter anderem:

»Bald nach Beginn des Ersten Weltkrieges kam aber der Moment, wo die Welt zum Geldbetrug überging. Politischer Druck, den Krieg mit Anleihen zu finanzieren, machte eine gesunde Währungspolitik unmöglich und führten zum Ruin der Währungen. Und zu einem Krieg, der schließlich vier Jahre dauerte. Alles fiel in Schutt und Asche, und eine

Generation von jungen, hoffnungsvollen Menschen blieb auf den Schlachtfeldern liegen.

Die Ergebnisse des Ersten Weltkrieges bedeuteten gleichzeitig den Untergang der alten Welt. Lesen Sie nach im Buch von Stefan Zweig ›Die Welt von Gestern‹. Es zeigt, wie die Welt damals aussah und wie grausam sie heute ist. Da wir uns hier in Österreich befinden, sollten wir uns daran erinnern, was das k.u.k.-Reich alles darstellte und bedeutete und wie geordnet die Verhältnisse in West-, Mittel- und Osteuropa damals waren. Etwas vom dümmsten, was in der Geschichte je passierte, war die Zerschlagung des k.u.k.-Reiches und alles, was damit zusammenhing.

Die Kriegsfinanzierung hat vor allem Deutschland ruiniert, das damals das blühendste Land war. Die Reichsbank finanzierte einen großen Teil der Ausgaben des Ersten Weltkrieges kurzfristig, das heißt nicht mit langfristigen ›War Loans‹ wie die Engländer. Diese Tatsache plus Versailles und unzumutbare Reparationszahlungen führten dann zur Hyperinflation, Vernichtung des Bürgertums, zu Hitler und schufen damit die Grundlage für den Zweiten Weltkrieg.

Die Rückkehr zum Goldstandard nach dem Ersten Weltkrieg war eine beschlossene Sache. Aber es fehlten die Kraft und die Weisheit von Seiten der Regierenden. Auf der Konferenz von Genua im Jahr 1922 wurde der Gold-Devisen-Standard eingeführt. Beachten Sie, liebe Zuhörer, nicht der Goldstandard wurde wieder eingeführt, sondern der Gold-*Devisen*-Standard. Das heißt, neben Gold konnten die Nationalbanken nun auch Dollar und Pfund, die Siegerwährungen, als Reserven benutzen. Dollar und Pfund waren plötzlich gleich wie Gold, und dies war inflationär. Es war inflationär, weil diese Dollars und Pfund nun zweimal gezählt wurden, erstens im Land, das sie ausgab, und zweitens im Land, das sie als Reserven benutzte. Ferner hätte jeder wissen müssen, daß auch diese Währungen keineswegs vor Kaufkraftverlusten sicher waren. Sie konnten deshalb kein allgemein gültiger und bleibender Maßstab sein. Gold behielt immer seinen Wert, die Währungen nicht.

Es ist heute allgemein anerkannt, daß die damals eingetretene Kreditschöpfung der Grund für die wilde Immobilien- und Aktienspekulation der 1920er Jahre war. Und ihr Zusammenbruch war verantwortlich für die Krise der 1930er Jahre. (Genauso wie die heutige Börsenkrise auf die Kreditschöpfung der letzten 20 Jahre sowie auf das Fehlen der Disziplin des Goldstandards zurückzuführen ist.)

Als die Goldwährung aufgeben wurde, gab es als letzten Damm nur noch die Zentralbanken, sofern sie eine gewisse Unabhängigkeit behalten konnten. Wir wissen seither aus bitterer Erfahrung, wie es um die Zentralbanken, diesen sogenannten Hort der Stabilität steht. Ein hervorragendes Beispiel dafür ist die *U.S. Federal Reserve.* 1913, noch vor dem Ersten Weltkrieg, kam es zu dieser verhängnisvollen Gründung. Seither ist der Dollar auf ungefähr ein Prozent seines damaligen Wertes gefallen. Mit der Unabhängigkeit der Notenbanken war es meist nie weit her. Sie wurden überall zu willfährigen Instrumenten der Regierungen. Und gerade die Zentralbanken sind es, welche zusammen mit dem Bankensystem durch die Kreditschöpfung im heutigen Nicht-System die Kriegsfinanzierung ermöglichen können. Es gibt eben keine Bremse mehr.

Die Welt hatte nichts gelernt. Am Ende des Zweiten Weltkrieges wurde die Einführung des Gold-Dollar-Standards beschlossen. Ein Resultat war die Inflation der 1970er Jahre.

Ich bitte Sie, auf die Feinheiten zu achten: Vom Goldstandard ging man nach dem Ersten Weltkrieg zum Gold-*Devisen*-Standard mit Pfund und Dollar über. Nach dem Zweiten Weltkrieg ging man zum Gold-*Dollar*-Standard über. Inzwischen hatte bekanntlich das Pfund seine frühere Bedeutung verloren, und nur noch der Dollar war jetzt neben dem Gold gültige Reservewährung. Ein Zeichen für die zunehmende wirtschaftliche Macht der USA. Die in Bretton Woods geschaffene Ordnung gab nun den USA das furchtbare Monopol, ihre Schulden mit Papier zu begleichen, das sie selbst bedruckt hatten. Einer solchen Versuchung hätte wohl niemand widerstehen können. Als diese Ordnung am 15. August 1971 zusammenbrach, ging man zum System der flexiblen Wechselkurse über. Die Schleusen für eine Geld- und Kreditschöpfung, für Defizitwirtschaft und Spekulation ohnegleichen waren endgültig geöffnet, um nie mehr geschlossen zu werden.«

In den 1930er Jahren waren die USA ein Gläubigerland. Heute sind sie ein Schuldnerland von astronomischen Ausmaßen. Gar nicht zu sprechen von der katastrophalen Handelsbilanz, deren Defizit sich im Jahr um die 500 bis 700 Milliarden Dollar bewegt, soweit man konkrete Zahlen auch nur annähernd — wenn überhaupt — erfährt. Trotzdem führen die USA fortwährend Kriege und bezahlen sie mit ihrem Papiergeld ohne Dekkung. Zyniker meinen, sozusagen mit »Falschgeld«, das sie selbst drukken. Seit dem denkwürdigen Jahr 1971 wird es von jedermann akzeptiert. Damit lebt die ganze Welt zum ersten Mal in der Geschichte mit einem Papiergeldsystem ohne Deckung.

Der bereits erwähnte Schweizer Autor und Soziologe Professor Dr. Jean Ziegler sagte bei einem Kongreß laut Protokoll auszugsweise:

»Heute haben wir wieder eine Weltordnung, die den Interessen der Mehrheit diametral gegenübersteht. Der kapitalistische Produktionsprozeß hat seit 1991 alles übernommen ... Es gab dazu drei de-facto-Paradigmenwechsel. *Der Erste Paradigmenwechsel*: Eine rasante Multinationalisation. *Der Zweite Paradigmenwechsel:* Die Technologische Revolution schuf einen einzigen globalen Cyberspace. Damit war eine synchron überschaubare Globalsituation entstanden und ein globales Führen de facto möglich geworden. *Der Dritte Paradigmenwechsel:* Das Finanzkapital hat sich autonomisiert. Eine rasante Oligarchisierung des Finanzkapitals findet statt. Die Finanzkapitalleute haben heute de facto eine Art Weltherrschaft, sie sind sowohl vernetzt, bekämpfen sich aber auch gegenseitig. Es ist eine relativ kleine Gruppe, deren Moral — man kann sagen seit der Ermordung von Allende 1973 — darin besteht, das System zu erhalten ... Fazit: Der Dritte Weltkrieg hat schon begonnen für die Dritte Welt — denn es werden ihre Immunkräfte zerstört ... Dieser Neoliberalismus hat zu einem Gladiatorensystem geführt, das tatsächlich das Ende der Zivilisation (die Schweiz ist dabei auch ›eingekocht‹) bedeuten könnte ... Der Widerstand heute ist ein Widerstand in letzter Minute — sonst sind die Menschenrechte weg, und die europäische Zivilisation weg!«

Mit diesem düsteren Resümee sind wir bereits in den Niederungen von heute und blicken einer nahen Zukunft entgegen, die von »Dunkelmächten« mit Bedacht, Geduld und Ausdauer in die Wege geleitet worden sein soll; zumindest wenn man Verschwörungsfreunden glauben will. Auf jeden Fall aber einer Zukunft, in der nach Meinung vieler Experten Völkerwanderungen, wirtschaftlicher Ruin in nie gekannten Ausmaßen und schließlich der totale Untergang der Zivilisation ins Haus stehen. Damit erhebt sich die Fragen aller Fragen: Wie wird es, wie *kann* es weitergehen? Was haben die geheimen Mächte im Hintergrund für die Menschheit in petto? Und was können wir dagegen tun, wenn überhaupt?

Teil V:

Das entscheidende Millennium

Wie geht es weiter?

»Der erste Schritt zur Weisheit ist die Erkenntnis, daß die großen zivilisatorischen Fortschritte Prozesse sind, die die Gesellschaften, die davon betroffen sind, so gut wie zerstören.«
Alfred North Whitehead

Visionen und Erwartungen

Jeder uns bekannte historische Zyklus durchläuft Phasen. Wollen wir beispielsweise den Hindus glauben, so leben wir im Todeskampf des »Kali Yuga«, dem letzten und degeneriertesten Stadium eines immer wiederkehrenden Zyklus, in dem die Menschheit langsam vom Licht zur Dunkelheit absteigen. Nach Vorstellung der antiken Griechen wären wir im abendlichen Zwielicht eines Zeitalters, das sie das »eiserne« nannten, und nach dem ein neues goldenes Zeitalter winken soll (davon ist allerdings wenig zu erkennen). Betrachtet man die Lage der Menschheit und der von ihr geschundenen Fauna und Flora, dürfte klar sein: Wie immer man die Endzeit auch nennt, wir sind dort angekommen. Der Kalender der alten Mayas, der geheimnisvollsten Kultur des prä-kolumbianischen Amerika, reicht Millionen von Jahre in die Vergangenheit zurück — und endet am 2. Dezember 2012 abrupt. Finis total?

Allen düsteren Aussichten zum Trotz sprechen die meisten Prophezeiungen davon, daß ein Jahrtausend der Weisheit und des Lichts bevorsteht. Allerdings, und das klingt schon viel realistischer, werden der Erde in diesem Übergangsprozeß schreckliche Katastrophen prophezeit, so daß das Überleben der Menschheit keineswegs gesichert ist.

Für viele steht auch ohne Bezug auf alte Mythen fest, daß es auf keinen Fall mehr lange *so* weitergehen kann. Sie argumentieren: Die bisherige Geschichte der Menschheit ist eine Kette von Untergang und Wiederauferstehung. Ganze Kulturen verurteilen sich selbst zum Untergang, weil sie unmoralisch und verkommen sind, ausschließlich auf momentane Lustbefriedigung konzentriert, was immer man jeweils darunter versteht. Maßlose Vergnügungssucht treibt die Bevölkerung zu Praktiken, die zur Auflösung der Gesellschaft führen. Daß unsere sogenannte Zivilisation seit Jahren durch Drogen, Exzesse, Entsolidarisierung, Zerstörung der Familie, Gewaltorgien, unwillige Verbrechensbekämpfung etc. im Zerfall begriffen ist, dürfte kein Geheimnis sein. Darum ist immer öfter von einem »diabolischen zwanzigsten Jahrhundert« die Rede. Sie gipfelt in der Aussage von besonders desillusionierten Zynikern, der Teufel hätte mittlerweile ganz offen die Herrschaft übernommen.

Wenn der Niedergang unübersehbar wird, kann manchmal eine gute Führung die Bevölkerung dazu bringen, ihr selbstmörderisches Verhalten zu bremsen. Es kann eine Persönlichkeit wie Jesus, Washington, Gandhi oder Kennedy auftauchen, die das Land vielleicht noch rechtzeitig veranlaßt, das Beste in sich wiederzuerwecken, bevor alles den Bach hinuntergegangen ist. Die Bevölkerung hört auf sie und rettet sich vor dem Untergang. Oft aber auch nicht. Darum sind die Strände der Geschichte und Vorgeschichte übersät mit Überresten von untergegangenen Zivilisationen. Manche mögen nicht überlebt haben, weil es niemanden gab, der sie aus ihrer selbstverschuldeten Zerstörung führen konnte, andere weil sie schlicht unrettbar verloren waren. Oder — auf die Situation der Welt von heute bezogen — weil es vielleicht »Dunkelmächte« gab oder gibt, Kräfte, die auf eine »Neue Ordnung« durch und nach dem Chaos hinarbeiten. Es ist nämlich eine Tatsache, daß »die Leute« in Krisenzeiten regelrecht nach einer Diktatur rufen. Zum einen aus der instinktiven Anschauung heraus, daß Diskussionen oder Abstimmungen nicht das Richtige sind, wenn der Hut brennt, und zum anderen weil der Mensch offenbar von seinem genetischen Make-up her ein führungsbedürftiges Lebewesen ist. Wer nicht glauben will, daß »mündige Demokraten« sich willig herumkommandieren lassen oder sogar in großer Zahl bereit sind, Unmenschlichkeiten zu begehen, wenn jemand die Verantwortung übernimmt, den weise ich auf das »Milgram-Experiment« oder auf »die

Welle« hin (Ausführliches und Entlarvendes dazu in meinem e-book »Zukunftsfalle — Zukunftschance« unter www.readersplanet.de/Sachbücher). Selbst das an sich harmlose »Diktat der Mode« entlarvt den Homo sapiens gnadenlos als Herdenvieh.

Kurzum: Das unleugbare Verlangen der Massen nach harter Autorität ist nach vielfach geäußerter Meinung der Grund dafür, daß Krisen absichtlich geschaffen werden. Die ultimate Krise, die nach nicht weniger als nach einer Weltregierung verlangen würde, wäre logischerweise der Weltbürgerkrieg, den manche heraufdämmern sehen.

Da immer mehr Zeitgenossen sich von allen Seiten bedrängt fühlen, der Politik nicht länger vertrauen und die Wissenschaft schon lange nicht mehr verstehen, wenden sie sich von der Ratio ab. Statt dessen greifen sie zunehmend nach den unterschiedlichsten Rettungsankern, die ihnen von den Propheten eines »Neuen Zeitalters« (neudeutsch »New Age«) in Aussicht gestellt werden, die seit Jahren stetig mehr Beachtung finden. Viele der Visionen von künftiger Herrlichkeit sind allerdings von schmerzhafter Gebrechlichkeit. Beispielsweise die von der Intervention von Aliens, die sogar für das Entstehen der Gattung Mensch verantwortlich sein sollen, oder eine andere vom Eingreifen von verborgenen Überlebenden von Atlantis (dieser These fühle ich in meinem Buch »GEHEIMSACHE ZUKUNFT. Von Atlantis zur hohlen Erde« auf den Zahn).

Stark verbreitet ist die Vorstellung, die kommende Apokalypse würde eine reinigende Erfahrung sein, die zur Entwicklung einer höheren Gattung Mensch führt. Die meisten New-Age-Anhänger haben irgendwann in ihrem Leben eine Art von persönlicher Verwandlung erfahren und glauben, wenn nur genügend Menschen ihrem Beispiel folgen, dann werde sich das Angesicht der ganzen Erde zum Positiven verwandeln. Allerdings gibt es keinen Konsens darüber, wie diese Verwandlung vor sich gehen soll und wie die Welt danach aussehen wird. Die vagen Visionen von einer allgemeinen Bewußtseinsveränderung verschleiern die verschiedenen Vorstellungen, die man sich von der Mechanik der Veränderung und von der »Neuen Welt« macht.

Auch wenn die Palette des New Age eine unglaubliche Vielfalt der unterschiedlichsten Konzepte umfaßt, von denen manche sogar heftig miteinander kollidieren, so gibt es doch einen gemeinsamen Nenner: Sie alle propagieren eine Endzeit, in der die Welt vor dem Neubeginn im Chaos versinkt. Ob vom Okkultismus, von den Kulturen Indiens, Chinas oder des prä-kolumbianischen Amerika beeinflußt, die eigentliche Inspiration des New Age ist der Glaube an das Werden einer vollkommenen neuen Welt nach einer Zeit der Prüfung. Mit anderen Worten: *die klassi-*

sche Apokalypse. Alle charakteristischen Züge apokalyptischen Denkens sind vorhanden. Es gibt eine obsessive Beschäftigung mit Prophetie in ihren verschiedensten Formen und das Gefühl, daß eine Krise naht, in der sich die Gegensätze zwischen Gut und Böse noch weiter zuspitzen. Dieser Glaube kann derart stark werden, daß mit dem großen Umbruch unmittelbar gerechnet wird. Anhänger können von dieser Erwartung so überwältigt sein, daß sie alle gesellschaftlichen und rechtlichen Normen ablehnen oder sich von ihrem weltlichen Besitz trennen. Manche begehen sogar Selbstmord, wie die Mitglieder der »Havens Gate«-Sekte, die sich 1997 in körperloser Form zu dem unsichtbaren Raumschiff begeben wollten, das nach ihrer Ansicht im Schweif des Kometen Hale Bopp verborgen war.

Darüber, daß die neue Welt — wie immer sie zustande kommt — den Gipfelpunkt der menschlichen Geschichte darstellt, herrscht absolute Einigkeit bei Vertretern aller Strömungen. Viele neigen dazu, die kommende Welt als eine zu sehen, in der die Menschheit durch die vergangenen leidvollen Erfahrungen genug Weisheit erworben haben wird, um sich von Kriegen und all den anderen Gemetzeln abzukehren, die bislang die Geschichte ausgemacht haben. Wie die meisten Idealvorstellungen hat auch diese einen Pferdefuß: Bevor sie Wirklichkeit werden kann, wird die Menschheit dramatische Umwälzungen erleben, in denen die alten Gesellschaftsstrukturen zerstört werden, kein Stein auf dem anderen bleibt und der Großteil der wuchernden Menschheit ins Gras beißen dürfte (sofern dann überhaupt noch ein solches vorhanden ist). Angesichts eines ungebremsten »ewigen« Wirtschafts-, Zinseszins-, Umweltvernichtungs-, Abfall- und Bevölkerungswachstums ist das auch für Nicht-New-Age-Anhänger eine vorhersehbare Konsequenz, auch wenn es heutzutage nicht »korrekt« ist, darüber zu sprechen.

Die gängigen Zukunftsvisionen des New Age vertreten normalerweise eine milde Spielart der Apokalypse. Bis auf wenige Ausnahmen enthalten sie keine Szenarien jener Grausamkeit, die mit den realen Umbrüchen auf unserem geschundenen Globus einhergehen dürften, der von immer mehr ernsthaften Kritikern als todkrank und moribund betrachtet wird. Oft ist das zu erwartende Gewalttätige dadurch verhüllt, daß riesige Zerstörungen und Massensterben eher dem Wirken der Natur — vor allem Erdbeben und Fluten — zugeschrieben werden als kriegerischen Auseinandersetzungen, Hungerkatastrophen oder »von Hand« verübten Massakern wie dem von 1994 in Ruanda, als in wenigen Wochen rund eine Million Menschen ohne Bomben und Granaten, nur mit Macheten, massakriert wurden. Im New Age ist von Blutvergießen kaum die Rede. Milliarden verlieren ihren »grobstofflichen« Körper ohne nähere Beschreibung der erwartungsgemäß damit verbundenen Abscheulichkeiten.

Auch ohne Ausrottungsphantasien nachzuhängen, müßte jedem denkenden Menschen klar sein, daß ein gewaltloser Übergang in ein goldenes Zeitalter auf einem Planeten wohl kaum möglich sein dürfte, auf dem der industrialisierte Teil ewiges Ressourcenvernichten, Umweltzerstören und Dreckproduzieren zum Dogma erklärt hat, während gleichzeitig Jahr für Jahr über hundert Millionen zusätzliche Esser in den Selbstbedienungsladen Erde drängen.

Nach diesem kurzen Streifzug durch die in vielen Ländern weit verbreitete Stimmungslage wie auch durch die Realität, wollen wir uns fragen: Wie sieht die Sache denn *wirklich* aus?

Apokalypse Now ...

Die warnenden Zeichen sind unübersehbar, daß »Gaia«, der lebende Organismus Erde, dazu ansetzt, sich für die Unbill zu rächen, die ihm ununterbrochen zugefügt wird. Umweltverschmutzung, enthemmtes Wirtschaftswachstum und vor allem die diese Erscheinungen hervorrufende Überbevölkerung weisen auf die Erfüllung düsterer Prognosen hin, von denen manche schon recht angejahrt sind. So warnte bereits der englische Nationalökonom, Pfarrer und Historiker Thomas Robert Malthus (1766–1834) vor dem Problem der Überbevölkerung. Er machte hauptsächlich die sich schnell vermehrende Arbeiterklasse dafür verantwortlich. Auf ihn geht der zynische Satz zurück, daß die Nahrungsmittelproduktion arithmetisch und die Bevölkerung geometrisch wächst. Ein Satz, bei dem der Faktor Wasser, das man bekanntlich nicht vermehren *kann*, gar nicht berücksichtigt wird, und den auch die effektivsten Anbaumethoden bis dato nicht ad absurdum führen konnten. (Mit dieser Problematik setzte ich mich in mehreren Büchern eingehend auseinander; siehe meine Homepage www.farkas.at).

Viele politische Denker der zweiten Hälfte des 20. Jahrhunderts oder des beginnenden einundzwanzigsten fühlten und fühlen sich hin- und hergerissen zwischen der intellektuellen Zuversicht auf einen immer rascheren Fortschritt und der Angst, daß die menschliche Dummheit die Zivilisation zugrunde richtet und den Erdball gleich mit. Anders als z. B. die fundamentalistischen Christen haben sie keine Zukunftsvorstellung entworfen, in der die Herrlichkeit *und* die Katastrophe nebeneinander existieren können. Deshalb neigen sie dazu, zwischen beiden Extremen zu schwanken. Wer könnte sie dafür tadeln in einer Welt, deren Vernichtung seit 1945 konkret möglich wurde und immer noch ist?

Die Erfindung der Atombombe am Ende des Zweiten Weltkrieges verwandelte die Vorstellung der Apokalypse von einem überlieferten Gemälde des Jüngsten Gerichts, das nur Gläubigen zugänglich war, in eine reale Möglichkeit, die jeder verstand. Die Atombombenabwürfe der USA auf Hiroshima und Nagasaki verliehen den schwülstigen biblischen Endzeitprophezeiungen über »Feuer vom Himmel« Substanz. Als die Gefahr eines Atomkriegs gegen Ende der 1980er Jahre (scheinbar!) nachließ, wurde das Vakuum sofort von Ängsten vor einer Mega-Katastrophe ausgefüllt, die zwar subtiler und heimtückischer ist, wohl aber von vergleichbarer Größenordnung. Die Werkzeuge der Zerstörung sind diesmal Umweltvernichtung, Artentod, Verschmutzung, globale Erwärmung und das Ozonloch.

Umweltfanatiker stellen das Publikum vor die Alternative: entweder Vernichtung der Menschheit durch eine zornige Erde oder Errichtung eines postindustriellen Utopia, das viele als unverhohlene Öko-Diktatur betrachten. Damit unterscheiden sie sich nicht wirklich von den »Eine-Welt'lern«, für die die Rettung der Menschheit im bindungslosen Weltbürgertum besteht oder von den Globalisten, die »eine Welt«, bestehend aus Konsumenten, auf ihre Fahnen geschrieben haben. Da genau diese »eine Welt« der Globalisierer im Entstehen zu sein scheint — wenn auch mit mäßiger Begeisterung der einzelnen Völker, die aber nicht gefragt werden —, so macht sich die Überzeugung immer mehr breit, weitsichtige Machtgruppen würden seit längerem auf eine de facto-Weltregierung hinarbeiten. Daß es dabei nicht ganz ohne Zwangsmaßnahmen gehen dürfte, scheint einer der berühmtesten Pazifisten schon vor Jahrzehnten erkannt zu haben.

... oder Friede auf Erden?

In der November-Ausgabe des »Atlantic Monthly« von 1945 veröffentlichte Albert Einstein einen später immer wieder abgedruckten Aufruf. Darin schlug er vor, die USA, Großbritannien und Rußland sollten die Verfassung für eine Weltregierung beschließen und dann ihre gemeinsame Macht einsetzen, um sie in die Praxis umzusetzen. Die kleinen Nationen sollten eingeladen werden, sich dieser neuen Gesellschaft anzuschließen. Zwei Jahre später schrieb Einstein in einem offenen Brief an die Vollversammlung der Vereinten Nationen, die UNO sei nur »ein

Übergang zum endgültigen Ziel, nämlich zur Errichtung einer übernationalen Autorität mit genügend legislativer und exekutiver Macht, um den Frieden zu sichern«.

Sergeij Wawilow, A. N. Semjonow und andere führende Mitglieder der sowjetischen Akademie der Wissenschaften antworteten ihrerseits mit einem offenen Brief in der Moskauer Zeitschrift »New Times«. Sie meinten, Einstein spiele unwissentlich in die Hände der westlichen Monopolkapitalisten, die bereits jetzt die nationalen Regierungen kontrollieren und »räuberischen Appetit« auf den Rest der Welt entwickeln.

Betrachtet man die heutigen Gegebenheiten in der Welt, so könnte man den Eindruck bekommen, daß Einsteins Aufruf, wie auch die Argumente seiner Kritiker, kurz davor stehen, gemeinsam wahr zu werden: Eine Weltregierung »Made in USA« mit der UNO als zahnlosem Schoßhund. Da damit weder der von Einstein erhoffte und geforderte allgemeine Friede noch ein besseres Leben für die überwiegende Mehrzahl der Erdenbürger verbunden ist, halten immer mehr der zwangsglobalisierten Zeitgenossen Ausschau nach einem Ausweg.

Ein Ausweg — aber mit blutigen Füssen

Bestandsaufnahme

»Was ich von der westlichen
Zivilisation halte? Eine gute Idee.«
Mahatma Gandhi

Der Umstand, daß die Aktionen der offiziellen US-Elite schon lange nicht mehr im Einklang mit den Ursprüngen der amerikanischen Tradition stehen, die der Bevölkerung heilig ist, läßt nicht nur Verschwörungsfreunde im (ehemals) freiesten Land der Erde verborgene »wahre Machthaber« vermuten. Und er provoziert manche zu provokanten Fragen: Wer trifft die global wichtigen Entscheidungen? Wer sind die Mächte, die die Politik kontrollieren und die Globalisierung betreiben?

Die Antworten fallen nicht weniger provokant aus: Das Kapital, die internationalen Banken, die großen Fonds, die Multis, sie bestimmen die Politik, nicht Parlamente und Regierungen. Führende Politiker werden von Finanzkreisen regelrecht eingesetzt, und zwar nicht erst in unseren

Tagen. Daß die legendären Fugger Kaiser und Könige »gemacht« haben, ist bekannt. Ebenso bekannt ist die Tatsache, daß Karl der Große — Schöpfer des alten Groß-Europa, dem viele nachweinen — vom Papst zum Kaiser über das »Heilige Römische Reich Deutscher Nation« gekrönt wurde. So gut wie *nicht* bekannt ist hingegen, daß reiche Kaufleute jener Zeit es waren, die die Entscheidung getroffen haben, daß unter allen königlichen Kandidaten die Wahl auf Karl fallen sollte.

Angesichts all dessen, was schon sehr lange im Gang sein könnte und derzeit auf seine tumultöse Vollendung zuzustreben scheint, fragt sich eine wachsende Zahl von Menschen: Ist es unvermeidlich, daß die Zivilisation sich selbst abschafft (oder von »Dunkelmächten« abgeschafft wird, wenn man Verschwörungsargumenten folgen will)? Gibt es vielleicht doch noch einen Ausweg in letzter Sekunde? Wagemutige Experten meinen: »prinzipiell ja« und fügen hinzu: »Schmerzfrei wäre er allerdings nicht. Für keinen von uns«.

Worauf die Experten mit dieser kryptischen Aussage hinweisen, ist eines der wohlgehüteten Geheimnisse der »Neuen Weltordnung«, die in Wirklichkeit so neu gar nicht ist. Die Rede ist von dem Umstand, daß die anderen Nationen die USA vom Thron stürzen und die tödliche Amerikanisierung der Erde verhindern könnten, wenn sie sich zum Sturz des Dollar-Standards zusammentun würden, der den nicht-amerikanischen »Rest der Welt« zur Selbstausbeutung zwingt. Nur — man fürchtet sich aus verständlichen Gründen davor, das zu tun. Die Tatsache, daß just die Staaten Irak, Iran und Nordkorea, die nicht länger willens waren, in Dollars zu fakturieren, sondern ihre Geschäfte statt dessen lieber in Euro bzw. in Gold abwickeln wollten, postwendend zu Schurkenstaaten und zur »Achse des Bösen« mutiert sind, von der der erstgenannte Staat bereits in Grund und Boden gebombt wurde, spricht wohl Bände und muß nicht näher erläutert werden.

Furcht kann aber bekanntlich zu einer Flucht nach vorn führen. Je mehr sich die USA als Weltbedrohung gebärden, die Ökosphäre malträtieren, Land um Land diffamieren und anschließend disziplinieren, um so eher dürfte sich verzweifelter Widerstand regen. Und tatsächlich: die Kühnsten der Kühnen unter den Experten fordern nicht mehr und nicht weniger als die Beachtung des Völkerrechts, das Ende der Dollarhegemonie, die Abschaffung der Globalisierung (und damit von WTO, IWF, Weltbank, usw.), sowie — als Gipfelpunkt des Tabubruchs — die Rückkehr zum protektionistischen Modell souveräner Nationalstaaten. Schlußendlich könnte also genau das eine Renaissance erleben, was die USA seit Jahren bei allen anderen Staaten Stück für Stück beseitigt haben und in nächster Zeit endgültig zu Grabe tragen wollen: die nationale Souveränität.

»Re-Nationalisierung« — das klingt nach den Jahrzehnten der Verteufelung nach etwas Radikalem, politisch völlig Unkorrektem. Allein schon der Begriff ist für viele verdächtig, nachgerade uneinsichtig, ewig gestrig, usw. Trotzdem fordern Fachleute genau das, selbst auf die Gefahr hin, in eine bestimmte Ecke gestellt zu werden, in der postwendend alle landen, die unbequeme Ansichten äußern. Sie argumentieren, daß die derzeitige Auflösung der nationalen Souveränität, verbunden mit wachsenden Transferzahlungen an immer mehr Mitglieder in der EU, die Brachialenteignung der Völker durch die Liquidierung der Versorgungsaufgaben des Staates (Stichwort GATS) und durch den »Diebstahl von Volksvermögen«, wie manche die Privatisierung von Staatseigentum mittlerweile offen nennen, sowie andere Globalisierungsgrausamkeiten auf gar nicht so lange Sicht dazu führen werden, daß alle weniger haben — woraufhin Aufruhr zu erwarten ist. Re-Nationalisierung ist für manche die einzige Lösung zur Erhaltung von Wohlstand und Demokratie. Nicht schrankenloser Freihandel, der alle über einen Kamm schert und gleichzeitig der Massenbilligproduktion Wettbewerbsvorteile gegenüber der Qualität einräumt, Monopole schafft und jede Eigenständigkeit zerstampft, bringt ihrer Ansicht nach Wohlstand, sondern nur eine vernünftige Autarkie. Allein die Rückkehr zum Sozialstaat anstelle des im Entstehen begriffenen globalen Raubtierstaates kann den heraufdämmernden Weltbürgerkrieg vermeiden; zurück zu einer Staatsform, wie wir Europäer sie kennen und in einer jahrhundertelangen blutigen Entwicklung mühsam geschaffen haben.

Manche Philosophen und Wirtschaftsfachleute betrachten es heute als einzige Überlebenschance, Nationalstaaten zu schaffen und zu erhalten, wie sie für das 19. Jahrhundert kennzeichnend waren. Nationalstaaten, die im Innern so geordnet sind wie funktionierende Familien. Und weil — so wird vermutet — funktionierende Staaten genau wie funktionierende Familien geheimen Weltenlenkern und Strippenziehern ein Dorn im Auge sind, soll ja auch die »klassische Familie« für obsolet erklärt und auf eine Stufe mit gleichgeschlechtlichen oder sonstwie beliebigen Lebensgemeinschaften gesetzt werden (wenn möglich, sogar noch darunter).

Eine erschreckende Bestandsaufnahme und kühne Vorschläge. Letztere widersprechen von der Theorie bis zum Beistrich der zum Popanz erhobenen »offenen Gesellschaft«. Da jeder Zweifel an ihren versprochenen Segnungen heute einem Sakrileg gleichkommt, ist mit heftigem Widerstand zu rechnen. Wagen wir's trotzdem.

Trugbild »offene Gesellschaft«

Der Begriff »offene Gesellschaft« erweist sich bei logischer Betrachtung augenblicklich als Widerspruch in sich und als reine Propaganda, auch wenn sein Erfinder, Sir Karl Popper, unzweifelhaft nur das Beste unter diesem Terminus zusammenfassen wollte.

Eine Gesellschaft kann aus reinem Sachzwang heraus nicht »offen« sein. Egal, ob es sich um eine Familie, einen Stamm, ein Volk, eine Firma, einen Klub, eine Glaubensgemeinschaft oder einen Staat handelt, stets hätte man augenblicklich Probleme, würde man ernsthaft versuchen, »offen« zu sein. Man kann sich beispielsweise wohl kaum eine »offene« Familie vorstellen, in die man nicht hineingeboren, durch Heirat oder durch Adoption aufgenommen wird, sondern in der man sich einfach selbst zum Familienmitglied deklariert. Eine Religionsgemeinschaft steht auch nur jenen offen, die getauft oder auf andere Weise beigetreten sind, und sie behält sich sehr rigide vor, wer ihr angehören *darf*. Noch skurriler würde sich der »offene Betrieb« darstellen, in den man einfach hineinspaziert und feststellt: »Hier bin ich, ich will jetzt hier arbeiten.« Da würden sich Millionen Arbeitslose aber freuen!

Kurzum: jede Gesellschaft — vom Staat bis zum Hamsterzüchter-Verein — kann überhaupt nur dadurch bestehen, daß sie sich gegen andere abgrenzt, sich »schließt« und sich auf den Kreis ihrer Mitglieder beschränkt. Viele Fachleute sind der Ansicht, daß durch »Schließung« sogar das Arbeitslosenproblem in einer globalisierten Welt gelöst würde. Einer Welt, auf der in manchen Ländern die Arbeit »billiger ist als Dreck«. Andere haben für die Endstufe der hochgejubelten »offenen Gesellschaft« nur ein Wort: Anarchie.

Fünf Minuten vor Zwölf

Der Menschheitszug kann nur durch ein weltweites Übereinkommen zwischen *autonomen* Nationalstaaten gerade noch vor dem Abgrund zum Stehen gebracht werden, darüber sind sich immer mehr Experten einig. Um das zu erreichen, gibt es ihrer Ansicht nach nur einen einzigen, alles entscheidenden Ansatzpunkt: das leidige Geld. Nicht umsonst, so argumentieren Verschwörungsfreunde, war und ist den »Dunkelmächten« die Finanzkontrolle so wichtig als Instrument bei der Realisierung ihres »Fahrplans zur Weltherrschaft«. Kritische Geister, die kein Blatt vor den Mund nehmen, finden, »die stinkende Kloake des weltweiten Zentralbank-Finanzsystems« müßte einem Konkursverfahren unterzogen werden. Nach dem solchermaßen Ordnung hergestellt würde, sollte man zu einem Währungssystem kommen, in dem nicht länger mit dem Blick auf die furchterregende US-Militärmaschinerie Waren gegen wertlose grüne Lappen mit Dollarzeichen geliefert werden. Erste zaghafte Schritte in dieses mehr kalte Wasser sind schon gesetzt worden.

Die wachsende Sorge, daß die US-Regierung die Völker der Welt in einen permanenten Krieg treiben könnte, um den von ihr verursachten globalen finanzwirtschaftlichen Kollaps zu exportieren, hat eine Reihe asiatischer Staaten veranlaßt, koordinierte Schutzmaßnahmen vorzubereiten. Eine davon ist der Vorschlag eines goldgedeckten Dinars, um den Dollar als Handelswährung zwischen diesen Nationen zu ersetzen; eine Maßnahme, die den IWF aufs höchste alarmiert hat und die das nicht zu unterschätzende Risiko in sich birgt, daß die beteiligten Nationen nunmehr zu »Schurkenstaaten« deklariert werden. Wie weit die Gedanken in Richtung eines sogenannten »Golddinars« trotzdem bereits gediehen sind, geht aus der (in Europa und den USA nach Kräften unterdrückten) Rede hervor, die Malaysias Premierminister Mahathir als Gastgeber eines Seminars Ende Oktober 2002 in Kuala Lumpur gehalten hat. Allein schon der Titel des von hochrangigen Vertretern islamischer Staaten besuchten Seminars »Der Golddinar im internationalen Handel« muß in den Vorstandsetagen von IWF und Weltbank Panikstimmung ausgelöst haben, zumal das bereits die zweite größere Veranstaltung zu diesem Thema war.

Die Verwirklichung eines Golddinars als Verrechnungseinheit bei Auslandsgeschäften zwischen islamischen Staaten ist noch nicht entschieden, wird aber von vielen Regierungen ernsthaft diskutiert. Irans Zentralbankchef Bijan Latif hat die Einrichtung eines Sekretariats in Malaysia zur Koordinierung der Entwicklung der Politik des Golddinars vorgeschlagen. Um Wirkung zu zeigen, muß der Umbau des Finanzsystems allerdings im Weltmaßstab geschehen. Und das geht wiederum nur mit souveränen Nationalstaaten.

Es liegt auf der Hand, daß solche Konzepte den sogenannten »Dunkelmächten«, die nach den Verschwörungstheoretikern von den USA aus weltweit die Fäden ziehen und die ganze Erde einsacken wollen, überhaupt nicht in ihre Langzeitpläne passen können. Die Gretchenfrage ist somit, ob es gelingen kann, die beschriebene Gegenentwicklung in Gang zu setzen. Oder anders gefragt: ob die etwaigen verborgenen Herren der Welt dieser Entwicklung wohlwollend und tatenlos zusehen werden. Wie die Geschichte zeigt, ist das wohl kaum zu erwarten. Immerhin wurden gewaltige Kriege geführt, um das derzeit gängige System zu etablieren und aufrechtzuerhalten. Besonders Mißtrauische gehen sogar so weit, die Vermutung zu äußern, die beiden Weltkriege hätten den geheimen Sinn gehabt, den Weg für die Globalisierung von heute freizumachen. So weit wollen wir nicht gehen, wohl aber so weit, trotz allem auf ein Wunder in letzter Sekunde zu hoffen. Mit dem Rücken zur Wand, kann der Homo sapiens nämlich in einer Weise über sich hinauswachsen, die kein anderes Tier zu Wege bringt, und damit vielleicht das Steuer fünf Minuten vor zwölf herumreißen. Vielleicht sogar fünf Minuten *nach* zwölf. Allen Gewalten zum Trotz …

Menschsein als Bollwerk gegen den Untergang

Arthur Schopenhauer sagte, der Mensch unterscheide sich vom Tier nur durch seinen aufrechten Gang und seinen schlechten Charakter. Biologen meinen, der Mensch unterscheide sich vom Tier gar nicht, weil er nichts anderes ist als ein hoch entwickeltes Säugetier. Zyniker sind eingedenk von Konzentrationslagern oder Robbenschlächtereien der Ansicht, die makabre Einzigartigkeit des Menschen bestünde darin, daß er ein Mörder und Folterer ist. An all dem ist unleugbar etwas dran. Trotzdem besitzen wir etwas, das »Bruder Tier« nicht aufweisen kann: Vernunft — auch wenn wir selten Gebrauch davon machen.

Das einzige Band zwischen allen Vertretern der Gattung Homo sapiens, das ethnische, nationale, kulturelle und ideologische Grenzen übersteigt, ist die verbindende Tatsache, daß wir durch unsere kognitiven Fähigkeiten in der Lage sind, universell gültige Prinzipien zu erkennen und weiterzuvermitteln. Wir sind die einzige Spezies, die in der Lage ist, die Welt anhand solcher Prinzipien zu verändern. Wir sind einzigartig, und wir sind alle gleich, weil wir alle gemeinsam diese Eigenschaft besitzen.

Aufgrund dieser kognitiven Qualitäten ist unsereins zu Dingen in der Lage, die kein Affe schaffen kann. Wir sind fähig, Naturgesetze und deren Nutzung zu entdecken und an die nachfolgenden Generationen weiterzuvermitteln. So hat die Menschheit ein riesiges Wissen von immer mehr Prinzipien angesammelt. So haben wir überlebt, unseren Wohlstand gesteigert und unsere Lebenserwartung erhöht. Dazu ist selbst der klügste Primat nicht in der Lage. Sicher kann ein Tier lernen. Wir erleben das bei Delphinen, Hunden oder bei Schimpansen, die ihrem Nachwuchs beibringen können, was sie selbst gelernt haben. Aber sie können keine

Naturgesetze erkennen oder Prinzipien der Kunst aufstellen. Also können sie all das, was wir als Fortschritt bezeichnen, auch nicht von einer Generation an die nächste weitergeben und auf diesem Weg das Verhalten der Gesellschaft so verändern, daß sich die Lebensbedingungen zukünftiger Generationen verbessern. Alles das können die uns unterlegenen anderen Tiere nicht. Darum sind sie sowohl den Launen der Natur ausgeliefert wie denen des sogenannten Homo sapiens. Wir sind zwar auch nicht die Herren über die Natur, aber wir können ihr doch ins Handwerk pfuschen, im Guten wie im Schlechten. Und wir sind — zumindestens theoretisch — in der Lage, unsere Situation zu erkennen und vielleicht sogar zum Besseren zu wenden.

Immer mehr Menschen hoffen laut oder insgeheim auf eine Rückbesinnung zu »nicht mehr zeitgemäßen« Werten und Konzepten, so daß wir schließlich zu »einer Welt« kommen, die gänzlich anders beschaffen ist als die der »One World'ler« und Globalisten. Eine Familie von Nationen, in der verwirklicht werden kann, was es bedeutet, ein Mensch zu sein: das einzige Geschöpf auf unserer Erde, dessen Natur es gestattet, sich und seine Umwelt positiv zu verändern. Im 19. Jahrhundert stand man kurz davor. Im 21. Jahrhundert hoffen manche auf eine Fortsetzung jener Entwicklung, die durch das unglaublich barbarische 20. Jahrhundert blutig unterbrochen worden ist.

Die Überlebensfrage der Menschheit scheint für nicht wenige Zeitgenossen auf einen Nenner gebracht zu lauten: »Wird es gelingen, den schrankenlosen Freß-Kapitalismus aus der menschlichen Gesellschaft zu beseitigen, bevor die ›Dunkelmächte‹ durch ihn die geordnete Gesellschaft beseitigt und ihre ›One World‹ geschaffen haben, die man wahrscheinlich eher ›One Slum‹ nennen sollte?« Wenn wir das verstanden haben, können wir unseren beklagenswerten Planeten wieder auf Vordermann bringen. Die Zeit wird das Urteil sprechen, und zwar schon bald. Es liegt an jedem einzelnen von uns …

Bibliographie und weiterführende Literatur

Dies ist ein um Vollständigkeit bemühtes Buch. Sämtliche herangezogenen Werke sollen die Bandbreite der Verschwörungstheorien möglichst umfassend darstellen. Es liegt in der Natur der Sache, daß einige wenige der herangezogenen Quellen vielleicht als unseriös und bedenklich angesehen werden könnten, im Extremfall sogar versteckte Vorurteile und Verleumdungen enthalten mögen. Keiner dieser zurückzuweisenden Gedankengänge wurde in mein Buch übernommen, Zweifelhaftes wurde als solches deklariert. Der überwiegende Großteil der Quellen erfüllt alle Anforderungen an seriöses Quellenmaterial. Es geht nicht um weltanschaulich gefärbte Interpretationen oder dubiose Ahnungen, sondern um ernsthafte Auseinandersetzung mit Strittigem. Das von mir Angeführte ist von mir nach bestem Wissen recherchiert worden und sollte von jedermann nachgeprüft werden können.

Abrahams Eddie: *The New Warlords — From the Gulf War to the Recolonisation of the Middle East* (London 1994)

Adams James Truslow: *The Epic of America* (New York 1931)

Adler Manfred: *Die Söhne der Finsternis* (Jestetten 1994)

Ahmed Nafeez M.: *Geheimsache 09/11* (München 2003)

Allen Gary: *Die Insider* (Wiesbaden 1980)

Allen Gary: *Die Rockefeller-Papiere* (Wiesbaden 1978)

Ambros Hans: *Die nächsten 40 Jahre* (Wien 1993)

Arendt Hannah: *Elemente und Ursprünge totaler Herrschaft* (München 1986)

Atkinson Rick: *Crusade — The Untold Story of the Gulf War* (London 1994)

Baden Dr. Michael M./Adler Hennessee Judith: *Unnatural Death. Confessions of a Medical Examiner* (New York 1989)

Bagwell Tyler E.: *Images of America: The Jeckyll Island Club* (Charlston 1998)

Balsinger David/Sellier Charles: *The Lincoln Conspiracy* (Los Angeles 1977)

Bamford James: *NSA. Die Anatomie des mächtigsten Geheimdienstes der Welt* (München 2001)

Barnes Harry Elmer.: *The Genesis of War* (New York 1926)

Barnes Harry Elmer: *Entlarvte Heuchelei* (Wiesbaden 1961)

Barth von Wehrenalp Erwin: *Man sollte es nicht für möglich halten — Unglaubliches aus der Weltgeschichte* (Düsseldorf 1988)

Bastian Til: *55 Gründe mit den USA nicht solidarisch zu sein und schon gar nicht bedingungslos* (Zürich 2002)

Bernsdorf Graf: *Deutschland und Amerika* (Berlin 1920)

Blackburn Robin: *The Making of New World Slavery* (London 1997)

Blackwood Peter: *Die Netzwerke der Insider* (Leonberg 1986)

Blakey Robert G.: *The Plot to Kill the President* (New York 1981)

Blumenthal Sid/Yazitian Harvey: *Government by Gunplay* (New York 1976)

Borges Guiseppe Antonia: *Foundations of the World Republic* (Chicago 1953)

Boveri Margret: *Der Verrat im XX. Jahrhundert* (Hamburg 1956)

Bowart Walter: *Operation Mind Control* (New York 1978)

Braun Karl Otto: *Pearl Harbor in neuer Sicht — Wie F. D. Roosevelt die USA in den Zweiten Weltkrieg führte* (Frankfurt 1986)
Bresheeth Haim/Yuval-Davis Nira: *The Gulf War and the New World Order* (New Jersey 1991)
Brzezinski Zbigniew: *The Great Chessboard* (New York 1997)
Brzezinski Zbigniew: *The Geostrategic Triad* (Washington 2001)
Brisard Jean-Charles/Dasquié Guillaume: *Die verbotene Wahrheit. Die Verstrickung der USA mit Osama bin Laden* (Zürich 2002)
Bröckers Mathias: *Verschwörungen, Verschwörungstheorien und die Geheimnisse des 11.9.* (Frankfurt 2002)
Bröckers Mathias/Hauß Andreas: *Fakten, Fälschungen und die unterdrückten Beweise des 11.9.* (Frankfurt 2003)
Bruhn Jürgen: *Schlachtfeld Europa oder Amerikas letztes Gefecht: Gewalt und Wirtschaftsimperialismus in der US-Außenpolitik seit 1840* (Bonn 1983)
Buchanan Pat: *A Republic, not an Empire, revised Edition* (New York 2002)
Buchanan Pat: *The Death of the West* (New York 2002)
Buchanan Thomas G.: *Das Rätsel von Dallas oder Auf den Spuren der Mörder* (Hamburg 1964)
Bülow Andreas von: *Im Namen des Staates. CIA, BND und die kriminellen Machenschaften der Geheimdienste* (München 1998)
Calder Ritchie: *After the Seventh Day — The World Man Created* (New York 1961)
Carmin E.R.: *Fünf Minuten vor Orwell* (Zürich 1979)
Carmin E.R.: *Guru Hitler* (Zürich 1984)
Carmin E.R.: *Das schwarze Reich* (München 1997)
Carr William Guy: *The Conspiracy to Destroy All Existing Governments and Religions* (Metaire 1960)
Casey William: *The Secret War Against Hitler* (New York 1988)
Cernin Rudolf: *Vom Liberalismus zur Anarchie. Dem Sturz ins Chaos begegnen!* (Graz 2002)
Chamberlain Nevill Houston: *Die Grundlagen des 19. Jahrhunderts I und II* (München 1906)
Chomsky Noam: *Necessary Illusion: Thought Control in Democratic Societies* (New York 1988)
Chomsky Noam: *Deterring Democracy* (London 1992)
Chomsky Noam: *What Uncle Sam really wants* (New York 1992)
Chomsky Noam: *Profit over People* (Hamburg 2000)
Chomsky Noam: *War against People* (Hamburg 2001)
Chomsky Noam: *People Without Rights. Kosovo, Ost-Timor und der Westen* (Hamburg 2002)
Chomsky Noam: *The Attack. Hintergründe und Folgen* (Hamburg 2002)
Chomsky Noam: *Media Control* (Hamburg 2003)
Chomsky Noam/Beinin Joel/Emery Michael/Zinn Howard/Hulet Craig: *Die Neue Weltordnung und der Golfkrieg* (Grafenau 1992)
Chossudovsky Michael: *Global Brutal. Der entfesselte Welthandel, die Armut, der Krieg* (Frankfurt 2002)
Clair David St.: *The Psychic World of California* (New York 1972)
Clark Ramsey: *Wüstensturm. US-Kriegsverbrechen am Golf* (Göttingen 1995)
Clausewitz Carl von: *Vom Kriege* (Reinbek bei 1963)
Cleaver Eldridge: *Waco: Bill Clinton's Bay of Pig's* (New York 1993)
Cohn Norman: *Das Ringen um das Tausendjährige Reich* (München 1961)

Cohn Norman: *Cosmos, Chaos and the World to come* (New Haven 1993)
Coleman Dr. John (Dok.): *Conspirators Hierarchy* (Carson City 1989)
Constantine Alex: *Psychic Dictatorship in the U.S.A* (Portland 1995)
Conte Corti Egon de: *Die Blütezeit des Hauses Rothschild* (Berlin 1928)
Conte Corti Egon de: *Der Aufstieg des Hauses Rothschild* (Berlin 1953)
Corino Karl (Hrsg.): *Gefälscht* (Nördlingen 1988)
Crenshaw Dr. Charles/Hansen Jens/Shaw Gary: *JFK — Conspiracy of Silence* (New York 1992)
Cuppy Will: *How to become Extinct* (New York 1946)
DeGard Leo H.: *Wer plant den 3. Weltkrieg?* (Rottenburg 2002)
Demeney Paul: *A Perspective on Long-Term Populations Growth* (New York 1984)
Deschner Karlheinz: *Der Moloch. Eine kritische Geschichte der USA* (München 1992)
Deyo Stan: *The Cosmic Conspiracy* (South Pasadena 1989)
dos Passos John: *Mr. Wilson's War* (New York 1962)
Doucet Friedrich W.: *Im Banne des Mythos* (Esslingen 1979)
Drucker Peter F.: *The new Realities* (London 1990)
Eggert W.: *Out of the Blue?* (München 2001)
Engdahl F. William: *Mit der Ölwaffe zur Weltmacht* (Wiesbaden-Nordenstadt 1992)
Epperson Ralph A.: *The Unseen Hand* (Stelle 1981)
Eschbach Andreas: *Eine Billion Dollar* (Bergisch-Gladbach 2001)
Fargo Ladislaus: *Codebrecher am Werk — Trotzdem kam es zu Pearl Harbor* (Frankfurt 1967)
Farkas Viktor: *Wer beherrscht die Welt?* (Wien 1997)
Farkas Viktor: *Zukunftsfalle. Zukunftschance* (Frankfurt 2000)
Farkas Viktor: *Geheime Bünde & Verschwörungen* (Wien 2001)
Farkas Viktor: *Geheimsache Zukunft. Von Atlantis in die hohle Erde* (Peiting 2002)
Farkas Viktor: *Vertuscht* (Marktoberdorf 2002)
Ferguson Marilyn: *The Aquarian Conspiracy* (London 1981)
Fernau Joachim: *Halleluja. Die Geschichte der USA* (München 1977)
Fey B. Sidney: *Origin of the World War* (New York 1931)
Fishlok David: *Man Modified* (London 1969)
Flammonde Paris: *The Kennedy Conspiracy* (New York 1969)
Foerster Heinz von/Poerksen Bernhard: *Die Wahrheit ist die Erfindung eines Lügners* (Heidelberg 1998)
Forbes B.O.: *Men Who are Making America* (New York 1922)
Ford Franklin L.: *Der politische Mord* (Hamburg 1990)
Fox Sylvan: *The Unanswered Questions about President Kennedy's Assassination* (New York 1967)
Friedman Alan: *Spider's Web — The secret history of how the White House illegally armed Iraq* (New York 1993)
Fuchs Stefan (Hrsg.): *Die Hypermacht USA in Nahaufnahme* (Hamburg 2003)
Fuller Buckminster Richard: *Grunch — Raubzug der Giganten* (Wiesbaden 1985)
Garrison Jim: *Wer erschoß John F. Kennedy?* (Bergisch Gladbach 1992)
Geheimbünde und Verschwörungen (Leipzig 1831)
Gobineau Graf Arthur de: *Über die Ungleichheit menschlicher Rassen* (Berlin 1855)
Gobineau Graf Arthur de: *Das Siebengestirn* (Leipzig 1908)
Gordon Thomas: *Journey into Madness, The True Story of CIA Mind Control and Medical Abuse* (New York 1989)
Greene Carol: *Mörder aus der Retorte* (Wiesbaden-Nordenstadt 1992)

Greider William: *The Secrets of the Temple — How the Federal Reserve Runs the Country* (New York 1989)
Griffin Edward D.: *Die Herrscher. Luzifers 5. Kolonne* (Vaduz 1980)
Griffin Edward D.: *Die Absteiger. Planet der Sklaven* (Wiesbaden 1981)
Griffin Edward D.: *The Creature from Jeckyll Island: A Second Look at the Federal Reserve* (New York 1998)
Griffin Edward D.: *Wer regiert die Welt?* (Vaduz 1986)
Groden Robert J./Livingstone Harrison Edward: *High Treason — The Assassination of President John F. Kennedy and the new Evidence of Conspiracy* (New York 1990)
Gruen Arno: *Der Wahnsinn der Normalität* (München 1987)
Habe Hans: *Der Tod in Texas* (München 1967)
Hannich Günter: *Börsenkrach und Weltwirtschaftskrise. Der Weg in den 3. Weltkrieg* (Rottenburg 2001)
Hannich Günter: *Wer in der Schuld ist, ist nicht frei* (Rottenburg 2001)
Harris Robert/Paxmann Jeremy: *A Higher Form of Killing: The Secret Story of Chemical and Biological Warfare* (New York 1982)
Heresch Elisabeth: *Geheimakte Parvus. Die gekaufte Revolution* (München 1998)
Herrholz Eduarde: *Die geheime Macht* (Bausendorf 1991)
Hippler Jochen: *Die Neue Weltordnung* (Hamburg 1991)
Hoar William B.: *Architects of Conspiracy: A Intriguing History* (Western Islands 1984)
Hoffmann II Michael A.: *Secret Societies and Psychological Warfare* (Lilburn 1991)
Holmes Donald: *System Sapiens — Die Verschwörung der Illuminaten* (München 1990)
Horx Matthias: *Trendbuch* (Düsseldorf 1993)
Howard Michael: *The Occult Conspiracy: Secret Societies — Their Influence and Power in World History* (Rochester 1989)
Hufschmid Eric: *Time for Painful Questions* (New York 2002)
Hunter James Davidson: *Culture Wars: The Struggle to define America* (Washington 1991)
Hunter Robert: *Revolution, Why, How, Where* (New York 1940)
Huxley Aldous: *Schöne Neue Welt* (Leipzig 1932)
Huxley Aldous: *Ape and Essence (London* 1936)
Huxley Aldous: *The Perennial Philosophy* (London 1958)
Huxley Aldous: *Dreißig Jahre danach oder Wiedersehen mit der wackeren Neuen Welt* (München 1960)
Huxley Aldous: *Die Pforten der Wahrnehmung* (München 1989)
Icke David: *Alice in Wonderland and the World Trade Disaster. Why the official Story of 9/11 is a monumental lie* (Ryde 2002)
Jasper William F.: *Global Tyranny ... Step by Step* (Western Islands 1992)
Jay Peter/Stewart Michael: *Apokalypse 2000 — Die Geschichte unserer Zukunft* (Düsseldorf 1988)
Jolly Allison: *The Evolution of Primate Behaviour* (New York 1972)
Jungk Robert: *Amerikas Macht und Ohnmacht* (Stuttgart 1952)
Kah Gary H.: *En Route to Global Occupation* (Lafayette 1991)
Kahn Mansur U.: *Die geheime Geschichte der amerikanischen Kriege - Verschwörung und Krieg in der US-Außenpolitik* (Tübingen 2003)
Kaplan Robert T.: *The Coming Anarchy* (Boston 1994)
Karl Jonathan: *The Right to Bear Arms — The Rise of America's New Militias* (New York 1995)
Keith Jim (Ed.): *Secret and Suppressed; Banned Ideas and Hidden History* (Portland 1993)

Keith Jim: *Strikeforce for the New World Order* (New Delhi 1994)
Keith Jim: *Mind Control World Control* (Illinois 1997)
Kemmerer E.W.: *ABC of the Federal Reserve System* (Princeton 1919)
Kennedy Paul: *Aufstieg und Fall der großen Mächte* (Frankfurt 1989)
Kennedy Paul: *In Vorbereitung auf das 21. Jahrhundert* (Frankfurt 1993)
Kevles Daniel J.: *In the Name of Eugenics* (New York 1985)
Kevles Daniel J./Hood Leroy (Hrsg.): *Der Supercode — Die genetische Karte des Menschen* (München 1993)
Kissinger Henry A.: *Memoiren in zwei Bänden* (München 1979, 1982)
Knaut H.: *Das Testament des Bösen* (Stuttgart 1979)
Knaur Kulwant: *US and the emerging New World Order* (New Delhi 1994)
Koch Egmont R./Sperber Jochen: *Die Datenmafia — Computerspionage und neue Informationskartelle* (Hamburg 1996)
Koestler Arthur: *The Roots of Coincidence* (London 1974)
Kolko Gabriel: *The Triumph of Conservatism* (Chicago 1967)
Kronberger Hans: *Blut für Öl. Der Kampf um die Ressourcen* (Wien 1998)
Kursbuch Verschwörungstheorien (Berlin 1996)
Kurtz Michael L.: *Crime of the Century* (Knoxville 1982)
Kurz Robert: *Weltordnungskrieg* (Bad Honnef 2003)
Lammer Helmut und Marion: *Schwarze Forschungen. Geheime Versuche unter Ausschluß der Öffentlichkeit* (München 1999)
Landolt Roman: *Das Spiel mit dem Feuer einer neuen Weltordnung* (Verax-V. 1999)
Lane Mark: *Rush to Judgement* (New York 1966)
Lane Mark: *Possible Denial* (New York 1991)
Lattimer Dr. John: *Kennedy and Lincoln* (New York 1980)
Launer Ekkehard (Hrsg.): *Zum Beispiel Osttimor* (Göttingen 1996)
Lay Rupert: *Die Macht der Unmoral oder: Die Implosion des Westens* (Düsseldorf 1993)
Leroux Penny: *In Banks We Trust* (Garden City 1984)
Lichtenfels Karl von: *Lexikon der Prophezeiungen* (München 2000)
Lietaer Bernard A.: *Das Geld der Zukunft. Über die destruktive Wirkung des existierenden Geldsystems und die Entwicklung von Komplementärwährungen* (München 1999)
Lifton David: *Disguise and Deception in the Assassination of John F. Kennedy* (New York 1988)
Löbsack Theo: *Die letzten Jahre der Menschheit* (Frankfurt 1992)
MacArthur John R.: *Die Schlacht der Lügen — Wie die USA den Golfkrieg verkauften* (München 1994)
Maler Juan: *Verschwörung* (Buenos Aires 1978)
Manvell/Fraenkel: *The Incomparable Crime. Mass Extermination in the 20. Century* (London 1967)
Marchetti Victor/Marks John D.: *The CIA and the Cult of Intelligence* (New York 1975)
Markhof Georg J.E.: *Der verspielte Wohlstand* (Graz 2000)
Marks John: *The CIA and Mind Control* (New York 1979)
Marrs Jim: *Crossfire* (New York 1988)
Martin Hans Peter/Schumann Harald: *Die Globalisierungsfalle* (Reinbek 1997)
Mayer Frederick: *Wahnsinn USA* (Wien, 1984)
McCoy Alfred W.: *The Politics of Heroin: CIA Complicity in the Global Drug Trade* (New York 1991)
McManus John F.: *The Insiders: Architects of the New World Order* (Appleton 1992)
McRae Hamish: *The World in 2020* (London 1995)

Meagher Syliva/Owens Gary: *Master Index to the J. F. K. Assassination Investigations* (Methuchen 1980)
Menzel Ulrich: *Das Elend der Dritten Welt und das Scheitern der großen Theorie* (Frankfurt 1992)
Meyssan Thierry: *Der 11. September 2001. Der inszenierte Terrorismus — Auftakt zum Weltbrand?* (2002)
Mikoletzky Hans Leo (Hrsg.): *Geschichte lebt* (Wien 1958)
Moench Doug/Stang Rev. Ivan: *The Big Book Of Conspiracies* (New York 1995)
Moore Michael: *Stupid White Men. Eine Abrechnung mit dem Amerika unter George W. Bush* (München 2001)
Morgenstern George: *Pearl Harbor 1941 — Eine amerikanische Katastrophe* (München 1998)
Morris Desmond: *Der Menschen-Zoo* (München 1969)
Mullins Eustace C./Bohlinger Roland: *Die Bankierverschwörung* (Struckum 1980)
Mullins Eustace C.: *The World Order* (Boring 1984)
Mullins Eustace C.: *Secrets of the Federal Reserve* (New York 1991)
Mullins Eustace C.: *Our Secret Rulers* (New York 1996)
Myers Bill: *The Secret Government* (Washington 1988)
Nelson-Pallmeyer Jack: *Brave New World Order — Must we pledge Allegiance?* (New York 1993)
Norden Albert: *So werden Kriege gemacht!* (Berlin 1968)
O'Grady Olivia: *The Beasts of the Apocalypse* (New York 1959)
Ogger Günter: *Kauf dir einen Kaiser* (München 1978)
Pakraduny T.: *Die Welt der geheimen Mächte* (Wiesbaden 1981)
Peccator H.: *Trümmer für den Feldherren* (Alsfeld 2001)
Pfeiffer Heinz: *Brüder des Schattens* (Zürich 1984)
Pipes Daniel: *Verschwörung* (München 1998)
Pizzo Stephen/Muolo Paul/Fricke Maryr: *The Looting of America's Savings and Loans* (New York 1989)
Ponsonby Arthur: *Lügen in Kriegszeiten* (Berlin 1930)
Popkin Richard H.: *The Second Oswald* (New York 1966)
Prause Gerhard: *Niemand hat Kolumbus ausgelacht — Fälschungen und Legenden der Geschichte richtiggestellt* (Düsseldorf 1986)
Proctor Hansl: *Years of Plunder* (New York 1935)
Prouty Leroy Fletcher: *The Secret Team — The CIA and its Allies in Control of the United States and the World* (N.J. 1973)
Prouty Leroy Fletcher: *The Guns of Dallas* (New York 1978)
Prouty Leroy Fletcher: *JFK — Der CIA, der Vietnamkrieg und der Mord an John F. Kennedy* (Wien 1992)
Pynchon Thomas: *Die Enden der Parabel* (Reinbek 1981)
Quigley Caroll: *Tragedy and Hope — A History of the World in our Time* (California 1994)
Raeithel Gert: *Geschichte der nordamerikanischen Kultur. 1600 bis 2002. In drei Bänden* (Frankfurt 2003)
Ranelagh John: *The Agency* (London 1986)
Reed Douglas: *Der große Plan der Anonymen* (Zürich 1952)
Reilly Philip R.: *The Surgical Solution: A History of Involuntary Sterilization in the United States* (Baltimore 1991)
Reisegger Gerhoch: *Wir werden schamlos irre geführt! Vom 11. September zum Irak-Krieg* (Thalheim 2003)

Réty Andreas von: *Die unsichtbare Macht. Hinter den Kulissen der Geheimgesellschaften* (Rottenburg 2002)
Ritter Manfred/Zeitler Klaus: *Armut durch Globalisierung — Wohlstand durch Regionalisierung* (Graz 2000)
Roberts J.M.: *The Mythology of Secret Societies* (New York 1972)
Robertson Pat: *The New World Order* (Dallas 1991)
Rodow B.: *Die USA und Japan bei der Vorbereitung und Entfesselung des Krieges im Stillen Ozean 1938–1941* (Berlin 1953)
Rorvik David: *As Man becomes Machine* (London 1979)
Roscoe Theodore: *The Web of Conspiracy: The Complete Story of the Man who Murdered Abraham Lincoln* (Englewood Cliffs 1960)
Roszak Theodore: *The Making of a Counter Culture* (New York 1968)
Roth Jürgen: *Die Mitternachtsregierung* (Hamburg 1990)
Rothbard Murray Newton: *The Case against the FED* (New York 1994)
Rowse Edward/Fish Lois: *Fundamentals of Advertising* (United States Armed Forces Institute, Washington 1943)
Sallinger Pierre/Laurent Eric: *Krieg am Golf. Das Geheimdossier* (Rottenburg 2003)
Sampson Anthony: *The Seven Sisters. The Great Oil Companies & The World they shaped* (New York 1978)
Scheflin Alan/Opton jr. Edward: *The Mind Manipulators* (London 1978)
Schmitt Carl: *Der Begriff des Politischen* (Berlin 1932/1996)
Schuster Georg: *Geheime Gesellschaften, Verbindungen und Orden* (Dreieich 1905)
Schwab Günther: *Der Tanz mit dem Teufel* (Hameln 1958)
Scott Ernest: *Die Geheimnisträger — Auf den Spuren der verborgenen Baumeister der Evolution* (München 1989)
Scott Peter Dale: *Deep Politics and the Death of JFK* (Berkeley 1993)
Sheflin/Opton jr.: *The Mind Manipulators* (London 1978)
Sklar Holly (Hrsg.): *Trilateralism — The Trilateral Commission and Elite Planning for World Management* (Boston 1980)
Smoot Dan: *The Invisible Government* (Boston 1965)
Snyder Ernst E.: *Todeskandidat Erde* (München 1972)
Stableford Brian/Langford David: *The Third Millenium* (London 1985)
Stein Conrad C.: *Die geheime Weltmacht* (Hamburg 2002)
Stinnett Robert B.: *Day of Deceit. The Truth About FDR und Pearl Harbor* (Carmichael 2001)
Stringfield Leonard H.: *Im Allerheiligsten der Geheimdienste und des U. S. Militärs* (Rottenburg 1996)
Sturdza Prince Michael: *The Suicide of Europe* (Boston 1968)
Summers Anthony: *Conspiracy* (New York 1989)
Sutton Anthony C.: *Roosevelt und die internationale Hochfinanz* (München 1975)
Sutton Anthony C: *America's Secret Establishment* (Billings 1986)
Tansill Charles Callan: *America Goes To War* (Boston 1938)
Taylor Gordon Rattray: *The Biological Timebomb* (London 1966)
Taylor Gordon Rattray: *The Doomsday Book* (London 1970)
Thielen Helmut (Hrsg.): *Der Krieg der Köpfe — Vom Golfkrieg zur Neuen Weltordnung* (Bad Honnef 1991)
Thompson Damian: *Das Ende der Zeiten* (München 1999)
Toffler Alvin: *Power Shift* (Aylesbury 1991)
Toland John: *Infamy — Pearl Harbor and its Aftermath* (New York 1992)
Tonybee Arnold: *Menschheit und Mutter Erde* (Düsseldorf 1979)

Valle Jacques: *The Invisible College* (New York 1975)
Vankin Jonathan/Whalen John: *The 60 Greatest Conspiracies of all Time* (Secaucus 1996)
Vankin Jonathan: *Conspiracies, Cover-Ups and Crimes — From Dallas to Waco* (Lilburn 1996)
Vennard V: *The Federal Reserve Hoax* (Washington 1963)
Wagemann Dr. Ernest: *Wo kommt das viele Geld her?* (Düsseldorf 1940)
Wallace William: *The Transformation of Western Europe* (London 1990)
Wallstreets Krieg — Die Weltkriegsinszenierung von Pearl Harbor (Münchzen 1956)
Watson Lyall: *Geheimes Wissen* (Frankfurt 1976)
Watzlawick Paul: *Wie wirklich ist die Wirklichkeit?* (München 1976)
Webster Nesta H.: *The Plot Against Civilisation* (London 1921)
Webster Nesta H.: *Secret Societies* (New York 1924)
Weiner Tim: *Blank Cheque — The Pentagon's Black Budget* (New York 1991)
Weiner Tim: *The CIA opens it's Safe* (New York 1993)
Wells H.G.: *The New World Order* (New York 1940)
White Theodore: *Der Präsident wird gemacht* (Köln-Berlin 1963)
Wie geschah es wirklich? Den Geheimnissen der Weltgeschichte auf der Spur (Stuttgart 1990)
Wilgus Neal: *The Illuminoids* (New York 1979)
Wilson Colin: *A Criminal History Of Mankind* (London 1986)
Wilson Robert Anton: *Das Lexikon der Verschwörungstheorien* (Frankfurt 2000)
Wise David/Ross Thomas B.: *The Invisible Government* (New York 1965)
World Population Prospects (United Nations, New York 1985-2002)
Yergin Daniel: *Der Preis. Die Jagd nach Öl, Geld und Macht* (Frankfurt 1991)
Ziegler Jean: *Die neuen Herrscher der Welt und ihre globalen Widersacher* (München 2003)
Zinn Howard: *Amerika, der Terror und der Krieg* (Freiburg 2003)
Zunnek Karl-Heinz: *Countdown zum 3. Weltkrieg? Der 11. September, der Irak-Konflikt und die Verschwörung zur US-Weltherrschaft* (Rottenburg 2003)
Zwart James: *Invitation to Hairsplitting — A Hypercritical Investigation into the True Function of the Warren Commission and the True Nature of the Warren Report* (Amsterdam 1970)

Sowie zahlreiche Zeitschriften und Publikationen, weiterhin reichliches Archivmaterial aus unterschiedlichen privaten und öffentlich zugänglichen Quellen (von der *Library of Congress* in Washington bis zur österreichischen Nationalbibliothek …) wie auch aus TV- und Filmdokumentationen sowie aus dem Internet.

Namens- und Stichwortverzeichnis